2016年度教育部人文社会科学研究规划基金——新时代高校目标管理机制研究（16YJA880039)资助研究成果

田虎伟 著

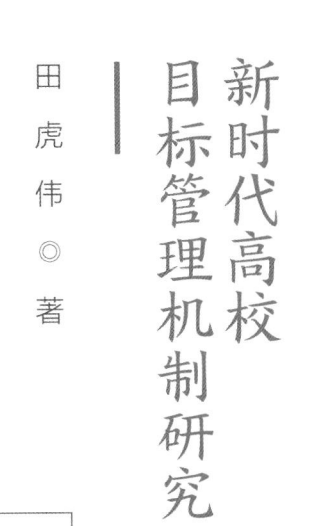

新时代高校目标管理机制研究

中国社会科学出版社

图书在版编目（CIP）数据

新时代高校目标管理机制研究／田虎伟著.—北京：中国社会科学出版社，2021.7

ISBN 978-7-5203-7824-6

Ⅰ.①新… Ⅱ.①田… Ⅲ.①高等学校—学校管理—目标管理—研究—中国 Ⅳ.①G647

中国版本图书馆 CIP 数据核字（2021）第 021964 号

出 版 人	赵剑英
责任编辑	张　林
特约编辑	王　萌
责任校对	韩海超
责任印制	戴　宽

出　　版	中国社会科学出版社
社　　址	北京鼓楼西大街甲 158 号
邮　　编	100720
网　　址	http://www.csspw.cn
发 行 部	010-84083685
门 市 部	010-84029450
经　　销	新华书店及其他书店
印刷装订	三河弘翰印务有限公司
版　　次	2021 年 7 月第 1 版
印　　次	2021 年 7 月第 1 次印刷
开　　本	710×1000　1/16
印　　张	17.5
插　　页	2
字　　数	271 千字
定　　价	99.00 元

凡购买中国社会科学出版社图书，如有质量问题请与本社营销中心联系调换
电话：010-84083683
版权所有　侵权必究

目　录

第一章　绪论 ………………………………………………………（1）
　第一节　问题提出与研究意义 ……………………………………（1）
　第二节　国内外研究现状 …………………………………………（5）
　第三节　研究内容与研究方法 ……………………………………（28）

第二章　理论基础 …………………………………………………（32）
　第一节　科学管理理论与个体行为理论 …………………………（32）
　第二节　高等教育系统与高校组织系统理论 ……………………（36）
　第三节　大学治理现代化和现代教育领导理论 …………………（38）
　第四节　高校目标管理体制机制理论 ……………………………（43）

第三章　经验基础 …………………………………………………（52）
　第一节　武汉理工大学目标管理调研报告 ………………………（52）
　第二节　华中科技大学目标管理调研报告 ………………………（58）
　第三节　南京信息工程大学目标管理调研报告 …………………（65）
　第四节　浙江工业大学目标管理考察报告 ………………………（67）

第四章　新时代高校目标管理运行机制调查 ……………………（76）
　第一节　高校目标管理运行机制研究
　　　　　——基于全国95所本科院校的调查 ……………………（76）

第二节　高校目标管理运行机制的相关性研究
　　　　——基于全国95所本科院校的调查分析 …………（101）

第五章　新时代高校"十三五"规划运行机制研究 …………（107）
　第一节　问题提出 ……………………………………………（107）
　第二节　129所本科院校"十三五"规划运行机制调查 ………（110）

第六章　高校年度目标管理机制案例研究
　　　　——以CH大学为例 …………………………………（129）
　第一节　CH大学简介及其年度目标管理运行机制概况 ………（129）
　第二节　CH大学目标管理 ……………………………………（134）

第七章　高校任期目标管理机制案例研究
　　　　——以HK大学为例 …………………………………（151）
　第一节　HK大学任期目标管理发展概况 ……………………（151）
　第二节　HK大学首届行政处级领导班子任期目标管理 ………（152）
　第三节　HK大学第二届行政处级领导班子任期目标管理
　　　　（2014—2016年） ……………………………………（158）
　第四节　HK大学第三届行政处级领导班子任期目标管理
　　　　（2017—2020年） ……………………………………（175）

第八章　中国高校目标管理机制的特点、存在问题及发展趋势 …………………………………………………………（191）
　第一节　高校目标管理机制的特点 ……………………………（192）
　第二节　高校目标管理机制存在问题、原因分析 ……………（195）
　第三节　高校目标管理的新趋势 ………………………………（201）

第九章　新时代高校目标管理机制的构建 ………………（210）
　第一节　新时代高校目标管理机制构建的指导思想与基本
　　　　原则 ……………………………………………………（211）

第二节　新时代高校目标管理机制构建的路径与策略（上）
　　　　——思想体系、组织管理体系、职责体系建设 ……… (213)
第三节　新时代高校目标管理机制构建的路径与策略（下）
　　　　——制度体系、流程体系、作风体系建设 …………… (227)

附录一　浙江工业大学关于实施目标责任制的若干意见 ………… (241)

附录二　新时代中国高校目标管理机制研究调查问卷 …………… (256)

参考文献 ………………………………………………………………… (265)

后　记 …………………………………………………………………… (273)

第 一 章

绪　　论

第一节　问题提出与研究意义

一　问题提出

《国家中长期教育改革和发展规划纲要》(2010—2020年)明确提出了要通过完善治理结构特别是公办高等学校要坚持和完善党委领导下的校长负责制、加强章程建设、扩大社会合作、推进专业评价等措施,完善中国特色现代大学制度的体制改革工作任务。近几年来,我国现代大学制度建设取得了重要进展:2010年中共中央修订印发了《中国共产党普通高等学校基层组织工作条例》,2014年中共中央办公厅印发《关于坚持和完善普通高等学校党委领导下的校长负责制的实施意见》等,进一步明确了普通高等学校的领导体制、治理体系与运行机制;2011年和2014年教育部分别发布《高等学校章程制定暂行办法》《高等学校学术委员会规程》等,以指导和规范高等学校内部治理体系建设,并提出要"建立高校章程实施的评估和监督机制"[①]。在中共中央和教育部的大力推动下,我国高校相继颁布了大学章程,并于2015年年底基本实现了"一校一章程"。

然而,由于中国高校长期受计划经济体制影响,行政主导着高校主要事务。虽然经过改革开放几十年思想洗礼和体制变革,教授治学、民

[①] 孙霄兵:《推进大学章程实施　提高高校治理水平》,《中国高等教育》2016年第19期,第5—7页。

主管理呼声日隆，但是行政包揽主要学术事务仍然是我国高校管理的主流模式。以高校实施的具有全局性、战略性的目标管理活动为例，据2007年对我国中南地区75所高校的调查结果显示，高校实施目标管理存在着三大问题：一是目标制定缺乏广泛的动员，二是目标体系不够科学，三是责权利不够配套[①]。本书认为，该调查中揭示出的主要问题大多与当时我国高校现代大学制度不健全和权力运行不够规范、多元利益主体参与决策程度不够等体制机制问题有关，是当时高校内部治理体系和治理能力水平的具体体现，也是当时高校目标管理运行机制的实际状态。

在党的十九大报告中，习近平总书记明确提出了"中国特色社会主义进入了新时代"，并把建设教育强国看成中华民族伟大复兴的基础工程，"必须把教育事业放在优先位置，加快教育现代化，办好人民满意的教育……加快一流大学和一流学科建设，实现高等教育内涵式发展"。因此，以推动一批高水平大学和学科进入世界一流行列或前列为引领，加快高等教育内涵发展，加快推进高等教育治理体系和治理能力现代化，促进教育公平，已经成为新时代国家对高等教育发展提出的新要求，也是对新时代中国高等教育面临的人民日益增长的高等教育需要和不平衡不充分发展之间矛盾的积极应对。在2019年中共中央、国务院印发的《中国教育现代化2035》中提出，要提高学校自主管理能力，"完善学校治理结构。继续加强高等学校章程建设，创新章程实施保障机制，切实发挥章程在学校治理中的关键作用"[②]。

本书认为，虽然新时代是2017年才提出的新概念，但新时代起点始自2012年召开的党的十八大。因此，在高等教育领域加快推进治理体系和治理能力现代化，加快高校章程建设，创新章程实施保障机制，都是在中国特色社会主义进入新时代背景下实现国家治理现代化、社会治理现代化的必然要求和有机组成部分，因此我们完全可以说，中国高校治理进入了以加快章程建设与实施为核心的新时代（以下简称"中国高校

[①] 董泽芳、何青、熊德明：《关于75所高校目标管理实施现状的调查》，《高教发展与评估》2009年第2期，第15—21页。

[②] 中共中央、国务院：《中国教育现代化2035》，2019年2月23日，http://www.gov.cn。

治理进入新时代")。

高校章程是指导和规范学校各项工作的"基本法",章程确立的"党委领导、校长负责、教授治学、民主管理"的治理体系是高校内部正确处理各种权力关系和重要活动的基本依据,高校必须"照章"治理。那么,中国高校治理进入新时代,如何创新高校章程实施保障机制呢?

本书认为,创新高校章程实施保障机制,不只是进行高校已有管理文件的"立、改、废、释"工作,还应该实施一流的管理与服务,营造一流的大学文化,更重要的是以高校全局性、基础性、战略性的重大管理活动为抓手,切实行动起来,踏石留印、抓铁有痕,在行动中转变管理理念、管理方式,优化管理流程,健全体制机制,久久为功,才能逐步转变传统行政为主导的管理模式。本书认为,2015年以来一些高校的"十三五"事业发展规划编制活动,以及为落实规划而开展的目标管理活动就是这样的一个抓手,一个检验高校是否真正愿意贯彻章程的试金石,也理应成为政府主管部门组织开展对高校章程实施情况专项评估的一个重要观测点。①。

在中国高校治理进入新时代以来,持续实施目标管理高校的管理机制状况如何?是否按照大学章程所确立的内部治理体系要求对目标管理机制加以改进了呢?改进过程中又出现了哪些新问题?又该如何进一步优化呢?截至目前,既未见政府主管部门对高校开展章程实施情况的专项评估结果报道,也鲜见学术界有相关研究论文论著。为此,本书拟以高校治理进入新时代为背景,以大学治理现代化理论和目标管理机制理论等为指导,把高校在"十三五"规划编制及其目标管理实施活动过程中贯彻落实章程所要求的治理体系和管理机制作为考察重点,以本书著者从事高校目标管理实际工作体验为基础,通过工作调研获得其他高校经验,通过一定数量的问卷调查了解高校目标管理领导体制、组织设置、

---

① 因为大多数高校均把实施目标管理作为贯彻落实学校发展战略的重要管理手段,作为推行校院二级管理的主要抓手,其目标管理内容涉及学校学科建设、人才培养、科学研究、社会服务、内部管理等众多方面,具体运行覆盖了高校党委、行政和学术三种主要权力配置及其运行机制,属于高校全局性、基础性、战略性管理活动,应该体现高校章程所确立的内部治理体系和运行规范的要求。

制度建设及其运行方式和效果等方面的基本情况，通过年度目标管理和任期目标管理的案例研究比较，分析两种目标管理机制在不同高校的应用及其实效，在此基础上系统梳理新时代中国高校目标管理机制的特点、存在问题及发展趋势，最后提出新时代中国高校目标管理机制优化的基本思路、原则及若干策略。

二 研究意义

（一）理论意义

1. 促进理论交叉融合。在我国曾通过契约论、动机理论、精神生产理论、激励理论等对高校目标管理机制进行过分析，但极少得到大学治理现代化、现代教育领导理论的观照。大学治理强调多元利益主体围绕共同的目标参与、互动、协调、共治，现代教育领导理论重视领导效益、效率和效能，强调领导效能的目标效应、群体效应和环境制约，这与本真意义上的目标管理是自我管理，在精神气质上高度契合。开展本课题研究有利于各理论交叉，相互借鉴，充分共享研究成果。

2. 开展中国高校目标管理机制研究，总结"中国经验"。通过问卷调查和案例分析，总结中国高校成功实施目标管理的经验，提炼其目标管理机制的一般特征和典型模式，形成"中国经验"，增加国际目标管理理论中的"中国元素"，丰富高校目标管理机制理论。

（二）应用价值

1. 是创新中国高校章程实施途径和保障机制的需要。制度的生命力在于执行。中国高校章程是中国大学高校探索和建设中国特色现代大学制度的核心成果，是实现中国高校内部治理体系和治理能力现代化的重要顶层设计。要把高校章程落到实处，就必须要创新章程实施途径和保障机制。本书认为，高校章程实施和大学治理现代化必须借助并体现在高校"十三五"规划编制活动，以及为落实规划而开展的目标管理活动中，这应该成为评估高校是否"照章办学"的重要指标。

2. 是创新中国高校目标管理机制改进的需要。目标管理是把复杂问题简单化的一种重要管理方法。高校使用目标管理可以把复杂的高校管理转化为简便易行的管理活动。目标管理是现代大学管理的成功之道，但当前许多高校在组织实施目标管理的过程中，由于目标制定和分解程序不规范、考核过程不民主、结果不公平，影响了目标管理效用的发挥，导致部分人对高校目标管理有用性与功能有限性的质疑。高校目标管理是落实学校全局性、重大发展规划和发展战略的一项重要举措，必须有健全的体制和科学合理的运行机制，否则就难以有序进行。在中国高校治理进入新时代背景下，从大学治理现代化和现代教育领导理论的视角研究中国高校目标管理机制，引导中国高校有序改进，将有利于发挥教育管理理论的指导作用，探索目标管理机制的"中国模式"[①]。

第二节 国内外研究现状

一 高校章程研究

（一）高校章程制定

1. 制定高校章程的意义。教育部政策法规司司长孙霄兵认为，推进高等学校章程建设是教育部贯彻落实党的十八大、十八届三中全会精神和《教育规划纲要》要求，是深入推进高等教育综合改革，建设现代大学制度的一项重要举措。章程是建设中国特色现代大学制度的基础和关键[②]。推动高校制定完善章程是建设现代大学制度的必然要求，这是因为：（1）章程是现代大学制度的基础。从中外大学发展的历史与规律看，章程在现代大学的制度体系中是必不可少的。从我国高校的现实看，推动高校章程建设既可以对大学举办者、办学者的权力边界与职责义务进行明确的界定，合理设置和规范举办者权利义务及其在大学内的行使规则；也可以将大学的办学理念、组织属性、目标任务、民主机制和办学特色等落实在学校的制度层面，成为现代大学制度的标志和载体。（2）章程是高等学校依法治校的重要依据。章程作为学校的根本制度，可以实现法律原则规定与学校具体实际的结合，既体现法律政策的宏观要求，又体

[①] 田虎伟、马涛：《宪章时代中国高校目标管理机制研究现状及可能路径》，《郑州师范教育》2017年第1期，第3—6页。

[②] 孙霄兵：《章程是建设中国特色现代大学制度的基础和关键》，《中国高等教育》2014年第Z1期，第23—25页。

现学校的办学特色,从而为学校依法治校提供具体的、可行的依据。(3) 章程是推动高校科学发展的基本保障①。

2. 制定高校章程的要求。2011年教育部发布的《高等学校章程制定暂行办法》从实体和程序两个方面对高校章程制定、核准中涉及的主要问题、主要环节进行了全面规范,第一次从政府教育主管部门的角度对公办高等学校的内部制度建设提出了指导意见和规范性要求:(1) 明确鼓励和支持高校以章程建设为统领,健全内部治理结构,落实办学自主权,推动形成管办分离的新型高等教育管理体制。(2) 确立了章程在高校制度体系中的核心地位。(3) 提出了高校章程建设的基本原则。(4) 规范了高校章程的主要内容。(5) 明确了章程制定的必要程序。(6) 提出了处理高校与举办机关、主管部门关系的法治路径。(7) 创设了章程核准与监督的保障机制②。因此,"章程是高等学校依法自主办学、实施管理和履行公共职能的基本准则。高等学校应当以章程为依据,制定内部管理制度及规范性文件、实施办学和管理活动、开展社会合作"③。截至2015年年底,全国112所"211工程"高校章程全部完成核准、发布工作,绝大多数省份也完成了所属高校章程的审核、发布工作,基本实现了全国高校一校一章程,标志着我国高校正式迈入"宪章时代"④,即进入了依据章程进行自主办学的"后章程时代"。

(二) 高校章程实施

教育部政策法规司司长孙霄兵认为,"章程的生命力在于实施,章程的尊严也在于实施。章程核准通过以后,关键要做好实施工作。有章程而不遵行,其危害大于无章程"。孙司长还从高校和政府两个方面提出了实施章程的具体要求和条件保障。就高校来说,要以实施章程为核心并

---

① 孙霄兵:《推进高校章程建设 完善中国特色现代大学制度》,《中国高等教育》2012年第5期,第7—10页。
② 孙霄兵:《推进高校章程建设 完善中国特色现代大学制度》,《中国高等教育》2012年第5期,第7—10页。
③ 中华人民共和国教育部:《高等学校章程制定暂行办法》,2011年12月28日,http://www.moe.gov.cn。
④ 赵婀娜:《"211"高校章程全部发布 高校正式迈入"宪章时代"》,《人民日报》2015年7月2日。

通过章程实施，健全高等学校规则、制度体系，营造一流的大学文化，实现一流的管理和服务，从而提高学校治理水平。就政府来说，章程经过政府的核准，成为规范双方权利义务关系的文件，因此政府需要进一步推进"放管服"改革，为章程实施营造制度环境，具体措施包括：一是进一步推进简政放权，落实高等学校办学自主权；二是制定教育部权力清单、责任清单和规范性文件清单，厘清政府权力边界和行为依据；三是建立高校章程实施的评估和监督机制[①]。

中国人民大学王利明认为，章程时代，我国高校必须做好两件事：一是以章程为基准，全面清理学校各类规章制度，构建以章程为核心的现代大学制度体系；二是推进现代大学制度体系的执行和实施[②]。陈橇、陆俊杰（2013）从三个维度论证了大学章程的实施：目标维度上，大学章程的实施能有效实现制定大学章程的目的，发挥大学章程的功效，促进大学章程价值的实现；路径维度上，完备大学内部规则体系，合理配置大学内部权力，实施权利救济和行为评价，培育理性章程意识，确立大学章程的权威使其获得实际遵从；保障维度上，财力支撑、政府倡导、法治观念为大学章程实施提供经济、政治与思想的条件[③]。许慧清（2013）借鉴国外大学章程实施经验，从明确大学章程法理地位、完善章程实施细则及建立健全监督机制、救济制度等方面提出了推进中国大学章程实施的有效策略[④]。陈立鹏、杨阳（2015）以软法理论为指导，提出大学章程在制定和实施过程中需建立科学的章程制定机制、协商对话机制、监督机制和修改机制，以加强大学章程的实施效果[⑤]。庞守兴（2015）强调，"大学章程颁布是依法治校的开始"，只有身处大学之中的

[①] 孙霄兵：《推进大学章程实施 提高高校治理水平》，《中国高等教育》2016年第19期，第5—7页。

[②] 高靓：《稳步推进现代大学制度建设》，《中国教育报》2013年7月30日第1版。

[③] 陈橇、陆俊杰：《大学章程实施的三个维度》，《现代教育管理》2013年第9期，第6—10页。

[④] 许慧清：《大学章程实施的推进策略探究》，《教育发展研究》2013年第33（5）期，第63—69页。

[⑤] 陈立鹏、杨阳：《大学章程法律地位的厘清与实施机制探讨——基于软法的视角》，《中国高教研究》2015年第2期，第25—29页。

每个人都把大学章程尊为大学的宪章,才能使中国大学的法制得到推进。同时教育行政部门应彻底放权以改善大学治理的社会环境①。

二 高等教育治理现代化与大学治理现代化研究

1989年世界银行首次使用了"治理危机",20世纪90年代以来,"治理"一词便被广泛地用于政治发展研究中。"治理"与传统意义上的"管理"相比,现代政治学和行政学强调的是多元主体管理,民主、参与式、互动式管理,而不是单一主体管理。

在《国家中长期教育改革和发展规划纲要(2010—2020年)》中提出,"到2020年,基本实现教育现代化,基本形成学习型社会,进入人力资源强国行列"。在2013年11月召开的党的十八届三中全会通过的《中共中央关于全面深化改革若干重大问题的决定》提出:"全面深化改革的总目标是完善和发展中国特色社会主义制度,推进国家治理体系和治理能力现代化。"在2014年全国教育工作会议上,教育部部长袁贵仁在"深化教育领域综合改革 加快推进教育治理体系和治理能力现代化"主题发言中认为,实现国家现代化,教育要率先现代化。"推进国家治理体系和治理能力现代化。这是国家改革的总目标,也是各领域改革的总要求。教育改革作为全面深化改革的重要领域,一切改革的举措和行动,毫无疑义都要自觉围绕这一总目标、落实这一总要求,从教育部门自身改起,完善科学规范的教育治理体系,形成高水平的教育治理能力。"②由此引发了我国高等教育学术界对高等教育和大学治理体系与治理能力现代化的广泛讨论。

(一)由国家治理体系和治理能力现代化到国家治理现代化

许耀桐认为,党的十八届三中全会中提出的推进国家治理体系和治理能力现代化,是在国家层面"第一次把国家治理体系和治理能力与现代化联系起来,着眼于现代化,并以现代化为落脚点,揭示了现代化与

---

① 庞守兴:《写在"大学章程"颁布之后》,《教育发展研究》2015年第11期,第3页。
② 袁贵仁:《深化教育领域综合改革 加快推进教育治理体系和治理能力现代化》,《中国高等教育》2014年第5期,第4—11页。

国家治理有着密切的内在关系，国家治理离不开现代化，现代化构成国家治理的题中应有之义。'国家治理体系和治理能力现代化'的形成和提出，是中国共产党高度重视现代化、不断求解现代化的结果，也是中国共产党认识现代化的最新成果，堪称现代化的'第五化'"。把国家治理体系和治理能力现代化作为继工业现代化、农业现代化、国防现代化、科学技术现代化之后的"第五化"表明，中国共产党遵循着历史唯物主义的路径，达到了现代化的最高层次。"四化"主要从生产力和物质基础的层面探索现代化，这是硬实力；"第五化"强调国家治理体系和治理能力问题，主要从上层建筑和思想文化意识形态的层面探索现代化，这是软实力。

同时许耀桐认为，如果把"国家治理体系和治理能力现代化"作为"第五化"，那么"第五化"会是两化（"国家治理体系现代化"和"国家治理能力现代化"），而不是一化。因此应该把国家治理体系和治理能力现代化归结统称为"国家治理现代化"确定为"第五化"。这是因为，其一，"国家治理现代化"是最大公约数，具有最大的涵容量，它能够包含国家治理体系和治理能力现代化两个基本方面；其中，治理体系是指国家治理组织系统结构的现代化，治理能力是指国家治理者素质和方法方式的现代化，两者既有区别又有联系。其二，国家治理现代化是坚持党的领导和国家主导的力量，更注重各方的积极性、参与性，坚持国家制度建设，追求自由民主公平正义，充分调动和运用法制、市场、社会和人民的力量，实现法治、德治、共治、自治，实现各项事务治理的制度化、规范化、程序化、民主化[①]。

高小平认为，治理重点是强调多元主体管理，民主、参与式、互动式管理，而不是单一主体管理，治理体系现代化是指治理组织系统结构的现代化；治理能力现代化是把治理体系的体制和机制转化为一种能力，发挥治理体系功能，提高公共治理能力。"治理体系现代化和治理能力现代化的关系是结构与功能的关系，硬件与软件的关系。"只有实现了治理体系的现代化，才能培养治理能力的现代化；同时，治理能力又对治理

---

① 许耀桐：《应提"国家治理现代化"》，《北京日报》2014年7月3日。

结构产生积极或消极的影响，善于治理、敢于变革，可以有效地推动治理体系现代化。"治理能力现代化建设的重点是处理好政府、市场、社会的关系。"[1]

（二）由国家治理体系和治理能力现代化到高等教育或大学治理体系和治理能力现代化

瞿振元认为，教育现代化是国家现代化的基础和先导，实现高等教育现代化是新时期高等教育改革发展的重大使命；实现高等教育现代化需要理论先行（即教育思想观念的现代化，实现高等教育现代化必须以先进的教育理念、教育理论作支撑）；深化教育改革、推进素质教育、创新教育方法、提高人才培养质量是实现高等教育现代化的战略选择。高等教育现代化既是宏观与微观的统一，也是目标与过程的统一，要求在思想观念、规模、结构、质量、效益、公平、体制、机制等各个方面全面实现现代化[2]。

周光礼认为，国家现代化与大学现代化是同一个过程，而且大学现代化还要做国家现代化的排头兵。因此，深化高等教育改革的总目标是完善和发展中国特色高等教育制度，推进高等教育治理体系和治理能力现代化[3]。

（三）高等教育治理现代化或大学治理现代化的基本内涵

袁贵仁认为："推进教育治理体系和治理能力现代化，就是要适应国家治理体系和治理能力建设，根据教育发展的自身规律和教育现代化的基本要求，以构建政府、学校、社会新型关系为核心，以推进管办评分离为基本要求，以转变政府职能为突破口，建立系统完备、科学规范、运行有效的制度体系，形成政府宏观管理、学校自主办学、社会广泛参与的格局，更好地调动中央和地方两方积极性，更好地激发每个学校的

---

[1] 高小平：《国家治理体系与治理能力现代化的实现路径》，《中国行政管理》2014年第1期，第9页。

[2] 瞿振元：《实现高等教育现代化需要理论先行》，《中国高教研究》2013年第12期，第3—5页。

[3] 周光礼：《中国高等教育治理现代化：现状、问题与对策》，《中国高教研究》2014年第9期，第16—25页。

活力，更好地发挥全社会的作用"①。

别敦荣认为，治理体系与治理能力现代化是大学治理现代化的两个优先方面。治理体系是指学校治理组织系统结构的现代化；治理能力是指学校治理者素质和方法方式的现代化。两者既有区别又有联系②。

周光礼认为，高等教育治理现代化的基本内涵是："顺应变革时代的要求，应以实现大学教育现代化为目标，以建构政府、社会、大学新型关系为核心，以推进管办评分离为基本策略，建立系统完备、科学规范、运行有效的制度体系，形成政府宏观管理、大学自主办学、社会广泛参与的多元共治格局。"高等教育治理的核心是决策权力的分配问题，即谁具有高等教育决策的权力以及通过什么样的程序进行决策。高等教育治理可以分为三个层次：第一，系统层级的治理，这是一种宏观层次治理，其核心问题是如何配置政府与大学的学术权力；第二，大学层面的治理，这是一种中观层次治理，其核心问题是大学决策权如何分配；第三，大学基层学术组织的治理，这是一种微观层次治理，其核心问题是如何配置学校与院系的权力③。

章兢认为，大学治理体系现代化建设，就是要以制度治校、以治理体系管理人财物，而不是靠领导个人管理人财物；就是要全面梳理当前大学内部的各项规章制度，既要保证每项规章制度的合理性和时效性，又要保证各项规章制度之间的匹配和兼容④。

李晓晓、徐远火认为，大学治理现代化，是指一整套正式和非正式的用来平衡大学利益相关者关系的动态机制不断科学化、民主化、法治

---

① 袁贵仁：《深化教育领域综合改革　加快推进教育治理体系和治理能力现代化》，《中国高等教育》2014年第5期，第4—11页。

② 别敦荣、韦莉娜、唐汉琦：《高等教育治理体系和治理能力现代化的基本原则》，《复旦教育论坛》2015年第3期，第5—10、59页。

③ 周光礼：《中国高等教育治理现代化：现状、问题与对策》，《中国高教研究》2014年第9期，第16—25页。

④ 章兢：《大学治理体系与治理能力现代化建设的内涵与切入点》，《中国高等教育》2014年第20期，第12—14、32页。

化的过程,最终实现大学价值的最大化、培养人才的最优化①。

大学治理现代化是指在处理学校各种事务的过程中,参与方式、处理手段以及制度安排上都与时俱进,不断革新②。

(四) 基本特征

朱琳、李化树认为,大学治理现代化具体表现在民主化、科学化、法治化三个方面:(1) 民主化。大学治理更多地强调多元主体,校领导是主体,学生亦是主体,大家都是参与管理的一个方面。在一些重大事项决策中,党委书记、校长应当征求教职工的意见,还应征求学生代表意见。(2) 科学化。大学治理更多地体现了治理方式的科学化。针对大学这一最高教育机构,各级领导和管理者学会和养成研究习惯,参与和热爱研究。(3) 法治化。中国大学治理现代化还需要法律制度的监管与保障,制度化、规范化、程序化是法治化的重要方面③。

(五) 存在问题

在大学治理现代化存在的问题上,李晓晓、徐远火列举的主要表现有④:

1. 党委与校长的责权边界不明晰,教职工代表大会监督权弱化。我国高校实行的领导体制是中国共产党高等学校基层委员会领导下的校长负责制,我国高校的教师和职工通过教师代表大会、职工代表大会等组织形式参与学校管理和对学校进行监督,同时高校依法保障和维护他们的合法权利。但在实际中,校长和党委的职能相互交叉、相互重叠。党委领导下的校长负责制要求重大问题需经党委讨论决定,但在实际操作过程中存在更多的是主观性主导的现象,因而不能实现民主治理。教职工代表大会、教师代表大会无论是对学校党委决策机关的权力,还是对

---

① 李晓晓、徐远火:《论大学治理现代化及其实现途径》,《太原师范学院学报》(社会科学版) 2015 年第 2 期,第 105—108 页。

② 朱琳、李化树:《论大学治理现代化》,《成都中医药大学学报》(教育科学版) 2015 年第 2 期,第 21—23 页。

③ 朱琳、李化树:《论大学治理现代化》,《成都中医药大学学报》(教育科学版) 2015 年第 2 期,第 21—23 页。

④ 李晓晓、徐远火:《论大学治理现代化及其实现途径》,《太原师范学院学报》(社会科学版) 2015 年第 2 期,第 105—108 页。

学校行政机关的权力都不能进行积极有效的监督。具体表现为：其一，从任免和权责角度来说，大学党委只需要对其任免的上级党委和党代会负责，而不需要对职工代表大会和教师代表大会负责；其二，学校的行政权掌握在校长手中，他们忽视教职工代表大会的职权，使得教职工代表大会的监督权流于形式。

2. 学术权力与行政权力失衡，学术权力边缘化。大学首先应该是一个学术性机构，其次才是行政机构。但我国在大学内部治理结构中仍采用传统的行政管理模式，这样致使大学管理活动中的行政化现象比较严重，具体表现为学术权力和行政权力失衡，学术权力边缘化，从而严重制约高校的学术发展。

3. 学校、院、系权责不对等。我国大学采用直线职能式的组织结构，其缺陷如下：其一，校领导忙于琐碎、繁重的行政事务，不能集中精力于学校长远发展的重大事情；其二，大学学院和学系的权利和责任不对等，具体表现为权力小但责任大，因此难以激发教师参与高校治理的热情；其三，过于强调等级和秩序，不利于形成平等、轻松的学术环境和民主监督、权力制衡的机制。

4. 大学章程建设滞后。大学章程是大学依法治校、自我管理的法律基础，是大学治理的宪法性纲领，很多高校没有章程或者说没有能实际适用的章程。从一些大学的章程来看，内容基本雷同，关于治理结构、运行机制的表述不清楚，不能反映一个学校的办学特色和办学理念；从制定与修改的程序来看，大学之间程序不一，随意性较大，缺乏统一规范、可遵循的程序，制定出台的章程很难产生效力；章程本身在法律上的地位也很模糊，公众对章程的法律公认性存在怀疑，法律效力得不到保证，章程难以发挥作用。

（六）基本要求、基本原则

在基本要求上，袁贵仁认为，完成好加快推进教育治理体系和治理能力现代化这一历史任务，无论思想观念、精神状态，还是知识储备、工作方法，我们都还有许多不适应之处，能力不足、本领恐慌的问题现实地摆在每一个教育管理者的面前。为此需要我们深化学习，进一步坚定理想信念；增强担当意识，统筹推进教育综合改革；强化为民情怀，全心全意服务师生群众；坚决守住阵地，切实维护好教育系统和谐稳定；加强舆论引导，努力为教育改革发展营造良好氛围①。

别敦荣、韦莉娜、唐汉琦认为，高等教育治理体系与治理能力现代化应该遵循科学治理、民主治理、依法治理和过程治理等基本原则。①科学治理原则是指遵循高等教育发展规律，运用科学理念、科学思维和科学方法与手段来处理高等教育体制机制改革问题。②民主治理原则即在推进高等教育治理体系和治理能力现代化的过程中，发扬社会主义民主，尊重高等教育利益相关者的意愿，尊重他们平等参与的权利，使他们积极、主动地参与到高等教育办学、管学过程中来，协同治理高等教育各项事务。遵循民主治理原则，其基本要求是保证高等教育治理过程是民主的，结果符合民意与人心所向。③依法治理原则即建立高等教育治理体系、提高高等教育治理能力，既要合理合情，又要合法。④过程治理原则主要是针对治理本身而言的，是指在推进高等教育治理体系和治理能力现代化过程中，对各治理环节、行为和相关主体等进行有效控制和督导，以保障治理改革落到实处、产生实效，并能固化下来，成为制度和文化，嵌入高等教育体制和机制，对高等教育发展发挥持久的影响②。

（七）总体思路、重点任务

在总体思路上，瞿振元认为，推进高等教育治理现代化的进程，既是制度完善、能力提升的过程，同时也是精神构建、价值彰显的过程。在治理理念下，要转变政府对高等教育的管理模式，健全高等教育内部治理结构，提升高校内部治理能力，创新高等教育评估机制，实现管办评分离，从而建设中国特色高等教育治理体系，推进治理能力的现代化③。在高等教育治理现代化的价值导向上，瞿振元认为，推进高等教育

---

① 袁贵仁：《深化教育领域综合改革　加快推进教育治理体系和治理能力现代化》，《中国高等教育》2014年第5期，第4—11页。

② 别敦荣、韦莉娜、唐汉琦：《高等教育治理体系和治理能力现代化的基本原则》，《复旦教育论坛》2015年第3期，第5—10、59页。

③ 瞿振元：《建设中国特色高等教育治理体系　推进治理能力现代化》，《中国高教研究》2014年第1期，第1—4页。

治理现代化需要先进性、科学性、人民性相统一的价值体系来引领。这个价值体系包括社会主义核心价值观、优秀传统文化、公共伦理、社会心理,等等,但最重要的是社会主义核心价值观①。

袁贵仁从重点任务的角度提出加快推进教育治理体系和治理能力现代化的实现途径:(1)把方向,落实好立德树人根本任务;(2)促公平,推进基本公共教育服务均等化;(3)调结构,促进各级各类教育协调发展;(4)抓改革,积极稳妥破解考试招生制度难题;(5)转职能,改进教育管理方式,推进政府管理改革,核心要义是加快转变职能,进一步简政放权,同时督促基层和学校把权接住、管好,确保放而不乱;(6)发挥学校主体作用,加快建设现代学校制度;(7)发挥社会评价作用,动员社会参与支持监督教育②。

(八)实现途径和治理模式

在大学治理现代化的实现途径上,周光礼认为,大学治理能力和治理体系现代化的重要前提是政府转变职能和简政放权。政府只有向大学赋权,才能激发大学自主办学的积极性;政府只有向社会赋权,才能激发社会参与制度创新的热情③。

章兢认为,当前,在高等教育领域,我们必须全面推进教育治理体系和治理能力现代化建设。从治理对象来说,要对规范大学内外部各种关系的体制机制和规章制度进行全面的、系统的设计和安排;从体系本身而言,要促使各种体制机制和规章制度相辅相成、相互协调,构成一个整体。大学治理体系要对治理主体、治理领域、治理方式、治理功能、治理过程进行全面的界定和规范。大学治理体系与治理能力现代化建设要以大学职能拓展与使命聚焦、现代大学制度建设、大学内部管理重心

---

① 瞿振元:《推进高等教育治理现代化:目标、价值与制度》,《中国高教研究》2014年第12期,第1—4页。

② 袁贵仁:《深化教育领域综合改革 加快推进教育治理体系和治理能力现代化》,《中国高等教育》2014年第5期,第4—11页。

③ 周光礼:《培育国家制度能力 推动大学治理现代化》,《中国国情国力》2014年第8期,第12—14页。

下移与目标管理、队伍建设为着力点①。

王秉琦认为,教育理念现代化是高校治理现代化的前提,领导班子及领导者的能力是高校治理能力重点,也是高校治理能力现代化的重点。领导者治理能力现代化的目标就是努力成为社会主义政治家和教育家。制度现代化是保障高校持续创新、科学发展的前提,是实现高等教育治理能力现代化的基础。高校制度建设的现代化是以高等教育内涵式发展为导向,以完善大学治理结构为核心,重点是体制机制建设,基础是法制建设,依法办学,保障高校自主权的有效落实和正确行使②。

李明认为,应着力从法治、德治、共治、学治、廉治、岗治等方面,完善高校内部治理结构的任务③。

李晓晓、徐远火提出,完善政府宏观管理方式,实现大学自主办学;完善内部治理结构,建立大学内部治理的协调平衡机制;成立大学董事会,建立大学联系社会的平台与机制;健全大学章程,推进大学"依法治校"。④

李立国从更为综合的角度提出,大学治理模式经历了三个发展阶段,即"三阶段论":第一阶段是以教授治校为基本特征的学术治理模式;第二阶段是共同治理模式,伴随着高等教育规模扩张,知识生产与传授模式变化,转向了大学的共同治理模式;第三阶段是协商式共同治理模式,该模式代表着现代大学治理的转型和现代化发展方向,既遵循学术治理要求,落实教师在大学治理中的主体地位,又强调协商在共同治理中的价值,突出尊重、平等、合作与沟通⑤。

王聪从知识生产模式转型与美国公立大学内部治理结构变革的角度

---

① 章兢:《大学治理体系与治理能力现代化建设的内涵与切入点》,《中国高等教育》2014年第20期,第12—14、32页。

② 王秉琦:《教育理念现代化是高校治理现代化的前提》,《教育与职业》2015年第4期,第44页。

③ 李明:《以"六治"完善高校内部治理结构》,《北京教育:高教版》2014年第9期。

④ 李晓晓、徐远火:《论大学治理现代化及其实现途径》,《太原师范学院学报》(社会科学版)2015年第2期,第105—108页。

⑤ 李立国:《大学治理的转型与现代化》,《大学教育科学》2016年第1期,第24—40、124页。

认为，知识生产模式转型与大学内部治理结构变革存在相互作用的关联机制。表层治理权力分配的变化内隐了大学知识生产由学科知识逻辑向应用知识逻辑的转变。伯克利加州大学是加州地区第一所开展跨学科研究并最先形成共同治理模式的公立研究型大学，基于知识权力格局的分析视角，其内部治理结构由重视学术权力的共同治理知识生产模式Ⅰ向强调技术理性的公司化治理模式发展知识生产模式Ⅱ。但由于大学的本质属性和不同权力间的博弈，两种治理模式在学术副校长和学术评议会的调节与秉持中努力走向共生、理解、信任合作的新格局[①]。

美国加州大学学术评议会前主席 James A. Chalfant 教授在讨论加州大学共同治理模式及学术评议会的组织和运行机制时认为，共同治理既是权力共享，也是责任共担，谁的权力更大并不重要；合作与信任是共同治理的基本理念，致力于让一切更好是共同治理的核心价值。就决策和议事程序来说，共同治理不是一个日常管理体系，而是一个注重长远而非即时性利益的审慎结构。这一结构虽然不利于做出快速应对，但对长期的问题能做出更好的决策，有利于加州大学的长远健康发展。共同治理不是完美模式，也面临诸多问题与挑战，需要不断探索与完善[②]。

(九) 大学治理现代化的评价标准

郭锦鹏认为，大学治理现代化标准应包括外部环境的法治化和内部体系的制度科学化。大学治理现代化应该紧跟国家治理能力和治理体系现代化建设的大潮，更好地履行现代高等教育的功能和使命。大学治理现代化的评价标准应注重"法制健全、责权科学、社会服务、文明传承"几个方面[③]。

[①] 王聪：《知识生产模式转型与美国公立大学内部治理结构变革——伯克利加州大学的案例研究》，《高教探索》2017年第9期，第55—61页。

[②] 徐少君、眭依凡、俞婷婕、朱剑：《加州大学共同治理：权力结构、运行机制、问题与挑战——访加州大学学术评议会前主席 James A. Chalfant 教授》，《复旦教育论坛》2019年第17(01)期，第5—11页。

[③] 郭锦鹏：《大学治理现代化建设路径与评价体系》，《人民论坛》2014年第23期，第177—179页。

(十) 现代大学制度建设与大学治理体系及治理能力现代化建设的关系

现代大学制度建设是大学治理体系与治理能力现代化建设的重点，也是其抓手。"党委领导、校长负责、教授治学、民主管理"是我国关于现代大学制度的基本界定。这种制度框架适应了分散化公共治理的理念和需要。大学权力类型的多样化和分散化、利益主体的多元化和复杂化、组织结构本身的松散性，决定了大学难以按照某一种权力方式进行治理，需要通过松散化管理来达成相关利益主体之间的权力制衡。党委领导、校长负责、教授治学、民主管理正是从不同利益主体、不同职责范围、不同权力方式界定了大学内部分散化治理的基本框架。党委领导和校长负责各自指向有所不同，各有侧重，但又有着共同的目标、面临共同的问题[①]。

(十一) 大学治理体系和治理能力现代化与大学目标管理的关系

章兢认为，大学治理体系必须保证其内部决策与知识占有地有机结合，达成这种有机结合的方法就是采取决策权转移的方式，从而提高决策的分散化程度，降低管理的重心，将更多决策权力授权、分权给相关的专业人员和基层学术组织。但在大学治理体系现代化建设过程中，如果过度强调分权放权，强调管理重心下移，忽略评估和监督，很可能导致多元主体间责任边界不明确，相互推诿扯皮、争功避责。克服这一弊端的成功做法就是推行目标管理。院系要以签订的目标责任书为基础，优化目标分解、目标路径、资源配置，将院系的工作统合到总体目标达成上。职能部门要将工作重点转向学校宏观目标的制定、目标达成度的评估、办学资源的争取上，尽量减少对院系部具体教学活动和科研活动的干预。学校要根据其发展定位和总体目标统一认识、统一重点、统一任务、统一资源[②]。

综上所述，高等教育或大学治理现代化主要包含治理体系与治理能

[①] 章兢：《大学治理体系与治理能力现代化建设的内涵与切入点》，《中国高等教育》2014年第20期，第12—14、32页。

[②] 章兢：《大学治理体系与治理能力现代化建设的内涵与切入点》，《中国高等教育》2014年第20期，第12—14、32页。

力现代化两个基本方面，治理体系是高等教育或大学治理组织系统结构的现代化，治理能力是指高等教育或大学治理者素质和方法方式的现代化，两者既有区别又有联系。目前高等教育或大学治理现代化研究涉及治理体系现代化的研究多，而针对治理能力现代化的研究较少。关于治理能力提升，主要表现在袁贵仁提出的基本要求上，例如，在思想观念、精神状态方面，要深化学习领会，进一步坚定理想信念，增强担当意识，强化为民情怀等。在高等教育治理现代化的价值导向上，瞿振元提出需要先进性、科学性、人民性相统一的价值体系作为引领；在基本原则上，别敦荣、韦莉娜、唐汉琦提出应该遵循科学治理、民主治理、依法治理和过程治理等方面体现治理能力现代化的要求。

三 高校目标管理研究

（一）国外目标管理研究

目标管理作为一种管理思想、管理制度和管理方法，是美国著名管理大师彼得·德鲁克在吸取泰勒的"科学管理"和梅奥的"行为科学"等管理成果基础上，在1954年出版的《管理实践》（《The Practice of Management》）一书中"第一次预言性的宣告，一切组织都要用目标进行管理"，并以"目标管理与自我控制"（Management by Objectives and Self-control）为主题率先阐发了目标管理思想，并在其后出版的《有效的管理者》《管理：任务、责任、实践》《效果管理》等著作中多次对此进行了补充。目标管理旨在克服企业内部分工过细而引发的部门本位主义和组织管理忽视人的作用等弊端，其核心思想包括：（1）组织的目的和任务必须转化为目标，企业的各项工作必须以企业的目标为导向；（2）管理人员的目标应强调协作和集体的成就，在每个管理人员的目标中应该明确规定他在实现公司各个业务领域的目标中应有的贡献；（3）企业高层对管理人员和员工必须通过目标进行领导，目标的实现过程则由其自我控制；（4）对管理层和员工进行考核和奖惩也必须依据目标[1]。

管理过程学派的主要代表人物哈罗德·孔茨对目标的性质与制定过

---

[1] [美]彼得·德鲁克：《管理的实践》，机械工业出版社2006年版。

程进行了补充与完善：在目标的性质方面，目标应具备可考核性、衡量性、数量化、具体化，同时组织必须设置多个目标，并制定其部门和科室的许多辅助目标，形成一个目标网络，以体现目标的多样性。在目标的制定过程方面，确定目标应是一个从上到下、再从下到上的循环往复过程[①]。

目标管理理论自提出以来，无论在理论还是实践方面都有了很大的发展。在西方国家，20世纪60—70年代目标管理被引入教育领域，主要讨论的议题有：怎样使用目标管理[②]、目标管理与联邦政府预算程序[③]、目标管理在州政府管理中的应用[④]、怎样在公共部门中运用目标管理[⑤]、MBO在20世纪80年代会生存下去吗、[⑥] MBO与在公共部门绩效挂钩的薪酬[⑦]、目标管理的时代已经过去了吗、[⑧] MBO对公共部门绩效和满意度的影响[⑨]、英国主流目标管理的特征[⑩]等。

根据美国高等学校人事协会（CUPA）的调查，有大约1/4的美国高校进行了目标管理。进入20世纪80年代中后期，美国许多州政府官员更加提倡学院和大学开展"绩效指标"评定。目标管理被许多州用作管理

[①] 韩延明、王志华主编：《高校目标管理导论》，山东大学出版社1996年版，第23—24页。

[②] Luthans, F. (1976). How to Apply MBO. *Public Personnel Management*, 5 (2), p.83.

[③] McCaffery, J. (1976). MBO and the Federal Budgetary Process. *Public Administration Review*, 36 (1), p.33.

[④] Odiorne, G. S. (1976). MBO in State Government. *Public Administration Review*, 36 (1), p.28.

[⑤] Sherwood, Frank P. Page Jr., William J. MBO and Public Management. *Public Administration Review*, Vol. 36 Issue 1, p.5, 8/p.58.

[⑥] Odiorne, G. S. (1977). MBO in the 1980s: Will It Survive? *Management Review*, 66 (7), p.39.

[⑦] Murray, S., & Kuffel, T. (1978). MBO and Performance Linked Compensation in the Public Sector. *Public Personnel Management*, 7 (3), p.171.

[⑧] Ford, C. H. (1979). MBO: An Idea Whose Time Has Gone? *Business Horizons*, 22 (6), p.48.

[⑨] Thompson, K. R., Luthans, F., & Terpening, W. D. (1981). The Effects of MBO on Performance and Satisfaction in a Public Sector Organization. *Journal of Management*, 7 (1), pp.53–68.

[⑩] Baruch, Y. & Gebbie, D (1998). Culture of Success: Characteristics of the U. K. 's Leading MBO. *Journal of Business Venturing*, 13 (5), p.423.

手段，以此调整拨款政策①。到了20世纪90年代，运用目标管理的高校已从1984年的55%激增到1995年的81%。在1996年至1997年，美国大约一半左右的州都采用了目标管理来改进拨款办法②。时至今日，目标管理已成为美国高校管理的普遍实践。

关于高校目标管理的可行性，菲利普·科特勒和凯伦F. A. 福克斯在1985年出版的《教育机构的战略营销》一书中就指出：在以前将大学和企业相提并论是不可思议的。然而，美国的教育机构从企业运作中学到了很多有用的东西，包括完美的预算系统、捐赠基金的投资和其他财务管理办法，以及高度专业化的人力资源管理手段，负责大学发展和招生的人员借用相关的商业理念，并将之运用于吸引资源的实际工作之中③。

20世纪60年代初，日本从美国引进了目标管理，取得了巨大的成功。日本学者小仓光雄提出，美国的目标管理是由上而下的P·D·S（Plan、Do、See）型的管理，又称"V"形管理，即管理者制定目标、工人执行、管理者进行检查和评价。日本的目标管理是由下而上的"M"形管理，即工人参与制订计划并对管理者制订的计划提出修改意见，而且实行工人的自我检查、自我管理④。

（二）国内目标管理研究

1978年，目标管理传入我国，并在一些企业运用取得了成功，随之推广到了公共管理部门和高等学校。据2007年对中南地区75所高校目标管理实施现状的调查结果显示，正在实施目标管理的院校为32所，计划实施院校17所，分别占调查总数的42.7%和22.7%，实施目标管理的高校数呈上升趋势，且与院校层次成正相关⑤。

---

① R. D. Howard. *Institutional Research: Decision Support in Higher Education.* Tallahassee, FL: The Association for Institutional Research, 2001.

② Schwartz Chwartz. M. P. A National Survey of Presidential Prerformance Assessment and Practices: AGB Occasional Paper No. 34 Washiongton, D. C.: AGB, 1998.

③ ［美］菲利普·科特勒、凯伦F. A. 福克斯：《教育机构的战略营销（第2版）》，庞隽、陈强译，企业管理出版社2005年版。

④ 俞文钊编著：《管理心理学》，甘肃人民出版社1985年版，第200页。

⑤ 董泽芳、何青、熊德明：《关于75所高校目标管理实施现状的调查》，《高教发展与评估》2009年第2期，第15—21页。

1. 论著

国内高校目标管理的代表性学术著作有刘树明、李少华编著的《高等学校目标管理》(1988)，韩延明、王志华主编的《高校目标管理导论》(1996)，董泽芳、何祥林的《高校目标管理的理论与实践》(2013)。其中，刘树明、李少华在其著作中论述了高等学校的管理特点、管理目标和实施目标管理的必要性，分析了高等学校目标管理的概念和实质，介绍了西方国家目标管理的主要理论，并结合我国高校实际提出了引进和开展目标管理所需要做的一些基础性工作，论述高校方针目标的制定与展开、实施与检查，介绍了组织中心型、个人中心型目标管理的实施细节，提出了成果中心型目标管理是未来目标管理的发展趋势，并介绍了目标管理的定量化技术等[①]。

韩延明、王志华在著作中系统阐述高校目标管理的依据、指导方针、主要特点、制定程序、确立依据、一般要求与具体实施，并在高校教育目标与管理目标之间依存关系的基础上，以高校各部门的管理为纲，分别论述了思想政治工作、教学工作、科研工作、图书资料工作、体育卫生工作、人事工作、财务与后勤工作的管理和高校领导体制与管理职责等[②]。

董泽芳、何祥林在著作中分五个部分对高校目标管理的理论与实践进行了系统探索。其中，在理论探讨部分，明确并辨析了高校目标管理的相关概念，概括了高校目标管理的主要特征，分析了高校目标管理的时代价值，阐释了高校目标管理的理论基础，提出了高校目标管理必须遵循的基本原则。在过程分析中，对高校目标管理的目标制定、目标实施、目标考核、总结反馈四大环节进行了具体描述与分析。在调查研究部分，分别对中南地区不同层次、不同类型的75所高校进行了问卷调查，对湖北省和广州市的9所高校进行了访谈调查，对华中师范大学进行了较为全面的问卷调查和分组访谈。在规律提升部分，提出了高校目标管理要处理好主体与客体、过程与结果、个性与共性、适应与超越、

[①] 刘树明、李少华编著：《高等学校目标管理》，北京师范大学出版社1988年版。
[②] 韩延明、王志华主编：《高校目标管理导论》，山东大学出版社1996年版。

定性与定量、刚性与柔性、集中与分散、公平与效率、激励与约束这九大关系。在实践探索部分，以华中师范大学为个案，系统介绍了华中师范大学自 2004 年开始实施目标管理工作的缘起、过程、措施、经验与问题[1]。

2. 论文

（1）关于目标管理的理论研究。在高校目标管理的理论研究方面，以董泽芳、张继平、熊德明为核心的研究团队近些年来先后对高校目标管理的主要特征与实施策略[2]、机构设置[3]，高校目标管理中的十大关系[4]、公平与效率[5]、适应与超越[6]、刚柔相济[7]等进行了系统的理论研究，取得了不少有价值的研究成果。

王炎廷、曾德贤对比分析了企业与高校在组织性质、工作场景、最终产品等方面的不同，提出了实行目标管理，对企业与高校具有激励、自主、职责和整体等积极效应，但同时也容易产生短期、本位、偏差、僵化等消极效应[8]。

申爱华从动机的目标理论这一角度提出高校目标管理应关注高校被管理者的个人目标，真正做到组织目标和个人目标的统一，并强调应注重激励形式的多样化[9]。陆为群就科学发展观指导下优化高校目标管理的

---

[1] 董泽芳、何样林：《高校目标管理的理论与实践》，中国社会科学出版社 2013 年版。
[2] 董泽芳、张继平：《高校目标管理的主要特征及实施策略》，《高等教育研究》2008 年第 11 期，第 39—44 页。
[3] 熊德明、董泽芳：《论高校目标管理中的机构设置》，《黑龙江高教研究》2008 年第 7 期，第 31—33 页。
[4] 董泽芳、张继平：《论高校目标管理中的十大关系》，《国家教育行政学院学报》2010 年第 7 期，第 22—28 页。
[5] 熊德明、董泽芳：《论高校目标管理中公平与效率的关系》，《现代教育管理》2009 年第 4 期，第 20—22 页。
[6] 熊德明、董泽芳：《论高校目标管理中的适应与超越》，《广西教育学院学报》2012 年第 1 期，第 26—26 页。
[7] 董泽芳、张继平：《高校目标管理的刚柔相济》，《高校教育管理》2013 年第 5 期，第 5—8 页。
[8] 王炎廷、曾德贤：《场景与效应：目标管理在企业与高校中的对比分析》，《长江大学学报》（社会科学版）2008 年第 3 期，第 103—107 页。
[9] 申爱华：《动机的目标理论对高校目标管理的启示》，《纺织教育》2006 年第 2 期，第 8—10 页。

方法与策略进行了论述①。顾纪忠结合心理契约的特点，分析了高校目标管理局限性②。殷忠勇以马克思精神生产理论为指导，指出由于教师劳动的精神生产特点，使得高校实施目标管理存在着管理目标难以制定、目标管理的双向性原则难以保证、目标实施过程难以控制、管理目标难以评价这四大困境③。

（2）关于目标制定。绝大多数学者都对高校目标管理中的"目标"制定应依据国家政策法规、所属上级的要求、经济社会发展需要、学校实际情况及学校发展建设的主要"问题点"，特别是学校的中长期发展规划等没有异议；但是应该由谁来制定总体目标并分解为部门目标存在三种不同观点：自上而下摊派式、自下而上汇总式和上下沟通协商式④。高校目标管理主要涉及教学、科研、学科建设、师资队伍建设、招生就业、学生管理、基础设施建设与创造等领域，目标制定应遵循 SMART 原则⑤，但对这些目标领域的具体指标设定，如数量、层次、重要程度等存在较大分歧⑥。

董泽芳、何青、熊德明通过调查总结出我国高校目标制定与分解的三种主要方式：一是校领导制定后摊派到二级单位以及教职工；二是校领导和二级单位领导协商决定后下达；三是校领导、二级单位领导以及教职工反复沟通协商确定⑦。

（3）关于目标分解。不同学者分别从不同高校的实际出发提出了各

---

① 陆为群：《论科学发展观指导下的高校目标管理优化》，《教育与职业》2007年第29期，第29—31页。

② 顾纪忠：《心理契约视阈下的高校目标管理责任制》，《江苏高教》2009年第6期，第53—54、125页。

③ 殷忠勇：《精神生产理论下高校目标管理的困境及思考》，《扬州大学学报》（高教研究版）2012年第4期，第57—61页。

④ 董泽芳、何青、熊德明：《关于75所高校目标管理实施现状的调查》，《高教发展与评估》2009年第2期，第15—21页。

⑤ 张志远：《地方高校推行目标管理的理论与实践研究》，《西华师范大学学报》（哲学社会科学版）2008年第3期，第90—93页。

⑥ 郭必裕：《对高校目标管理中目标的本质探讨》，《煤炭高等教育》2004年第5期，第34—37页。

⑦ 董泽芳、何青、熊德明：《关于75所高校目标管理实施现状的调查》，《高教发展与评估》2009年第2期，第15—21页。

自的见解，蔡建国[①]、别荣海[②]、刘野[③]等提出按照高校管理流程通过目标分解的环节，将目标和管理权力下移，通过赋予各部门更多的自主权来发挥能动性，但对承担目标单位是否需要配套资源以及如何配套资源等实际问题研究不多。

（4）关于目标实施策略。要建立有利于目标实现的管理体制，注重吸收教职工参与科学目标制定，实现管理重心下移，做到责权利相统一，建立科学的目标考核与激励机制[④]，营造上下欲同的组织氛围、构建科学合理的目标体系、形成权责利一致的授权机制、适时反馈目标等是高校实施目标管理的有效策略[⑤⑥]。

吴淑娟、白宗新根据长江大学的实践，提出高校推行的院系目标管理应该突出一个中心（即服务和提高人才培养质量），围绕一个目标（即学校工作的总体目标），抓住三个关键环节：一是构建科学合理的目标体系；二是加强目标管理的过程控制；三是实施科学有效的目标考核与绩效激励[⑦]。

（5）关于目标考核。胡燕玲从考核主体、考核客体、考核指标体系、考核方式、考核结果等方面分析了高校目标管理考核存在的问题，提出了从合理制定目标任务、建立目标管理考评与控制机制和合理的指标体

[①] 蔡建国、方放、周冰、蔡建波、周郁：《高校院（系）目标管理要素与路径探讨》，《大学教育科学》2006年第4期，第41—43页。
[②] 别荣海、任义：《高校目标管理的路径与方法》，《河南师范大学学报》（哲学社会科学版）2011年第2期，第236—238页。
[③] 刘野：《浅析高校实施目标管理责任制的有效途径》，《牡丹江师范学院学报》（哲学社会科学版）2013年第5期，第23—25页。
[④] 郭必裕：《对高校目标管理中目标的本质探讨》，《煤炭高等教育》2004年第5期，第34—37页。
[⑤] 陆为群：《论科学发展观指导下的高校目标管理优化》，《教育与职业》2007年第29期，第29—31页。
[⑥] 洪港、吴立保：《行业特色型高校实行目标管理的思考——以南京信息工程大学为例》，《黑龙江高教研究》2011年第1期，第51—53页。
[⑦] 吴淑娟、白宗新：《院系目标管理的实践探索——以长江大学为例》，《研究与评价》2009年第4期，第82—87页。

系、采用多元化的考核方式等改进建议①。邹积英提出"目标管理责任状+360度绩效评估"是高校中层干部考核的新模式。通过进行任期目标管理责任状的制定、目标实施、目标考核、全方位的定性评价、反馈辅导等阶段，该绩效考核模式能够有效地管理与监督、激励与约束高校中层干部，督促高校中层干部恪尽职守、开拓创新，全面提高管理水平和服务质量，从而实现学校总体发展目标并提高学校整体管理水平②。

董泽芳、张继平提出应认真研究考核周期问题，提出短周期考核与长周期考核各有利弊；对于结果性目标，要采用低频率的考核周期；对于行为性目标，宜采用高频率考核周期③。毕永竹、陶静茹认为将年度考核与任期考核相结合，以任期考核为主④。

（6）关于考核结果的使用。考核结果的使用是目标管理的最后环节，大多学者都认为考核结果应与所属部门、单位及个人的奖惩和收入分配挂钩，但对哪些需要挂钩、怎样挂钩、怎么避免不当挂钩等很少研究。

综上所述，高校目标管理在国外研究起步较早，但后续研究不多。中国高校目标管理及运行机制研究起步较晚，但从研究方式上看，既有理论研究，也有以各自院校的实践经验为基础的经验研究，在高校目标管理及其运行机制的概念、指导方针、确定依据、制定程序和如何制定目标、如何实施目标和如何考核等方面开展了一些研究，取得不少有价值的成果，为宣传和推广以及有效开展高校目标管理工作提供了许多有益的启示。但是反观我国当今许多高校目标管理实践，仍然在运行机制方面存在着诸多问题，例如，目标管理周期设定不科学、目标制定民主参与度不够、目标体系有缺陷（目标高度不当、总体目标缺乏科学性、目标主次不分、该量化的没有量化）、对目标实施阶段的保障不足、责权

---

① 胡燕玲：《高校目标管理考核存在的问题及其改进建议》，《高等函授学报》（哲学社会科学版）2009年第4期，第51—25、76页。

② 邹积英、高丽华、刘大力、邓楠：《"目标管理责任状+360度绩效评估"模式在高校中层干部绩效考核中的应用》，《现代教育管理》2011年第5期，第83—85页。

③ 董泽芳、张继平：《高校目标管理的主要特征及实施策略》，《高等教育研究》2008年第1期，第39—44页。

④ 毕永竹、陶静茹：《高校实行任期目标责任制的反思》，《职业时空》2012年第6期，第55—57页。

利不匹配、目标考核方法不科学、结果不公开、结果应用中的反馈不到位，激励机制不到位、奖惩依据不充分等诸多问题。这反映出我国高校目标管理运行机制研究还不够深入，对目标管理实践的指导不够有力、有效。从研究的广度上来看，虽然也对中国高校章程的实施、大学治理现代化等目标管理相关领域进行了不少研究，取得了一些有价值的理论和实践研究成果，但是对这三者的研究都还属于相互孤立的三个研究领域，很少有交叉综合研究，更未能揭示这三者之间的关系，难以满足当代中国高校目标管理实践的需要。

本书认为，高校目标管理运行机制研究属于一个实践性特别强的研究领域，既需要理论研究者开展有广度和深度的理论研究为实践做指导，更需要具有目标管理实践操作经验的工作人员参与，以解决实践中存在的突出问题为导向开展行动研究，并以目标管理案例研究的形式表达研究成果，为实施目标管理的高校决策和管理提供直接的原型启发。但从我国高校目标管理研究的总体成果上看，以论文形式的经验研究由于容量有限，难以全面展示院校实施目标管理的动因、制度、机制及其成效、问题与原因的全貌，致使读者对其似懂非懂，真正想要全面了解、学习借鉴，还需要到该院校实地考察、体验总结，费时费力，且现有著作中有深度和可操作性的案例研究还较少。为此，本书在开展必要理论研究的基础上，以本著者多年从事高校目标管理工作的经验与体会出发，结合对4所高校的实地调研成果，编制调查问卷，对全国95所普通本科院校开展了目标管理运行机制基本情况调查，对129所普通本科院校开展了"十三五"规划活动运行机制问卷调查，从宏观上把握新时代我国高校目标管理机制的整体状况；对实施年度和任期目标管理的两所高校进行专题案例分析，从微观上透视高校目标管理的内在机制、成效与问题。在此基础上，系统梳理了新时代中国高校目标管理机制的特点、存在问题及发展趋势，最后提出高校目标管理机制构建的根本路径与若干策略。希望通过本书，对实施目标管理的高校能够提供实实在在的启发和帮助，同时对创新我国目标管理运行机制的理论有所贡献。

第三节　研究内容与研究方法

一　研究目标

（一）创新研究思路、理论和方法

打破目前把中国高校章程实施、大学治理现代化、高校目标管理当作三个孤立研究领域的研究思路，把章程实施、大学治理现代化纳入目标管理范畴予以组织实施，并把前两者的实质要求作为检验后者成效的主要标准，探索基于中国国情的中国高校目标管理机制的理论和方法。

（二）总结中国高校目标管理机制特征

高校目标管理机制是由高校中参与目标管理的主体要素发起，为实现目标要素，统筹推进主体之间，主体与客体、目标、条件、制度之间相互作用的过程、方式和功能。通过开展中国高校目标管理机制问卷调查和案例研究，总结中国高校目标管理机制特征。

（三）建构中国高校目标管理新机制

以大学治理现代化和现代教育领导效能理论为指导，以科学化、民主化、法治化为标准，提出建构包括思想政治体系、组织体系、职责体系、制度体系、流程体系、作风体系等在内的中国高校目标管理新机制，凝练、生成高校目标管理机制的"中国模式"。

二　研究对象与研究思路

本书以中国高校治理进入新时代和贯彻落实高校章程为背景，以大学治理现代化和现代教育领导效能理论等为分析视角，以中国高校目标管理机制为研究对象，采用"经验总结+理论分析+定量问卷调查+质性案例研究+理论构建"的研究设计和思路，在对目标管理机制理论研究、经验研究、中国高校目标管理机制调查研究和案例研究的基础上，分析中国高校目标管理机制存在的问题，提出新时代中国高校目标管理机制建构的指导思想与基本原则、路径与策略。

三　研究内容

具体研究内容安排如下：

1. 绪论。提出本书研究的背景、问题及研究意义，系统梳理国内高校章程、大学治理现代化和高校目标管理的相关研究文献，提出研究的内容和拟采用的研究方法。

2. 相关基础理论。分析了科学管理理论与个体行为理论、高等教育系统与高校组织管理理论、大学治理现代化理论、高校目标管理体制机制理论等基本观点，及其对优化高校目标管理机制的指导意义，为后续研究提供理论支撑。

3. 经验基础。高校目标管理运行机制研究是一项实践性极强的研究领域。本书著者基于实际管理工作和课题研究需要，对武汉理工大学、华中科技大学、南京信息工程大学、浙江工业大学等高校目标管理机制给予了持续关注，进行了实地访谈调研，分析了 4 所大学目标管理机制状况、特点、经验与启示，为后续问卷调查提供经验基础。

4. 新时代高校目标管理运行机制调查。采用课题组自行设计的调查问卷，从院校性质与所在部门、章程发布与实施、高校单位目标管理运行机制的基本状态（含目标制定、目标分解、目标实施、目标考核、结果应用 5 个阶段）、目标管理工作制度及成效等方面，调查了全国 95 所本科院校单位目标管理运行机制基本情况，并对院校隶属关系与高校章程实现程度、目标管理工作制度建设状况与目标管理工作成效进行相关性分析。

5. 新时代高校"十三五"规划运行机制研究——基于全国 129 所本科院校的调查。以高校"十三五"规划编制、任务分解、组织实施与监督评价等活动为主线，对全国 129 所本科院校开展"十三五"规划活动运行机制问卷调查，把握其总体运行状态，以分析其运行机制是否能够正常运转为前提，从科学化、民主化、法治化三个维度评判其运行效用，为分析、改进高校"十三五"规划运行机制及其目标管理机制提供科学依据。

6. 高校年度目标管理机制案例研究——以 CH 大学为例。以 CH 大学为个案，分别介绍、分析了该校 2004—2015 年和 2016 年以来两个阶段学院（系）目标管理实施方案及其特点、成效、存在问题和对其他高校的启示。

7. 高校任期目标管理机制案例研究——从 HK 大学为例。以 HK 大学为例，从背景、目标管理制度、主要特点、成效、存在问题、有关思考等方面叙述、分析和概括了该校三届行政处级领导班子任期目标管理基本情况。

8. 中国高校目标管理机制的特点、存在问题及发展趋势。基于上述经验分析、问卷调查和案例分析，总结中国高校目标管理运行机制的特点、存在问题及其成因，并提出高校目标管理若干发展趋势。

9. 新时代高校目标管理机制的构建。一是提出新时代高校目标管理机制构建的指导思想与基本原则；二是以思想体系、组织管理体系、职责体系、制度体系、流程体系、作风体系这六大体系建设为抓手，提出了建构系统完备、科学规范、民主高效目标管理机制的具体路径与策略。

四　研究方法

坚持理论分析与实证分析、质性研究与定量研究相结合的研究方法论，在理论分析和经验研究的基础上，采用顺序型混合方法研究设计，即先进行定量的问卷调查，然后选择典型进行质性案例研究，最后再进行理论构建。具体研究方法包括理论研究法、实地调查法、问卷调查法、案例研究法等。

1. 理论研究法

在本书的绪论，理论基础，中国高校目标管理机制的特点、存在问题及发展趋势，新时代高校目标管理机制的构建等章节主要使用文献分析、政策分析等理论分析法开展研究工作。

2. 实地调查法

在本书第三章，采用实地访谈的方法，对武汉理工大学、华中科技大学、南京信息工程大学、浙江工业大学进行了实地调查。本书第六章的案例研究也采用了此方法。

3. 问卷调查法

在本书的新时代高校目标管理运行机制研究、"十三五"规划运行机制研究等章节，使用自制的问卷开展调查，进行状态分析、问题分析和对策分析。

4. 案例研究法

在本书的经验基础、高校年度目标管理机制案例研究、高校任期目标管理机制案例研究等章节，开展实地调研和访谈，并从动因、制度、特点、成效、关于制度和关键角色的思考等角度进行深入的案例剖析，从而为本著作理论建构提供第一手资料和观点启发。由于案例研究是创建管理理论的重要研究方法之一，它与其他类型的研究方法相比的优点在于：一是有助于创建出新理论。因为在案例研究过程中，研究者可能会以更开放的心态看待研究中获得的大量材料与数据，以及案例材料与现有文献的矛盾等，从而更有可能产生新理论。二是能够以更容易获取的测量工具和更容易证伪的假说来检验理论。三是案例研究结论可能更具有现实有效性。这是由于案例结论直接来自经验证据，因而更有可能是对现实的客观反映。著名管理专家艾森哈德认为，在研究的初始阶段，当人们对所研究问题知之甚少或试图从一个全新角度切入时，案例研究将非常有用[1]。

---

[1] Eisenhardt, K. M. (1989). Building Theories from Case Study Research, *The Academy of Management Review*, Vol. 14, No. 4, pp. 532–550.

第 二 章

理论基础

第一节 科学管理理论与个体行为理论

一 科学管理理论

（一）基本观点

泰罗是科学管理理论的奠基者，其基于"经济人"人性基本假设提出，只有提高劳动生产率，才能满足员工的经济需求和雇主的利益最大化诉求。因此泰罗围绕提高劳动生产率提出了一系列比较具体的管理制度、管理措施和管理方法。一是定量管理，即通过试验和测量确定员工"合理的工作量"，使贡献大小与工作高低挂钩；二是差别工资；三是标准化管理，即实施工具标准化、操作标准化、劳动动作标准化、劳动环境标准化等；四是职能分工，即明确划分管理者与被管理者职责，实现组织管理的专门化，提出计划职能与执行职能分开的管理方法；五是例外管理，即较大规模的组织在依靠职能原则管理基础上，高级管理人员把一般日常事务授权给下级管理者，自己只保留例外事项的决策权和监督权[1]。

（二）指导价值

目标管理是把复杂问题简单化的一种重要管理方法。泰罗的科学管理理论对高校目标管理的指导意义在于：一是量化管理是高校目标管理的基础；二是差别工资和奖励是高校目标管理的动力；三是管理流程标

---

[1] ［美］泰罗：《科学管理原理》，中国社科会科学出版社1984年版，第232页。

准化是高校目标管理的保障,即高校目标管理要做到目标制定、目标分解、过程监控、目标考核、结果应用等流程标准化(科学化、民主化、法治化、最优化);四是职能分工、职责明确是高校目标管理的先决条件;五是合理授权是领导的分身术,也是高校实施目标管理过程中的常用手段,授权要做到责权利一致;六是效益和效率是高校目标管理追求的目的和指标,目标管理要与绩效管理挂钩。

二 个体行为理论

个体是构成组织的最小单元,也是组织管理活动的具体执行者。个体行为理论是研究人类行为产生的原因、动机、发展变化的规律,探寻人的动机、调动人的积极性的激励因素,从而发现有效管理方式的一种管理理论。个体行为理论主要包括需要层次论和激励理论等。

(一)个体行为理论的基本观点

1. 需要层次论

美国心理学家马斯洛在1943年出版的《人类动机理论》一文中系统地阐述了需要层次论的基本观点,其理论有三个基本假设:一是人的需要影响人的行为;二是人的需要按照重要性和层次排列成一定顺序,即由低级的基本需要到复杂的高级需要;三是只有当人的基本需要得到满足后,才会追求高级需要。在此基础上,该理论提出了人的五个层次的需要:(1)生理的需要;(2)安全的需要,即保护自己免受生理和心理伤害的需要;(3)爱和归属的需要,包括爱、友谊、归属和接纳等;(4)尊重的需要,包括内部尊重(自尊、自主和成就感)和外部尊重(地位、认可和关注);(5)自我实现的需要,即最大限度发挥自己潜能的需要。

2. 激励理论

(1)双因素理论。美国心理学家赫斯伯格认为,影响员工工作积极性的因素有两个:保健因素和激励因素。保健因素即那些造成员工不满的因素,它们的改善能够结束员工的不满,但不能使员工感到满意并激发工作的积极性,还包括组织政策、行政管理、工作发放、劳动保护、工作监督以及各种人事关系处理等。激励因素即那些能够使员工感到满意的因素,只有它们的改善才能提高员工的满意度,才能调动员工的工作积极性，提高劳动生产率。激励因素包括工作表现机会、工作本身的乐趣、工作中的成就感、对未来发展的期望、职务上的责任感等。

（2）成就动机理论。心理学家麦克利兰在对人的需要和动机进行研究的基础上，提出了个体在工作情景中的"三种需要理论"，即成就需要、权力需要和亲和需要。①成就需要，即争取成功希望做得更好的需要，具有强烈成就需要的人，在追求克服有一定挑战度的目标任务过程中能够克服困难、解决难题，品味努力奋斗的乐趣以及成功后的个人成就感，不看重物质奖励，渴望将事情做得更为完美，提供工作效率；②权力需要，即影响或控制他人且不受他人控制的需要，权力欲较高的人喜欢支配和影响他人，喜欢具有竞争性和能体现较高地位的场合和情况，也追求出色的成绩，目的在于争取地位和影响力；③亲和需要，即建立友好亲密人际关系的需要，高亲和需要的人更倾向与他人进行交往，以获得交往带来的愉悦，因而喜欢合作而不是竞争的工作环境，希望彼此的沟通和理解。

（3）期望激励理论。美国行为主义心理学家爱德·华劳勒、莱曼·波特在20世纪60年代出版的《管理态度和成绩》《成绩对工作满足的影响》论著中提出期望激励理论。该理论认为，①激励是导致一个人是否努力及其努力程度的主要因素。②工作实际的绩效取决于能力的大小、努力程度以及对所需要完成任务理解的深度。③奖励要以绩效为前提，必须先完成组织任务才能给予相应的精神和物质奖励。④一个人做出成绩后得到两类报酬：一是外在报酬，例如工作、地位、提升和安全感等；二是内在报酬，一个人由于工作成绩良好而给予自己的报酬。⑤奖惩措施是否会满意，取决于被激励者认为获得报偿是否公正。

（4）公平理论。这是美国行为主义心理学家亚当斯在《工人关于工资不公平的内心冲突同生产效率的关系》等著作中提出的一种激励理论。该理论认为，一个人做出了成绩并取得报酬后，他不仅关心自己所得报酬的绝对量，而且关心自己所得报酬的相对量。他会进行横向比较和纵向比较来确定自己获得的报酬是否合理，比较的结果将直接影响今后工作的积极性。横向比较是指将自己获得的"报偿感觉"（用OP表示，包括金钱、工作安排及获得的赏识等）与自己获得的"投入感觉"（用IP

表示，包括教育程度、所做努力、用于工作的实践及精力等）的比值与组织内他人（用 OC 表示对自己对他人"报偿感觉"，用 IC 表示自己对他人的"投入感觉"）做社会比较，只有相等时他才认为公平，即 OP/IP = OC/IC。纵向比较是指将自己目前投入的努力与目前获得报偿的比值，与自己过去的努力与过去获得报偿的比值进行比较，只有相等时他才认为公平，即 OP/IP = OH/IH（OH 表示自己对个人过去获得报酬的感觉，IH 表示自己对个人过去投入的感觉）。

（二）个体行为理论对高校目标管理的指导价值

1. 需要层次论的指导价值

（1）要根据学校和教师发展需要制定目标。学校目标制定要尽可能与教师的各种需要有机结合起来，并让教师或者教师代表参与目标制定，使教师的个人需要与学校发展的需要紧密相连，形成共同目标。

（2）目标设置要科学。一是目标难度要适宜，经过共同努力能够实现；二是目标设置要有层次性，且明确、具体。既要有学校远景目标和近期目标，也要有院系目标、职能部门和教辅单位目标以及师生员工目标；既要有定量目标，也要有定性目标。

2. 激励理论的指导价值

（1）双因素理论要求高校目标管理首先要加大投入，满足教师员工的"保健需要"，使其能够体面地生活；其次，要创设积极向上的创新创业文化氛围，鼓励在教学、科研、社会服务和管理工作中大胆创新创造，大力宣传、表彰对学校目标管理做出贡献的先进集体和个人，给他们提供表现机会，让他们享受工作的成就和喜悦，让他们幸福受尊重地工作和生活。

（2）成就动机理论要求高校目标管理要注重激励手段的多元化、个性化，对于教学科研精英，不但要给予必要物质和精神激励，还要给其创造更好、更充裕的工作条件和学习、交流机会；对于目标管理做出重大贡献的年富力强、有管理潜质的管理干部要大胆提拔重用。

（3）期望理论要求高校目标管理要根据不同类型、不同层次的目标、单位和人员，及时地给予激励，不要延期奖励，形成制定目标—完成目标—激励—努力—绩效—奖励—满足—再努力的良性循环。例如，可以设置进步最快奖励等。

（4）公平理论一方面要求高校目标管理要关注公平，强调按照实际贡献大小进行奖励，打破论资排辈、轮流坐庄、领导搞平衡等；另一方面由于受各种因素和条件限制，要做到最终分配结果的绝对公平是不可能的，因此激励前后要加强心理引导：树立正确的公平观，注重程序公平，不做盲目攀比，结果大体相当，"没有比较就没有伤害"[①]。

第二节　高等教育系统与高校组织系统理论

一　高等教育系统的特征

当代国际著名的高等教育学家和社会学家伯顿·R.克拉克认为，高等教育系统是由生产知识的群体构成的学术组织，以高深知识为核心是高等教育系统的本质特征。一门门知识的"生产车间"构成了学科，高等教育系统内围绕学科组织起来有两种工作结构，即学科和高校，因而高等教育系统的中心是学科和院校之间形成的交叉矩阵。高校是个综合性组合体（同行专家与不同行专家，专家与非专家，教授、学生与行政人员），其中学科是联系同行专家的纽带，学科是跨地区的行会性质的利益团体，大学教师既归属于一门学科，又归属于一所特定的高校。学科和事业单位在高校的基层单位汇合成为教学科研单位——学院或者学系，每个学科单位在第一线任务方面的重要性不证自明，因此高校属于重在基层的组织[②]。

高等教育系统的这一特征，对于高校目标管理的指导意义在于：一是高校要把学科建设作为学校的首要工作，要把学院（学系）作为目标管理的重点。二是高校要把所有二级单位纳入目标管理范畴，高校职能部门和教辅单位等都要围绕其目标实现开展相应的组织协调和指导服务工作。

---

① 董泽芳、何样林：《高校目标管理的理论与实践》，中国社会科学出版社2013年版，第80—97页。

② 杨春梅：《学术组织视野中的高等教育系统——伯顿·R.克拉克的高等教育系统观及其启示》，《高等教育研究》2002年第4期，第55—58页。

二 高校组织系统的主要特征

杨万文等认为,高等教育系统的学术组织特性,使得高校管理与其他行业的管理具有明显不同的特征。概括起来,主要体现在组织的松散性、权威的双重性、主客体的相对性等特征。

1. 组织的松散性。高等学校担负着人才培养、科学研究、服务社会与文化传承这四大功能。这些任务都必须由高校教师来承担,因此,高校教师是以学术为职业的"双肩挑"甚至"多肩挑"群体,大多数高校教师是学术渊博的专家、学者,他(她)们身上或多或少体现着知识分子的个性特点——追求独立、个性鲜明。这种职业群体特性决定了高校管理只能采取相对宽松的管理方式。

2. 权威的多重性。在我国现行管理体制下,高校既是学术机构又是事业单位,因而学术权威和行政权威交织成为高校管理的多重权威。实际情况是,这两种权威常常结合在一起,以便于工作的协调和开展,但是也可能导致员工行为的非职业化,出现"外行领导内行",学术指挥行政、行政干扰学术等倾向。

3. 主客体的相对性。高校人员主要包括行政人员、教师、学生、教学辅助人员这四大群体,这四大群体既是学校管理工作的主体(管理者),同时又是管理工作的客体(被管理者),主体和客体的角色在一定条件下可以相互转换,因此主、客体具有相对性。实践中,由于认识的差异,往往对主体的认识较为清晰,而忽视作为客体存在的事实,不能顺利实现角色转换,从而造成工作效率低下、服务态度恶劣、推诿责任等情况的发生[①]。

三 高等教育系统和高校组织系统理论对目标管理的指导价值

高等教育系统是一个重在基层的学术组织,高校组织系统具有组织的松散性、权威的多重性、主客体的相对性等特征。其对于高校目标管

[①] 董泽芳、何样林:《高校目标管理的理论与实践》,中国社会科学出版社2013年版,第338—339页。

理的指导意义在于：一是所有高校相比较于其他类型的组织而言，更适合进行目标管理。二是高校要把学科建设作为学校的首要工作，要把学院（学系）作为目标管理的重点。三是高校要把所有二级单位纳入目标管理范畴，高校职能部门和教辅单位等都要围绕其目标实现开展相应的组织协调和指导服务工作。

第三节　大学治理现代化和现代教育领导理论

一　大学治理现代化理论的基本观点

2013年11月召开的党的十八届三中全会通过的《中共中央关于全面深化改革若干重大问题的决定》提出，"全面深化改革的总目标是完善和发展中国特色社会主义制度，推进国家治理体系和治理能力现代化"。在2014年全国教育工作会议上，教育部部长袁贵仁在"深化教育领域综合改革　加快推进教育治理体系和治理能力现代化"主题发言中认为，实现国家现代化，教育要率先现代化，"从教育部门自身改起，完善科学规范的教育治理体系，形成高水平的教育治理能力"[①]。

大学治理是大学实现自身目标和任务的治理结构、治理规则和治理实践的总和。西方学者把大学治理大致归纳为四种模式：一是学院治理模式，由美国组织管理学家马文·彼得森等人提出，亦称为学术同行治理、学术同僚治理，其基本特征是教授治校，学术同行掌握各项权力，不必顾忌外部的领导权力。二是科层治理模式或官僚治理模式，由科森和斯特鲁普提出，该模式强调以大学校长为首的行政权力和董事会作为决策机构在大学治理中发挥重要作用，大学治理由学术同行治理转向威权治理。三是政治治理模式，由鲍德里奇、萨兰奇克、佩弗克等学者提出并完善，强调大学治理的开放性和外部利益群体参与大学治理的可行性。四是创业式或企业式治理模式，创始人为伯顿·克拉克，该模式强调外部力量参与大学治理并提出建立强有力的核心行政领导，强调决策

[①] 袁贵仁：《深化教育领域综合改革　加快推进教育治理体系和治理能力现代化》，《中国高等教育》2014年第5期，第1—6页。

的高效与有效，强调学术服从于行政。其中，更具综合性的代表观点当属我国学者李立国（2016）的大学治理模式发展"三阶段论"：第一阶段是以教授治校为基本特征的学术治理模式；第二阶段是共同治理模式，伴随着高等教育规模扩张，知识生产与传授模式发生了变化，从而转向了大学的共同治理模式；第三阶段是协商式共同治理模式，该模式代表着现代大学治理的转型和现代化发展方向，该模式既遵循学术治理要求，落实教师在大学治理中的主体地位，又强调协商在共同治理中的价值，突出尊重、平等、合作与沟通①。

推进大学治理体系和治理能力现代化的方向是协商式共同治理，其根本动因在于当代知识生产模式发生了变化。这是因为知识生产模式转型与大学内部治理结构变革存在相互作用的关联机制，表层治理权力分配的变化内隐了大学知识生产由学科知识逻辑向应用知识逻辑的转变，即大学内部治理结构由重视学术权力的共同治理向强调技术理性的公司化治理模式发展②。

推进协商式共同治理，既遵循大学作为学术性组织的特性，落实教师在大学治理中的主体地位，又强调协商在共同治理中的价值，突出尊重、平等、合作与沟通，以保障治理的成效与质量③。协商式共同治理的基本理念是合作与信任，其核心价值是致力于让一切更好。就决策和议事程序来说，共同治理不是一个日常管理体系，而是一个注重长远而非即时性利益的审慎结构。这一结构虽然不利于做出快速应对，但对长期的问题能做出更好的决策，但共同治理不是完美模式，也面临诸多问题与挑战，需要不断探索与完善④。

---

① 李立国：《大学治理的转型与现代化》，《大学教育科学》2016 年第 1 期，第 24—40、124 页。

② 王聪：《知识生产模式转型与美国公立大学内部治理结构变革——伯克利加州大学的案例研究》，《高教探索》2017 年第 9 期，第 55—61 页。

③ 李立国：《大学治理的转型与现代化》，《大学教育科学》2016 年第 1 期，第 24—40、124 页。

④ 徐少君、眭依凡、俞婷婕、朱剑：《加州大学共同治理：权力结构、运行机制、问题与挑战——访加州大学学术评议会前主席 James A. Chalfant 教授》，《复旦教育论坛》2019 年第 1 期，第 5—11 页。

二 大学治理现代化理论对高校目标管理的指导价值

1. 高校目标管理要顺应时代发展需要，改变单一的行政主导目标管理模式

中国高校长期受计划经济体制影响，行政主导高校一切事务。虽然经过改革开放 40 多年思想和体制等的变革与洗礼，教授治学、民主管理的呼声日隆，但是行政主导高校目标管理模式仍然是主流模式。高校是重在基层的学术性组织，人才培养、科学研究和社会服务均需要依托高水平学科专业平台和师资队伍来完成，高校发展目标制定与管理评价理所应当需要由教授为代表的学术人员参与协商共治。这也是当前深化高等教育领域综合改革，加快推进大学治理体系和治理能力现代化的工作目标。正如别敦荣等在《高等教育治理体系和治理能力现代化的基本原则》中所言，过程治理原则主要是指在推进高等教育治理体系和治理能力现代化过程中，要对各治理环节、行为和相关主体等进行有效控制和督导，并形成制度和文化嵌入高等教育体制和机制，对高等教育的发展发挥持久的影响①。因此，当前高校目标管理要以科学化、民主化、法治化和过程治理原则为指导，从目标制定、任务分解、目标考核等环节对以行政为主导的目标管理模式进行优化、改造或重构，构建多元主体参与的协商、共治议事和决策体制机制。

2. 以贯彻落实高校章程为抓手，建构起具有中国特色的社会主义大学目标管理模式

高校目标管理要以贯彻落实高校章程为契机，按照"党委领导、校长负责、教授治学、民主管理"的治理体系要求，推进目标管理的思想体系、组织体系、职责体系、制度体系、流程体系、作风体系等的优化或重构，从而探索建构起具有中国特色的社会主义大学目标管理模式。

---

① 别敦荣、韦莉娜、唐汉琦：《高等教育治理体系和治理能力现代化的基本原则》，《复旦教育论坛》2015 年第 3 期，第 5—10、59 页。

三 现代教育领导理论的基本观点

效率、效益和效能是现代教育领导理论的核心概念。

1. 教育领导效率

从管理学角度看，效率是指单位时间内完成的工作量。教育领导效率是指为了实现预定教育目标和管理目标在单位时间内所完成的工作量。即为达成教育系统预定整体目标所开展的教育领导活动速度的快慢、节奏的高低，是教育领导活动的结果与工作量（或时间）的比率，用关系式表示：教育领导效率＝教育领导活动结果/占用工作量或时间。这一关系式表明三层含义：一是教育领导效率与教育领导者自身成熟度相关，与其他人力、物力、财力无关，即教育领导者业务素质好、办事能力强、领导工作熟练、速度快，产生的教育领导活动有效结果就多，教育领导效率必然就高。二是教育领导效率与占用工作量或时间紧密相关，与其他投入无关，即教育领导效率本质特点是提高教育领导者的业务素质和思想觉悟，提高时间的利用率。三是在教育领导活动目标正确的前提下，教育领导效率与教育领导活动结果大小成正比，与占用时间成反比。但是如果目标方向不正确，结果则不成立。

2. 教育领导效益

效益一般是指效率、效果和利益（或收益）。教育领导效益是指教育领导者进行教育领导活动的效率、效果和利益（或收益）及其达到的程度。其中，一是教育领导效率（同上）。二是教育领导效果，是指教育领导活动创造出的有用成果与教育领导活动所投入劳动的比率，用关系式表示为：教育领导效果＝教育领导活动有效成果/教育领导活动劳动消耗＋劳动占用或产出/投入。教育领导活动的"有效性"是教育领导效果的本质特点。因而，教育领导效果不仅决定于教育领导活动效率的高低，而且决定于教育领导活动的目标方向是否正确，即教育领导效果＝教育领导工作目标×教育领导效率。教育领导工作目标是有性质区别的，是个矢量（或称向量）。如果教育领导活动目标方向错误，它就会变成负号，此时教育领导效率越高，其教育领导效果就越差，即只有在教育领导工作目标正确的前提下，提高教育领导效率对教育领导效果才有价值。

三是教育领导利益（收益），是指教育领导活动给国家、集体和个人带来的实际经济收入或好处。教育既是事业又是产业，教育领导活动也是一个投入产出的过程，既需要占用一定的社会必要劳动，也要能够创造新的价值，为国民生产总值的形成提供净收入；即教育领导效益是教育领导宏观效益与微观效益、直接效益与间接效益、眼前效益与长远效益的统一，是教育领导经济效益、社会效益、育人效益、科学效益、生态效益的总和。

3. 教育领导效能

效能就是效果和能力的总和。教育领导效能是指教育领导者运用目标导向，实施科学领导的行为、能力、绩效和贡献的有效程度。教育领导效能相对于教育领导效率而言，具有三大特点：一是目标效应。教育领导活动是一种自觉地教育人、培养人以及传播与创造知识并使之产业化的社会实践活动，有着鲜明的目的性。用公式表示：效能 = 目标 × 效率。因此，目标因素是构成教育领导效能的首要因素，只有教育领导目标正确，高效率才会产生好的教育领导效果与利益（收益），否则，只会出现负面效应。二是群体效应。教育领导过程终端的输出并不是领导者个人行为所表现出的成果，而是教育领导者激发他人的智慧、才干和力量所产生的整体效果。因而，教育领导绩效的另一特点就是通过被领导群体工作来显现领导者的能力和成就。即教育领导工作的好坏不单是看领导者个人的工作成果，更主要的是看其所领导的群体（组织）的成熟度及其所做出的贡献。三是环境制约。教育领导效能虽然通常是领导者与被领导者交互作用所形成的合力的客观表现，但是人的能力与效果之间常常会出现种种复杂多样的状况，要受教育组织行为所处环境中的客观条件的影响与制约。

4. 教育领导效率、效益与效能三者之间的关系

效率是指单位时间内完成的工作量；效益是指效率、效果和利益（或收益）；效能是效果和能力的总和，涉及活动的效果和参与者的能力。效益是一切管理活动的根本目的，效率是提高效益和衡量效能的重要指标，效率从属于效益；效能则是管理者提高效率，获取最大效益的中介

条件（或叫能力素质要求）[1]。

四 现代教育领导理论对高校目标管理的指导价值

1. 正确认识高校目标管理活动的效益、效率和效能三者之间的关系

依据现代教育领导效率、效益与效能三者之间关系推理可知，高校目标管理作为高校的一种重要领导活动，必须把对效益的追求作为根本目的，把效率作为衡量其效益和效能的重要指标，要提高目标管理效益和效率，必须高度重视并加强作为中介条件的效能建设，高校目标管理必须与效益、效率和效能挂钩。

2. 加强高校领导效能建设

要提高目标管理活动的领导效能，必须以加强高校中层管理人员的思想政治素质、管理能力、工作作风等建设为基础，以健全完善运行顺畅的目标管理流程体系为重点，加强高校目标管理组织体系、职责体系、制度体系建设，充分发挥各个职能部门的整体功能。

第四节 高校目标管理体制机制理论

一 机制、体制、运行机制、高等教育运行机制

（一）体制、机制的区别与联系

在《辞海》中，体制指"国家机关、企事业单位在机构设置、领导隶属关系和管理权限划分等方面的体系、制度、方法、形式等的总称"[2]。

在《现代汉语词典》中，机制泛指"一个系统中，各元素之间的相互作用的过程和功能，多用于自然科学，指机械和机能的互相作用、过程、功能等。社会科学也常使用，可以理解为机构和制度"[3]。肖昊、周丹认为，机制包括两层含义：一是系统各要素之间的相关作用方式和过

---

[1] 肖斌衡、黄兆龙：《效益·效率·效能的内涵及其关系辨析——对高教自考教材〈教育管理原理〉的质疑》，《武汉教育学院学报》2001年第1期，第78—83页。

[2] 夏征农、陈至立主编：《辞海（缩印本）》，上海辞书出版社2010年版，第257页。

[3] 中国社会科学院语言研究所词典编辑室编：《现代汉语词典》，商务印书馆1988年版，第523页。

程；二是研究系统各要素之间的相关作用方式和过程的一种系统化和制度化的方法①。

肖昊、周丹认为，"体制是制度的表现形式，体制是机制的制度形式，机制是体制的实践方式和过程。制度靠体制来表现，体制通过机制来实现。一种制度可以有多种体制，一种体制可以有多种机制"②。

（二）运行机制

运行机制是指在人类社会有规律的运动中，影响这种运动的各因素的结构、功能及其相互关系，以及这些因素产生影响、发挥功能的作用过程和作用原理及其运行方式。各种因素相互联系，相互作用，要保证社会各项工作的目标和任务真正实现，必须建立一套协调、灵活、高效的运行机制，运行机制建设一靠体制，二靠制度③。运行机制具有目的性、整体性、有序性、客观性和动态性的特点④。

笔者认为，运行机制一定是与特定领域相联系的，这个特定领域是社会系统中的一个子系统，其系统运转一定是有规律可循的，这是一个前提性假设。从这种意义上说，运行机制是机制在特定领域的运用。在运行过程中，协调是机制第一位的要求，"协调"即配合得当、和谐一致，意指正确处理组织内外各种关系，为组织正常运转创造良好的条件和环境，从而促进组织目标的实现；协调中蕴含着灵活性，灵活即适应内外部不同的情况，能够进行适度的变通，使之运行协调，否则这个机制就无法运行，属于无效机制；在运行协调的基础上，达到预期的目的和成效，即效用。

（三）高等教育运行机制

闵维方认为，"高等教育运行机制是指高等教育系统的各个构成要素之间，以及与高等教育系统运行密切的其他社会因素之间相互联系和相互作用的工作方式。这种相互联系和作用的方式影响着高等教育系统各

---

① 肖昊、周丹：《高等学校运行机制》，武汉大学出版社2010年版，第5页。
② 肖昊、周丹：《高等学校运行机制》，武汉大学出版社2010年版，第1—2页。
③ 《百度百科》：运行机制，2013年1月8日，2018年6月24日，https：//baike.baidu.com/item。
④ 肖昊、周丹：《高等学校运行机制》，武汉大学出版社2010年版，第5页。

构成要素之间的结构及其功能的发挥。伴随着我国社会经济体制改革的不断深入和社会主义市场经济的迅猛发展,在过去长期计划经济条件下形成的高等教育运行机制正在发生深刻的变化,与社会主义市场经济相适应的新的高等教育运行机制正在逐渐形成"[1]。

二 高校目标管理及其运行机制

(一) 高校目标管理的概念

董泽芳、张继平认为,高校目标管理是高校管理者依据党和国家规定的教育管理目标及方针政策,结合高校实际,制定高校的总体目标,然后将总体目标分解为校内各部门和个人目标,形成有机的目标链,使个人目标、部门目标和高校总目标融为一体,并通过目标对所有部门和个人进行管理的一种管理方式。高校目标管理既具有目标管理的一般特征,又受高校组织的制约[2]。

目标管理是把复杂问题简单化的一种重要管理方法。高校目标管理是能够把复杂的高校管理转化为简便易行管理活动。

(二) 高校目标管理的构成要素与运行机制理论

董泽芳、张继平认为,与企业目标管理相比,高校目标管理在构成要素、运行机制等方面存在较大差异,体现了高校目标管理独特的价值取向。

1. 构成要素

高校目标管理由主体、客体、目标、条件和手段构成。

主体是指为实现高校目标管理的行为、目的、价值、功能而活动着的个人或组织。个人如学校领导、教职员工等,组织如职能部门、机关团体、教学院系等。

客体是指高校目标管理活动中主体的实践活动所具体指向和作用的对象。由于高校目标管理主体的多样性,能够纳入高校目标管理客体的

---

[1] 闵维方主编:《高等教育运行机制研究》,人民教育出版社2002年版,第1页。
[2] 董泽芳、张继平:《高校目标管理的主要特征及实施策略》,《高等教育研究》2008年第11期,第38—44页。

对象也是多样的。但主体与客体的关系划分不是绝对的，此一时的主体彼一时就是客体，在一种层次、一种关系上的主体，在另一种层次、另一种关系上就是客体。从高校目标管理的目的来看，高校教学、科研和学习的客体是知识，它以学科的形成而存在。对教师来说，它是加工、整理和传承的对象；对学生来说，它是接受、理解和掌握的对象。

目标是指高校目标管理预期要求达到的目的或结果。依据不同的标准，可以对高校目标管理中的目标进行不同的分类。从量化构成看，目标可以分为数量工作目标和质量工作目标；从责权关系看，目标可以分为总目标与分目标；从时间关系看，目标可以分为长期目标、中期目标和短期目标；从目标性质看，目标可以分为战略目标、战术目标和操作目标等。

条件是指制约和影响高校目标管理存在与发展的相关因素，主要包括人力、物力、财力等方面的投入。物质文化条件是制约高校目标管理的主要因素，不仅制约着主、客体之间的关系，而且制约着高校目标管理的规模、速度、形式和目的，制约着目标的实现程度。

手段指高校目标管理为实现预期目标所采取的途径或措施，包括行政手段、经济手段、制度手段、信息手段、调节手段、激励手段等。这六大要素之间紧密联系，相互作用，相互影响，构成一个有机的系统，形成一股强大的合力，推动高校目标管理的整体发展[①]。

2. 运行机制

董泽芳、张继平把高校目标管理的运行机制概括为围绕着一个"中心""四个阶段""十四个环节"运行的完整而连续的循环系统。一个中心即以实现学校总目标为中心，四个阶段和十四个环节分别为：目标制定阶段（论证决策、协商分解和定责授权）、目标实施阶段（咨询指导、监控督察和调整纠偏）、目标考核阶段（选择考核主体、确定考核客体、下达考核指标、制定考核标准、设置考核周期和选择考核方式）、总结反

[①] 董泽芳、张继平：《高校目标管理的主要特征及实施策略》，《高等教育研究》2008 年第 11 期，第 38—44 页。

馈阶段（反馈考核结果和指出改进方向）[①]。

三　高校单位目标管理及其运行机制

(一) 高校单位目标管理

笔者基本赞同董泽芳、张继平对高校目标管理的概念界定，但同时考虑到大多数高校实施校院二级管理的体制情况，因此认为，高校目标管理至少包括两个层次：第一个层次是学校层面的目标管理，即高校单位目标管理。其工作程序包括学校制定总体目标、对所属职能部门和二级机构进行目标分解、监督检查、考核管理及结果应用等（含部分职能部门代表学校把总体目标分解给学校二级机构）。第二个层次是高校所属职能部门和二级机构的目标管理。其工作程序包括把学校分解给单位的目标再次细分给其所属科室、系或教研室以及研究中心和个人等。从学校层面来说，多数高校实际上主要关注的是第一个层次的单位目标管理，第二个层次的目标管理主要由各部门和二级机构来组织实施。当然，第一层次的高校单位目标管理的成功运作势必会为第二层次的职能部门和二级机构的目标管理树立标杆和样板，从而带动其成果；但是如果职能部门和二级机构的目标管理运行不畅，也会影响第一层目标管理的效果。为此，本书所指的高校目标管理主要指第一个层次的高校单位目标管理。

高校单位目标管理是指高校领导者和管理者依据党和国家的方针政策、教育管理目标，结合高校中长期发展规划和上级工作安排，制定学校总体目标（阶段性目标和/或年度目标），然后将学校总体目标分解为校内各职能部门和二级机构（主要指学院及研究机构、学校直属附属单位等）的领导班子的任期目标和/或年度目标，使部门目标、二级机构目标和高校总体目标形成有机的目标链，并通过目标对所有职能部门和二级机构进行管理的一种方式。包括高校相关职能部门代表学校把总体目标分解给学校二级机构的情况，但不包括高校各职能部门和二级机构把目标分给其所属科室、系或教研室和个人等情况。本书自第三章开始统

[①] 董泽芳、张继平：《高校目标管理的主要特征及实施策略》，《高等教育研究》2008年第11期，第38—44页。

一使用简称"高校目标管理"。

(二)高校单位目标管理的构成要素

董泽芳等学者认为,高校目标管理包括主体、客体、目标、条件和手段这五个要素。本书基本赞同这一提法,但在本文所说的高校单位目标管理中,需要对其做如下补充和限定:(1)主体。主体是指为实现高校目标管理的目标、价值、行为、功能而活动着的个人或组织,也是有思想、情感、需要、能力等的个人或组织,主要负责制定目标、分解与监督,统筹协调客体、条件和制度要素,为实现所制定的目标而组织开展在要素内部和要素之间相互联系、相互作用、相互影响的领导者、组织者、管理者,以及教职工和学生代表等。其中,作为目标管理主体的个人,是具有一定的思想水平、业务与管理能力、经验与作风习惯以及政治、经济、文化与心理等需要的领导者和管理者;作为目标管理主体的组织,是具有一定的组织体系、职责体系、目标体系、需要等的组织,包括校党委会及常委会、校长办公会、校学术委员会、校教职工代表会,校属二级行政单位及其党组织。(2)客体。客体是指高校目标管理活动中主体的实践活动所具体指向和作用的对象。主要包括高深知识、学科、学院(学系)、研究机构、校属二级行政单位及其党组织,以及这些单位中的管理者、教师与研究人员、学生等。他们是校级领导者和组织的管理对象,同时也是其内部的管理主体。(3)目标。目标是指高校目标管理预期要求达到的目的或结果,是高深知识传播、生产及其服务产出的数量和质量。具体包括学科建设目标(一流学科、ESI学科、硕士与博士学位授权点等)、人才培养目标(生源、就业率、一流专业、一流课程、质量工程项目、教学成果奖、学生竞赛奖等)、科学研究目标(研究课题、研究平台、论文、论著、研究成果及其奖励、专利、创新团队等)、社会服务(科技成果转化、智库服务等)、师资队伍建设(高端人才、学术团队等)、党建目标(思想政治、干部队伍、党组织、党风廉政等)。(4)条件。条件是指制约和影响高校目标管理存在与发展的相关因素,主要包括人力、物力、财力、文化建设等方面的投入。物质文化条件是制约高校目标管理的主要因素,不仅制约着主、客体之间的关系,而且制约着高校目标管理的规模、速度、形式和目的,制约着目标的实现程度。(5) 制度。使用"制度"比"手段"更妥帖一些。原因有两点：一是从手段的含义上看，董泽芳教授所说的手段是"指为实现高校目标管理的预期目标所采取的途径或措施，包括行政手段、经济手段、制度手段、信息手段、调节手段、激励手段等子系统"，这些行政、经济、信息、调节、激励等途径或措施，都应该也必须通过制度的形式固定下来，否则就可能因领导人更换而变化，因年份的变化而变化；二是在当今加强现代大学制度建设，加速推进治理体系和治理能力现代化的背景下，制度相比较于手段而言，更为书面化、法制化。

(三) 高校单位目标管理机制

1. 高校单位目标管理机制

本书认为，高校目标管理机制作为目标管理体制、制度的实践方式和过程，其构成要素应与目标管理要素相同，主要由主体、客体、目标、条件和制度这五个要素组成。高校单位目标管理机制就是高校参与目标管理的主体、客体、目标、条件和制度五个要素之间相互作用、相互影响的过程、方式和功能，从而推动高校目标管理工作有序、整体发展。更具体地说，高校目标管理机制就是由高校中参与目标管理的主体要素发起，为实现目标要素，统筹推进主体之间，主体与客体、目标、条件、制度之间相互作用的过程、方式和功能。主体是这个系统的发起者，目标是这个系统中的核心要素，其他要素均要围绕实现"目标"这个核心要素。

从管理机制的性质上看，有运行机制、保障机制、动力机制、评价机制等机制，但是运行机制是主体机制，其他机制均从属并服务于运行机制[①]。

2. 高校单位目标管理运行机制

结合高校单位目标管理的实际运行情况，本文认为高校单位目标管理运行机制的操作程序包括："一个中心""五个阶段""十六个环节"，简称"1516"运行机制。"一个中心"即高校目标管理所有工作都要以实现学校总体目标为中心，五个阶段（目标的制定、分解、实施、考核、

---

① 罗明誉：《高职院校产教融合实现机制研究》，硕士学位论文，浙江工业大学，2017年，第15—17页。

结果应用）和十六个环节，具体论述如下。

（1）目标制定。是学校根据党和国家的教育方针政策、法规、经济和社会发展需要，在深入调查学校自身发展现状和外部环境的基础上，制定学校中长期发展规划，并依据学校发展规划制定学校阶段性发展目标和/或年度发展目标。目标制定主要包括学校总体阶段性目标的论证决策和/或学校年度目标论证决策两个环节。

（2）目标分解。主要包括两个方面：一是学校根据校内各职能部门和直属附属单位的工作职责等，把总体目标分解为校内各职能部门目标和直属附属单位目标；二是校内相关职能部门和部分有管理职能的直属附属单位，根据各自的管理权限范围，充分考虑校内二级机构（主要指学院、研究机构等）人财物状况、发展潜力等，把分管学校某一方面的总体目标再分解给相关学院和研究机构。目标分解中包含确定分解依据、协商分解和定责授权三个环节。

（3）目标实施。主要包括两个方面：一是指学校总体目标分解后，各职能部门和二级机构为完成分目标所做出各种努力；二是指学校管理系统为了保证目标实现而采取的一系列宣传、监督、检查、调整等措施。主要包括咨询指导、监控督察和调整纠偏三个环节。

（4）目标考核。目标考核指学校目标管理组织或牵头部门，受学校委托，根据学校目标管理实施办法或考核办法，对照各职能部门和二级机构的工作目标与阶段性和/或年度工作实绩，采用适当的技术和方法，评定各职能部门和二级机构的工作任务实际完成情况、工作职责履行程度，并以适当方式公示考核结果等。目标考核主要包括确定考核周期、遴选考核主体、制定考核标准（及其实施细则）、选择考核方式、得出考核结果、结果公示六个环节。

（5）结果应用。包含两层意思：一是指学校将考核结果用于总结经验和问题改进；二是将考核结果作为校内绩效工资分配、奖金发放、干部考核及任用、单位及个人荣誉称号评定等的依据。结果应用主要包括问题改进和奖惩范围两个环节。

"1516"运行机制，既相对独立，又环环相扣，从而构成一个相互作用、相互制约的有机整体，任何一个阶段和环节的失误均会对目标管理效果产生负面影响。

3. 高校目标管理机制建构

从目标管理机制有序运行所需要的条件上看,包括思想体系、组织体系、职责体系、制度体系、流程体系、作风体系等①。这些体系都需要持续建设和完善,才能保障目标管理机制顺畅、高效运行。由于目标管理机制有运行机制、保障机制、动力机制、评价机制等,因此,本书对目标管理机制有序运行所需条件与目标管理机制类型的对应关系尝试做如下阐释。

一是可以把治理体系与治理能力中的流程体系建设和完善的过程,看作目标管理运行机制,即如前文所提到的高校单位目标管理运行机制的操作程序"1516"运行机制("一个中心""五个阶段""十六个环节")。

二是保障机制。治理体系与治理能力中所包括的思想体系、组织体系、职责体系、制度体系、作风体系等的建设和完善过程,可以看作目标管理的相应保障机制。

三是动力机制。目标管理的主体是有思想、情感、需要、能力等的个人或组织,为了保障目标管理的顺利进行,必须要考虑高校目标管理的动力机制问题。这些动力有政治上要求进步(加入党组织、干部选拔任用),有情感上的荣辱感、归属感、成就感等(例如考核优秀),有经济利益的需要(给予考核优秀者发放目标管理奖金、配置相关资源)等,这些都属于动力机制。当然,为了认识和研究的简单化、便利化,笔者将其纳入制度保障机制中统一论述。

四是评价机制。目标管理的评价机制包括评价主体、评价客体、评价标准与方法等,评价机制也是导向机制,笔者将其纳入保障机制中统一论述。另外还有对目标管理机制的评价,即元评价。协调、高效是对目标管理机制的基本评价标准,评价的侧重点是流程和效果。

---

① 高小平:《治理体系和治理能力如何实现现代化》,《光明日报》,2013 年 12 月 4 日第 13 版;转引自周晓菲《治理体系和治理能力如何实现现代化》,2020 年 2 月 6 日,http://cpc.people.com.cn/n/2013/1204/c368480-23738377-2.html。

第 三 章

经验基础

  高校目标管理运行机制研究是一项实践性极强的研究。本书负责人于 2013 年 5 月有幸调任到所在高校发展规划处任副处长，分管发展规划、目标管理、战略合作等工作。本课题负责人到任后的第一项工作任务就是修订学校原有目标管理实施方案。为完成该项工作任务，笔者和所在部门领导和同事组成目标管理方案调研工作组，经网络查询和同行介绍，于 2013 年 7—9 月，先后对湖北、江苏、浙江三省实施目标管理责任制成效明显的六所大学进行了专题实地调研。通过与调研对象所在部门负责人及相关人员座谈会交流、查阅目标管理相关文件资料等方式，获得了调研对象目标管理运行机制方面的直接经验体会和内部文献资料，经过整理形成了六份调研报告。这不但为本书课题组所在单位修订学校目标管理实施方案工作提供了直接经验借鉴，也为本课题 2016 年申报立项、2017 年调查问卷研制以及后期结论获得等提供了原型启发。近几年来，由于工作和课题研究的需要，笔者持续关注这些高校目标管理运行机制的新动态。在此，本书以其中四所大学的调研报告为基础并补充其最新进展，以此作为本研究的实践基础。

第一节 武汉理工大学目标管理调研报告

  2013 年 7 月 12 日，本课题组一行三人到武汉理工大学进行了目标管理责任制工作实施情况专题调研。武汉理工大学党委组织部副部长，学校体制改革与目标责任制工作办公室主任兼人事处副处长等负责目标管理日常工作的负责人,在专题座谈会上分别就本调研组关心的"学院和机关目标管理的制定、考核及评估等"进行了情况介绍,双方还就具体操作和其他关心的问题进行了深入交流。近几年来,笔者多次因工作关系到该校进行学习调研,持续关注该校目标管理运行机制的新动态。现就调研情况和体会报告如下。

一 基本情况

（一）学校简介

武汉理工大学是由原武汉工业大学、武汉交通科技大学、武汉汽车工业大学于2000年5月27日合并组建而成,是教育部直属的全国重点大学,首批列入国家"211工程"重点建设的教育部直属全国重点大学,首批列入国家"双一流计划"建设高校,教育部和交通运输部、国家国防科技工业局共建高校。目前在校普通本科生36000余人,博士、硕士生18000余人,留学生1700余人。学校现有马房山校区、余家头校区和南湖校区,占地近4000亩,校舍总建筑面积174.59万平方米,4座现代化图书馆藏书309.41万册。设有25个学院（部）,4个国家重点实验室（工程中心）。现有教职工5407人,其中专任教师3255人,中国科学院院士1人,中国工程院院士3人,欧洲科学院院士1人,澳大利亚工程院院士1人,世界陶瓷科学院院士1人,俄罗斯工程院院士1人,面向全球聘任的战略科学家30人,国家"千人计划"30人、"万人计划"9人,长江学者特聘（讲座、青年）教授15人,国家杰出青年基金获得者7人,国家教学名师奖获得者3人,"百千万人才工程"国家级人选11人。

学校已形成以工学为主,理、工、经、管、艺术、文、法等多学科相互渗透、协调发展的学科专业体系。现有一级学科博士学位授权点19个,一级学科硕士学位授权点46个,博士后科研流动站17个,16个硕士专业学位授权类别,40个硕士专业学位授权领域[1]。

---

[1]《武汉理工大学欢迎您》,2019年4月19日,http://www.whut.edu.cn/xxgk/。

（二）开展目标管理情况

2002年开始，该校先后在院系、机关和直属单位实施目标责任制管理。目标管理责任制成为武汉理工大学有效整合原三校资源，实施校院二级管理的重要抓手。该校的目标定位："部分学科国际一流，主体国内一流。"自2010年张清杰接任校长后，持续完善目标管理制度，于2011年出台《武汉理工大学2011—2013年目标责任制周期考核暨2013年度考核实施办法》《武汉理工大学2011—2013年科研院所目标责任制和业绩奖励实施方案》等规范性文件，基本形成了二级单位领导班子三年周期的目标管理制度体系。2012年学校进行后勤综合改革，后勤集团实行目标责任制管理，2013年校区管委会实行目标责任制管理，2014年校办产业按照现代企业管理制度纳入学校目标责任制考核体系。至此，武汉理工大学所有学院（部）、科研院所、职能部门、直属单位和附属单位全部纳入目标责任制考核管理体系。通过不断的探索和实践，武汉理工大学目标责任制管理工作已经成为完善校院两级管理制度的重要举措，成为完成学校发展规划任务的重要保障，成为推动工作作风转变和服务质量提高的有力抓手，成为调整教职工利益关系的制度创新。学院（部）形成了目标管理、业绩奖励、办学绩效和竞争性绩效"三位一体"的管理模式，目标责任制管理与考核取得初步成效。近年来每年有20余所高校来校调研交流，产生了广泛的社会影响[①]。

二 武汉理工大学的目标管理运行机制及其特点

（一）组织领导机构

2002—2013年领导机构：学校体制改革与目标责任制工作领导小组。牵头组织机构：学校体制改革与目标责任制工作下设办公室，负责二级单位任期目标管理的日常工作，该办公室主任兼人事处副处长。机关和学院领导班子的年度管理业务考核由该校党委组织部负责组织测评，要求各部门选派代表参加（不足30人的部门，全体员工参加测评。测评结

---

① 《武汉理工大学目标责任制考核管理实现"全覆盖"》，2015年6月2日，http://www.gx211.com/news/201562/n9925267336.html。

果由组织部向主管校领导和部门正职反馈结果）。教学科研单位的本科教学、研究生教育、科学研究、师资队伍、学生工作等目标任务分解及其考核由学校相关职能部门负责。

2014年至今领导机构：发展规划与改革办公室（负责学校战略规划制定和执行，重大政策研究和决策咨询，校园规划编制、修订和项目审批，统筹推进学校综合改革，负责学校目标责任制工作）。牵头组织机构：发展规划与政策法规处，负责学校二级单位目标责任制考核和竞争性绩效工作。

（二）目标管理对象

该校对校属二级单位实施分类目标管理。

1. 教学科研单位（科研院所）。教学科研单位目标管理包括管理工作和业务工作两大方面。其中，业务工作包括：本科教学、研究生教育、科学研究、师资队伍、学生工作。

2. 机关、直属单位。其目标管理包括部门职责（作为基本工作目标），学校当年党政工作重点中的分解任务等。

3. 后勤集团等特殊单位。根据各单位性质不同，采取一事一议方式。后勤集团要在保证服务质量的基础上，上缴学校利润550万元；校医院、校产办等都要上缴学校利润。

（三）目标来源

该校十分注重五年规划制定工作。武汉理工大学"十二五"发展规划、"十三五"发展规划等，是学校领导班子在校内广泛征求意见的基础上，征求与学校原来有隶属关系的三大行业董事会（交通、建材和汽车）、地方省市发展与改革委员会、教育部发展规划司等单位意见，最后提交校教代会、党委会审议通过。该规划制定过程成为一个厘清学校发展思路、确立共识、凝聚人心的过程。该校2011—2013年和2014—2016年的目标责任制中的目标均来源于学校"十二五"规划和"十三五"规划。

（四）目标分解

以下以《武汉理工大学2011—2013年目标责任制周期考核暨2013年度考核实施办法》《武汉理工大学2011—2013年科研院所目标责任制和

业绩奖励实施方案》等为例，对其目标责任制中的目标分解和考核予以介绍。

该校十分注重规划的目标分解、落实工作。具体由校领导联系相关学院，部署、动员、分解学校"十二五"规划目标。

1. 学校"十二五"规划目标即职能部门目标，例如，学校科研目标＝科研处的目标＝学院和研究单位的科研目标之和；

2. 学校党政工作要点中分解的任务；

3. 下达任务时按照三年目标领取任务；

4. 当年的补充任务：经过主管部门＋主管部门的校领导＋学院分管领导协商后下达。

（五）目标考核

1. 学校相关职能部门平时要把相关任务、指标的完成进度下达各个二级单位，由二级单位进行核对，核对无误后即作为年度考核的支撑材料。年底考核时不准各个职能部门向学院要材料，不准学院上报材料。

2. 对机关实施四维测评：一是教育教学单位对机关测评；二是教代会代表对机关测评；三是特定服务对象对机关测评；四是重点工作完成情况（由校领导、校党委和规划办公室主持考核）。

只有承担了学校重点工作的部门才能评"优秀"，其他单位只能得"良"。最后各个单项成绩不汇总、不排名，只有单科成绩，各个单位每年度获得年度优秀的给予奖励（单项），奖励不设名额限制。奖励标准为院长、书记每项3000元，副职打八折。全校每年人均奖励4000元，总合计2000多万元。

（五）特点

据该学校体制改革与目标责任制工作办公室主任兼人事处副处长介绍，目标管理运行机制的特点是：一是目标任务及其考核内容与学校"十二五"规划相结合。二是年度考核与周期考核相结合。三是把目标考核与干部任期相结合。该校中层干部每四年为一届；二级单位领导班子目标管理责任制为三年一个责任周期，这样便于把目标管理结果与干部任用挂钩。四是责权利相结合。在确定各单位特别是科研院所工作目标及其责任的同时，要给予科研院所相应的人、财、物的管理权和相应的经济利益，使科研院所的责任、权力和利益相一致。五是效益优先与兼顾公平的原则。建立以岗定薪、绩效挂钩、优劳优酬的校内分配制度，真正体现重岗位、重实绩、重贡献，充分发挥校内分配的激励作用与导向作用。通俗地讲，该校目标责任制与"三个子挂钩"，即一是面子，二是位子（级别），三是票子。因此，大家平时工作很努力，也更在意考核结果。

正如该校在 2017 年 5 月举行的 2017—2020 年目标责任制任务书签发仪式上，张清杰校长在讲话中指出，学校自 2002 年实施二级单位目标责任制至今已有 15 年，不断完善目标责任制考核制度，逐渐形成了以提高教学科研质量为核心、以提高管理服务水平为重点，具有学校特色的二级目标责任制考核管理体系。[①]

三　武汉理工大学目标管理的经验与启示

武汉理工大学的目标管理工作在促进学校各项事业发展的同时，也获得了全校各个部门和学院的广泛认可，没有出现扯皮、告状现象。其主要经验如下：

（一）学校主要领导高度重视目标管理工作

一方面，该校校长、书记高度重视规划工作，学校专门成立正处级的规划办公室，隶属校长办公室，负责学校规划制定工作；后又专设为发展规划与改革办公室，负责学校战略规划制定、执行和目标责任制工作。该校先后制定了武汉理工大学中长期事业发展规划（2001—2020）、武汉理工大学"十一五""十二五"和"十三五"发展规划等，特别是把学校发展规划作为学校目标管理的主要任务来源；另一方面，校长、书记把实施目标管理作为完成该校"十二五"发展规划的重要管理工具，并给予高度重视。学校成立体制改革与目标责任制工作领导小组及其工作办公室作为实施目标管理的常设机构，但目标管理中的目标均来自学校"十二五"规划，形成了"体制改革搭台，规划唱戏"的局面。

---

① 雪原：《学校与二级单位签订新一轮目标责任书》，2017 年 5 月 28 日，http：//news.whut.edu.cn。

（二）学校领导班子成员齐心协力，全力推动目标任务分解工作

由于教育部要对学校领导班子进行年度测评，所以学校领导班子成员也有目标、有压力。因此，学校领导班子成员乐意通过参与目标任务分解，把压力层层传递给各个职能部门和学院。这样在分解目标任务时，学校领导班子成员都亲自参与分管部门、相关职能和联系学院的目标任务分解工作。

（三）全校各部门积极参与、相互协调

学校规划办公室、体制改革办公室、党委组织部和学校各职能部门都能按照学校目标管理责任制的要求积极参与分工，协同做好各部门分管工作。例如，各业务职能部门根据学校的总体业务目标任务，并参考各学院任务已有情况、学科基础、师资队伍状况等与学院协商确定学院所承担相关业务目标。

（四）学校各个职能部门简政放权

由于学院任务与学校职能部门任务挂钩，学校各职能部门愿意也能够把权力下放给学院。

（五）学院实施民主管理、科学决策

学院重大事务由教授会（由全体教授组成，负责人才引进、职称评审等学术事务）、教代会（学院分配方案等事务）和学院党政办公会（按照议事规则进行）共同决定，促进了学院民主管理进程，保障了学院重大决策的科学性。

第二节 华中科技大学目标管理调研报告

2013年7月，本书课题组负责人与所在学校发展规划处处长、办公室人员一行三人到华中科技大学进行了目标管理责任制工作实施情况专题调研。时任华中科技大学校长助理、发展改革与政策法规办公室主任、现任副校长许晓东，政策法规科科长丁士道，改革科科长陈金江，综合科科长魏晓云分别就我校关心的"该校发展改革与政策法规办公室主要职能及其在涉及全校发展重大问题上发挥作用情况，该校职能部门和院系任期目标的制定、考核及评估等情况"——进行了介绍，双方还就具

体操作和其他关心的问题进行了深入交流。2019 年 7 月，笔者再次到该校进行工作调研。现就调研情况做一简要介绍。

一　基本情况

（一）学校简介

华中科技大学是国家教育部直属重点综合性大学，由原华中理工大学、同济医科大学、武汉城市建设学院于 2000 年 5 月 26 日合并成立，是国家"211 工程"重点建设和"985 工程"建设高校之一，是首批"双一流"建设高校。

学校拥有哲学、经济学、法学、教育学、文学、理学、工学、医学、管理学、艺术学十大学科门类；设有 99 个本科专业，202 个硕士学位授权点，189 个博士学位授权点，39 个博士后科研流动站。现有一级学科国家重点学科 7 个，二级学科国家重点学科 15 个（内科学、外科学按三级计），国家重点（培育）学科 7 个，入选一流建设学科 8 个。

学校现有专任教师 3400 余人，其中教授 1200 余人，副教授 1400 余人，院士 17 人，长江学者特聘教授 59 人，长江学者青年项目 15 人，国家杰出青年科学基金获得者 69 人，"973 计划"项目首席科学家 15 人，重大科学研究计划项目首席科学家 2 人，国家重点研发计划项目首席科学家 24 人，"973 计划"（含重大科学研究计划）青年科学家 3 人，优秀青年科学基金获得者 49 人，国家级教学名师 9 人，"万人计划"领军人才 29 人，青年拔尖人才 21 人，教育部新世纪优秀人才支持计划入选者 224 人，国家百千万人才工程入选者 40 人。

学校建有武汉光电国家研究中心、国家脉冲强磁场科学中心（筹）、精密重力测量研究设施等国家重大科技基础设施，还拥有 1 个国家制造业创新中心、4 个国家重点实验室、1 个国防科技重点实验室、6 个国家工程（技术）研究中心、1 个国家工程实验室、2 个国家专业实验室及一批省部级研究基地（数据截至 2018 年 11 月）[①]。

[①] 华中科技大学：《学校简介》，2019 年 10 月 1 日，http://www.hust.edu.cn/xxgk/xxjj.htm。

(二) 开展目标管理情况

该校实施目标管理大体分为两个阶段：一是雏形阶段（2011—2018年）。2011年，该校以实施综合改革为契机，颁发了《华中科技大学关于实施综合改革的指导意见》（校发〔2011〕56号）、《华中科技大学院（系）发展目标制定的指导意见》（校发〔2011〕57号）、《华中科技大学关于实施教师岗位分类管理的指导意见》（校发〔2011〕58号）、《华中科技大学工资及绩效津贴分配改革办法》（校发〔2011〕59号）、《华中科技大学院系资源配置的指导意见》（校发〔2011〕60号）等系列文件。其中，在校发〔2011〕57号文件中，对院（系）做好到2015年发展目标制定工作，从指导思想、制定程序、组织与实施等方面做出了系列规定，并对院（系）开展年度考核做出制度安排，成为高校实施目标管理制度的雏形。二是正式实施目标管理阶段（2019年至今）。2019年5月，该校党委书记与校长李元元代表学校，首次与院系负责人签署2019—2020年度目标任务责任书，标志着该校正式实施目标管理制度①。

二 华中科技大学的目标管理运行机制及其特点

(一) 组织机构

该校目标管理雏形阶段的目标管理组织机构由该校发展改革与政策法规办公室（以下简称"发规办"）负责。该机构主要工作职责包括：（1）组织制定学校发展规划；（2）根据学校中长期发展战略和阶段性目标的要求，参与制定学科建设、人才队伍建设、校园建设等规划；（3）围绕学校重大改革举措，组织开展调研、论证和咨询工作，提供工作建议和实施方案；（4）组织制定与学校发展相关的重大政策；（5）负责学校师生员工法律、法规的咨询和依法治校工作，负责对外法律事务和法制宣传工作；（6）加强对国内外研究型大学办学规律、发展经验、发展动态等的研究。其中，其目标管理职能包含在其发展改革科"组织院（系）制定并落实五年发展规划"工作职责之中。

---

① 郭雨辰：《学校与院系首签目标任务责任书》，2019年5月31日，http://news.hust.edu.cn。

该校正式实施目标管理阶段的组织机构是发展规划与学科建设处。其主要工作职责包括：（1）发展改革工作：学校发展规划组织编制和推进，学科建设规划组织编制和推进，学校重要改革事项调研、论证。（2）"双一流"建设管理：建设方案组织编制和推进，项目申报论证和预算组织管理，项目过程管理及绩效评价。（3）大学评价与学科评估组织管理：大学评价的组织管理，学科评估的组织管理，学科结构调整调研、论证。（4）发展状态监测与分析：大学和学科发展状态监测分析，世界一流大学发展趋势与规律研究。该校院系目标管理组织管理工作仍然包含在其发展规划科的"组织制定院系发展规划与'双一流'建设方案并督促推进落实"工作职责之中。

（二）工作特点

1. 发展改革与政策法规办公室时期，发展改革工作是该办公室的中心工作，以务虚为主

发展工作主要是学校发展规划的组织论证、制定与追踪，但规划具体内容的确定是由学校其他主管部门分工协作，并参考院系意见，在经历多次自上而下和自下而上意见征求和修改后由校党委常委会或全委会审定颁布实施；规划实施的监督、考核由学校其他主管部门按照分管范围和职责权限组织开展。

改革工作主要是参与学校重大改革方案的组织论证和制定。该办公室2011年以来先后参与了学校综合改革工作，出台了《华中科技大学关于实施综合改革的指导意见》（校发〔2011〕56号）、《华中科技大学院（系）发展目标制定的指导意见》（校发〔2011〕57号）、《华中科技大学关于实施教师岗位分类管理的指导意见》（校发〔2011〕58号）、《华中科技大学工资及绩效津贴分配改革办法》（校发〔2011〕59号）、《华中科技大学院系资源配置的指导意见》（校发〔2011〕60号）等；协助组织参与学校章程相关的一系列文件修订工作，如《中共华中科技大学委员会常务委员会议事规则》《华中科技大学校长办公会议事规则》《华中科技大学教职工代表大会专门委员会工作规程（试行）》《华中科技大学学术委员会章程（暂行）》等。承担与发展改革主题相关的研究工作也属于务虚性的工作。

2. 发展规划与学科建设处时期，发展规划工作是该处的中心工作之一，兼具务虚和务实相结合

该处发展规划科职责包括：组织编制学校发展规划与"双一流"建设方案；参与制定人才队伍建设、校园建设等规划；对学校发展规划与"双一流"建设实施过程进行监督、检查和评估；组织制定院系发展规划与"双一流"建设方案并督促推进落实；协助组织开展重大改革事项调研、论证、咨询等工作。其中"组织制定院系发展规划与'双一流'建设方案并督促推进落实"之中包含院系目标管理工作。2019年5月，该校党委书记与校长李元元代表学校，首次与院系负责人签署2019—2020年度目标任务责任书，标志着该校正式实施目标管理。

该校此次目标任务责任书的签订是在对新一轮综合改革聘期目标和"双一流"建设方案总体目标进行年度目标任务分解的基础上形成的，是引导各院系开展党建工作、聚焦学校"双一流"目标推进学科建设的指南。其责任书包括党建目标任务和行政目标任务两个部分：党建目标任务重点围绕增强基层党组织政治功能和组织力，以推进学校基层党建工作标准化、规范化，聚焦2019年基层党建工作重点任务和需要解决的突出问题，进一步明确了院系党组织的工作任务，并列出了责任清单。行政目标任务包括学科建设、队伍建设、人才培养、科学研究和国际化五个方面的66项发展性指标，是对新一轮综合改革聘期目标和"双一流"建设阶段目标的分解和落实[①]。

三 华中科技大学目标管理工作的若干启示

（一）校领导要高度重视规划制定工作，规划制定程序科学规范

据该校改革科负责人介绍，发展规划是行政职能，该校领导非常重视学校发展规划的制定工作，规划制定经历了多次自上而下和自下而上的反复修改与完善。例如在制定《华中科技大学"十二五"发展规划》时，(1) 学校专门成立规划工作小组，由发规办提供规划框架；(2) 召

---

① 郭雨辰：《学校与院系首签目标任务责任书》，2019年5月31日，http://news.hust.edu.cn。

开规划工作布置会，收集各单位按照发规办框架提供的规划素材，工作小组内部分工形成规划草案，报校领导批示；（3）根据校领导意见反复修改，形成意见征求稿；（4）征求各方意见（专家、职能部门、院系、师生代表、离退休老领导、校领导，并在网上公开征求意见）；（5）整理意见并据此形成报批稿报校领导批示，报请学术委员会办公室提出意见；（6）根据意见修改后报校长办公会审议；（7）根据审议意见修改后报党委常委会审定；（8）根据审定意见修改后提请教代会表决；（9）根据意见修改后再报党委常委会或全委会审定，根据审定的意见修改后起草颁发文，发全校各单位，完成发展规划制定工作。

（二）院系发展目标要依据学校发展规划目标，制定程序规范，与学校资源配置挂钩

1. 院系发展目标要依据学校发展规划目标，并通过规范制定程序予以保障

2011年颁发的《华中科技大学院（系）发展目标制定的指导意见》（校发〔2011〕57号）就院（系）2012—2015年发展目标制定工作做出如下规定：

在指导思想上，"院（系）制定发展目标要不断强化战略思维，增强发展目标的前瞻性和挑战性；必须坚持世界一流与中国特色、学校目标与院（系）定位相结合，始终确保人才培养的中心地位，实施一票否决，体现理想、体现责任、体现科学发展；必须有利于学校总体目标的实现和本单位优势与特色的充分发挥"。在制定程序上，首先是学校根据中长期发展战略规划的总体要求，学校制定发展目标指标体系，以此指导院（系）制定发展目标。其次是院（系）根据学校提出的发展目标指标体系，结合本单位"十二五"规划和实际情况，选择国内外一流大学的相应院（系）作为参照对象，选择部分指标，提出本院（系）发展目标。再次，校领导及各职能部门负责人到院（系）就其提出的发展目标进行讨论，院（系）说明制定指标的依据及可行性，学校考察其合理性，逐步达成共识。最后，院（系）将发展目标报学校审议，经学校党委常委会审议通过后进入实施阶段（上下结合式）。通过明确的指导思想和规范的制定程序，按照院（系）在学校发展目标中的定位，保障院系发展目

标与学校发展规划目标相一致。

2. 学校应依据学科性质，要求分类制定院系发展目标

《华中科技大学院（系）发展目标制定的指导意见》就不同学科性质的院（系）发展目标方向提出了不同的要求："工科要保持传统优势，以国际影响力为努力方向；医科要打造新的优势，以学科竞争力为努力方向；理科要成为引领发展的支撑学科，以原创性理论成果为努力方向；文管学科要创特色、争一流，以文化引领和标志性社会贡献为努力方向；功能性学科要提供优质公共服务，以提高教学质量为努力方向。"在组织与实施上，要求"院（系）要切实加强组织领导，高度注重民主参与，主动听取有关方面的意见和建议，提高本单位教职员工的参与度，将发展目标制定过程作为解放思想、达成共识、凝聚人心的过程；目标确定后，院（系）要建立健全目标落实的责任体制"。

对其他高校院系目标管理的启示在于，首先，高校院系目标管理应考虑学科性质的差异，在目标制定阶段应根据各个院系学科性质的不同，从总体要求上提出不同的发展目标和努力方向。其次，在学校制定院系评估指标体系时，应按照学科性质不同，制定不同类别至少是文科院系与理工院系两套考核指标体系，即不用一把尺子来度量所有院系发展。

3. 院系目标管理可由发规处牵头，多部门协同参与组织与实施

华中科技大学在院系目标管理组织与实施上，"根据分类指导、指标细化的原则，学校成立多部门协同、专家学者参与的工作组，对院（系）开展年度考核，重点考察发展目标中关键指标的进展情况；自 2013 年逐步开展国内外同行（专家）评估"。院系发展目标涉及学科建设、教师队伍、人才培养、科学研究、社会服务、国际交流等多个方面，这些方面涉及学校教务、科研、招生就业、人事、国际交流等多个职能部门，由不同的学校领导分管；再加上不同的校领导有不同的联系学院，这样就要求学校实施院系目标管理时，发展规划处可作为牵头单位，负责日常工作，但需要各主管校领导和职能部门共同参与组织实施才能完成。

4. 院系目标管理应与学校资源配置挂钩

华中科技大学根据《华中科技大学关于实施综合改革的指导意见》《华中科技大学院（系）发展目标制定的指导意见》等文件精神，为实现

资源合理配置，增强院（系）办学活力，制定了《华中科技大学院（系）资源配置的指导意见》（校发〔2011〕60号）。该文件在指导思想中明确提出："学校按照院（系）在学校发展目标中的定位，确定院（系）发展目标，学校对院（系）实行相应的资源配置。院（系）资源配置的原则是：有利于人才培养、科学研究、社会服务工作的开展，从而提升办学水平；有利于院系发展目标的实现，从而保证学校发展目标的实现；有利于提高资源的使用效率，从而扩展资源来源的多元化，减少浪费；有利于加强院（系）调节能力，调动院（系）的积极性、主动性、创造性，从而增强院（系）活力，创造一个和谐的发展环境。"其资源配置的程序是："院（系）根据《华中科技大学院（系）发展目标制定的指导意见》要求，提出本单位发展目标。学校根据院（系）提出的发展目标，结合学校发展目标，审核批准院（系）发展目标。学校根据审核批准的院（系）发展目标，确定配置到院（系）的资源。"院（系）发展目标过低，直接影响学校对其资源配置。这样就把学院（系）在学校发展目标中的定位、院（系）发展目标与学校对院（系）的资源配置关联起来了，有利于引导院（系）科学制定发展目标。

院（系）发展目标虽然涉及学科建设、教师队伍、人才培养、科学研究、社会服务、国际交流等多个方面，但学校应从中抽取一些事关学校发展大局和可测量的指标作为关键指标，给予重点关注，分年度和任期进行考核，并根据年度考核结果，确定院系下一年度的资源增量，并将此作为对院（系）主要领导奖惩的主要依据。

第三节　南京信息工程大学目标管理调研报告

在处长孙乐民的率领下，河南科技大学发展规划处一行四人于2013年7月30日上午赴南京信息工程大学进行工作调研考察。对方学校发展规划处马林处长带领全处同志给予了积极配合，专门制作了演示幻灯片对其部门工作进行了专题讲解和说明，随后双方还进行了诚挚的交流座谈。现将对南京信息工程大学发展规划调研考察有关工作汇报如下：

一 南京信息工程大学发展规划处基本情况

1. 成立时间：2006年3月，成立之初与其校办、高教所、局省共建办合署办公；2010年11月开始独立运行。

2. 机构人员设置：处级为一正一副，下设三个科室；局省共建办挂靠发展规划处，由副处长兼任共建办主任。科室设置分别为：发展研究科、局省共建办综合科、局省共建办文秘科。

3. 主要工作职责：对学校发展规划进行研究、论证，为学校的重大改革和重大决策进行前期调研、提供咨询。局省共建工作办公室主要负责学校共建工作的文件起草、联络沟通、督查督办等职能。

二 南京信息工程大学实施目标管理工作基本情况

1. 以南京信息工程大学发展规划为宗旨，结合目标管理办法，以提高二级管理机构工作积极性、主动性和创造性为核心，进行了三年目标考核管理工作。

2. 学校发展的三个步骤：第一步以2020年进入全国高等院校百强行列为目标；第二步以2030年跨入全国高校排行榜80强，江苏省高校10强为目标；第三步以2040年实现"一流特色重点大学"为目标。

3. 以目标管理为抓手，不断提高办学质量，提升学科建设水平，建设高水平师资队伍，促进学校走上内涵式发展的轨道，实现教学研究型"一流特色重点大学"的目标。

4. 发展规划处在对校内各二级单位实施目标管理工作之前，进行了全校范围的实施目标管理工作的设计说明。建章立制，起草文件将目标考核的意义、组织领导、基本原则、奖惩办法、主要内容及步骤进行了规范化和制度化。

5. 对目标管理体系指标进行了初步系统化工作，目标管理的八个一级指标体系分别为：学科与研究生、教育教学、学生工作、师资队伍、科研与服务社会、国际合作、对内对外宣传与党建民主工作、挑战杯。

6. 目标管理指标体系针对有博士点和无博士点，自然科学与人文科学进行了不同要求。所有具体目标分为国家级、省部级和校级三个层面要求。对学校重大发展要求指标分为：数量指标、质量指标及校级指标（指令性指标和指导性指标）。

7. 目前南京信息工程大学已完成第一轮目标管理指标考核工作，学校整体取得优异成绩，完成预期目标。

三 南京信息工程大学实施目标管理的经验借鉴

1. 调动二级单位进行目标管理工作，首先要建立相应的健全配套保障管理机制。

2. 注意目标管理指标设置的可操作性和协调性，指令性和指导性、定量与定性相结合；战略性指标与年度短期目标指标相结合。

3. 分解年度考核工作，各类考核与目标考核如何有机结合。如组织部负责对领导干部考核，人事处负责个人考核，发展规划处负责对二级单位考核；年度考核与三年任期目标考核的有机结合。

4. 建立合理的目标管理指标体系，营造良好的目标管理考核氛围，及时进行监督和反馈，明确奖惩办法和配套的保障机制，实施目标管理达到促进学校跨越式发展的目的。

第四节 浙江工业大学目标管理考察报告

为学习借鉴兄弟院校实施目标管理的成功经验，2013年7月31日，笔者所在高校发展规划处一行四人到浙江工业大学进行目标管理专题调研。浙江工业大学发展规划处处长兼省部共建办公室主任、政策研究室主任、发展规划处副处长兼省部共建办公室主任等分别就课题组关心的"机关和学院目标任务的制定、考核及评估等"介绍了该校的相关情况，双方还就具体操作和其他关心的问题进行了深入交流。近几年来，笔者也持续关注该校目标管理运行机制的新动态，现就调研情况和体会报告如下。

一 基本情况

浙江工业大学是一所浙江省属综合性重点大学，始建于1953年。浙江省经济管理干部学院、杭州船舶工业学校、浙江建材工业学校分别于1994年、1999年和2001年并入浙江工业大学。学校目前已发展成为国内有一定影响力的综合性教学研究型大学，综合实力稳居全国高校百强行列。2009年6月8日，浙江省人民政府和教育部签订共建协议，浙江工业大学进入省部共建高校行列。综合实力稳居全国高校百强行列（2012年武书连大学排行榜第71位，2013年排名第69位）。2013年5月，由学校牵头建设的长三角绿色制药协同创新中心入选国家"2011计划"，成为全国首批14家2011协同创新中心之一；到2013年时，浙江工业大学拥有中国工程院院士1人、正高级职称教师413人、具有博士学位教师953人；在校普通全日制学生34977人；有博士学位授权一级学科5个。该校有国家重点学科（培育）、国家重点实验室培育基地等国家级科研平台5个，教育部、工信部等部级科研平台5个，有国家级实验教学示范中心等国家级本科教学工程项目21项。2015年4月，浙江工业大学入选浙江省首批"省重点建设高校"。

该校经过持续实施目标管理责任制，截至2019年3月，该校有教职工3055人，其中专任教师2211人，正高级职称教师497人，副高级职称教师988人，具有博士学位的教师1497人。拥有中国工程院院士3人（与2013年相比，新增2人）、双聘中国科学院和中国工程院院士4人、国家杰出青年基金获得者6人、长江学者奖励计划入选者3人、国家"万人计划"入选者10人、国家级有突出贡献中青年专家10人、国家级教学名师3人、国家优秀青年基金获得者4人、人社部"百千万人才工程"入选者10人，教育部创新团队2个、国家级教学团队2个，浙江省特级专家9人、浙江省有突出贡献中青年专家22人、浙江省"钱江学者"特聘教授42人。有普通全日制本科学生18965人；在读各类研究生9647人（博士研究生825人，全日制硕士研究生6811人，非全日制硕士研究生2011人）；成人教育学生13500余人；留学生980人。

学校现有66个本科招生专业，学科涵盖哲学、经济学、法学、教育学、文学、理学、工学、农学、医学、管理学、艺术学11大门类，设有28个学院和1个学部。学校现有6个博士后流动站；有一级学科博士学位授权点9个，一级学科未覆盖二级学科博士学位点1个；一级学科硕士学位授权点 29 个，一级学科未覆盖二级学科硕士学位点 5 个；具有工商管理硕士等 12 种专业学位授予权。

学校现有国家级 2011 协同创新中心 1 个、国家重点（培育）学科 1 个、国家级大学科技园（牵头建设）1 个、国家工程技术研究中心 1 个、省部共建国家重点实验室（筹）1 个、国家地方联合工程实验室（研究中心）2 个、国家级国际科技合作基地 3 个、国家级专业技术人员继续教育基地 1 个、工信部国家中小企业公共服务示范平台 1 个、工信部国家中小企业银河培训工程基地 1 个、全国重点职教师资培训基地 1 个、国家级实验教学示范中心 3 个、国家级虚拟仿真实验教学中心 2 个；教育部重点实验室（工程研究中心）、浙江省重点实验室、省级协同创新中心、浙江省新型智库、浙江省哲学社会科学重点研究基地、浙江省新型高校智库等省部级科研平台 42 个；浙江省一流学科 A 类 11 个、B 类 7 个，化学、工程学、材料科学、环境科学与生态学、农业科学五个学科进入全球 ESI 前 1%；国家级特色专业 7 个，获教育部专业综合改革试点 3 个，中国工程教育专业认证协会认证专业 14 个，国家级精品课程 9 门，国家级双语教学示范课程 3 门，国家精品视频公开课 3 门，国家精品资源共享课 9 门，来华留学英语授课品牌课程 4 门，"十二五"国家级规划教材 14 部，国家虚拟仿真实验教学项目 2 个，教育部产学合作协同育人项目 67 项，国家创新型人才国际合作培养项目 1 个，18 位教授被聘为 2018—2022 年教育部高等学校教学指导委员会委员；国家级人才培养模式创新实验区 3 个，国家级工程实践教育中心 7 个，国家级大学生校外实践教育基地 1 个。MBA 项目通过全球商学教育三大权威国际认证之一的 AMBA 认证。学校是教育部卓越工程师教育培养计划试点高校，国家大学生创新创业训练计划项目单位。在近三届国家级教学成果奖评选中，获二等奖 9 项。学校先后有 525 项科研成果获国家、省部级科研成果奖，其中国家科学技术奖 23 项，教育部人文社科优秀成果奖 6 项。2018 年，学校科研经费到款 6.32 亿元[①]。

在《浙江工业大学中长期发展规划纲要（2011—2020 年）》中确立

[①] 《浙江工业大学概况》，2019 年 3 月 31 日，http://www.zjut.edu.cn。

了2020年学校总体发展目标是"建设区域特色鲜明的综合性研究型大学","综合实力力争跻身全国高校50强"。因此,该校把实施目标责任制作为落实学校中长期发展规划的战略举措。他们以学校中长期发展规划为依据,以学校战略目标为导向,通过目标责任制,明确各单位、各部门的目标和责任,提高学校工作的战略集中度,实现学校战略目标的突破。浙江工业大学于2009年初开始对学院(部)实施任期目标责任制,在2012年初完成首轮学院(部)任期目标责任制期满考核工作之后,于2013年6月修订出台了《浙江工业大学关于实施目标责任制的若干意见》《浙江工业大学目标责任制考评实施办法》(参见附件1、附件2)等系列文件,进一步完善了目标责任制的目标体系和考评体系,并与学校机关各部门和学院(部)签订了任期目标责任书,全面启动了该校第二轮任期目标责任制。第三轮目标管理责任制自2017年启动至今。

二 浙江工业大学目标管理运行机制

(一)组织领导

该校成立目标责任制管理与考核工作委员会(简称"考评委"),负责学校目标责任制实施细则的制定,学校目标责任的分解与审核,各单位、各部门目标责任的下达和目标责任的考核,学校重大战略目标资源配置等工作。该工作委员会办公室(简称"考评办")设在学校发展规划处。

(二)实施目标责任制的基本原则

(1)以重大突破性目标为主,与基础性目标相结合的原则;(2)以定量目标为主,与定性目标相结合的原则;(3)年度考核与任期考核相结合的原则;(4)资源配置与目标责任制相关联的原则;(5)职能部门目标责任与直属单位目标责任制相关联的原则。

(三)战略目标与目标责任的设置

根据中长期发展规划纲要确立的总体发展目标和主要发展指标,该校将阶段发展目标(2012.6—2015.6)分解为重大突破性目标和基础性目标,并设置一级责任单位和二级责任单位。

1. 重大突破性目标和重要基础性目标

重大突破性目标包括：国家重点学科，国家重点实验室、国家工程研究中心、国家工程实验室或国家工程技术中心，教育部人文社科重点研究基地，引进或培育成功两院院士，国家科学技术一等奖，国家973、863计划首席专家等10项。

重要基础性目标包括：研本比，生师比，国家级教育教学成果奖，专任教师，国家级教学名师，"长江学者"、国家"千人"计划、国家杰出青年基金获得者等理工科与人文社科类高端人才，教育部创新团队，一级学科博士学位授权点，一级学科排名进入全国前20%，国家科学技术进步奖、技术发明奖及自然科学奖二等奖，教育部人文社科奖等20项内容。

2. 目标责任的设置

该校对机关部门、学部、学院和校级研究院实施目标责任制。这些重大突破性和重要基础性目标都分别确定学校相应职能部门和学院作为一级、二级责任单位。

（四）考核评价

1. 考评对象

依据《任期目标任务书》和《年度工作计划》，对机关部门、学院（部）和校级研究院实行任期考核和年度考核，对学部和建设期的校级研究院实行任期评价。

2. 考评组织

考评分为目标任务考评和综合工作考评。院部和机关部门目标任务的考评由考评办（发规处）负责；院部的综合分项工作考评由考评办协调和统筹，由相关部门具体组织实施；机关部门的综合分项考评，由机关党委具体组织实施，考评办协调。发展规划处和机关党委由考评委直接进行考评。

3. 考评方式

（1）即时单项考评，即重大突破性目标或重要基础性目标，一旦完成，即时奖励。（2）年度分项考评，各学院（包括教学工作、科研工作、队伍建设等七个分项）、机关全体部门均实施综合工作分项评优，直属单位实行综合工作评优（不分项）。（3）任期综合考评。任期结束时，实行目标任务、年度评优和综合工作等相结合的整体考评。

4. 考评原则与等级设定

该校坚持核心目标考核和全面评价相结合。对有明确数量要求的目标指标，实行完成任务考核；对没有明确数量要求的指标，实行工作状态评价。

考核评价结果分优秀、达标、基本达标、不达标四个等级。优秀要求出色完成任期目标任务，并取得具有突破性意义的成绩，为提升学校的办学实力和社会声誉做出了较大贡献，领导班子战斗力和凝聚力强，群众满意度高；达标要求全面完成任期工作目标任务；基本达标要求完成任期目标任务的70%以上；不达标即完成任期目标70%以下，或出现严重违纪现象。

（五）保障与奖惩

1. 学校实施重大目标资源配置政策和相应的经济政策。

2. 按照优秀、达标、基本达标，不达标的考核结果，对相关部门、单位及领导班子实行一定金额的奖惩。

3. 对学校具有重大突破性意义的战略目标实现，学校设置单项奖，奖励相关的部门、单位、团队和个人。

4. 单位、部门考核的结果与干部聘任、任用相结合。连续两年考核成绩靠后且班子成员状态不佳或任期考核不达标的部门或单位，其领导班子重新聘任。

具体规定参见附录一：浙江工业大学关于实施目标责任制的若干意见。

三 浙江工业大学目标责任制对其他高校的启示

浙江工业大学目标责任制实施方案执行数年来，获得了校内外同行的广泛认可，促进了学校主要发展指标的跨越式发展，值得其他大学借鉴和学习。

（一）学校目标管理重心应放在重大突破性目标和关键性目标上

浙江工业大学把实施目标责任制看作是落实学校中长期发展规划纲要目标、加强学校战略管理的重要抓手。因此，他们首先将学校中长期发展规划纲要所确立的总体发展目标和主要发展指标，分解为阶段性目标，然后将阶段发展目标分解为重大突破性目标和重要基础性目标，并设置一级责任单位和二级责任单位。这样，该校目标责任制就成为落实学校中长期发展规划的制度保障。

但是对于没有编制学校中长期发展规划纲要，学校"十三五"发展规划硬性发展指标不成体系、不尽合理的院校该怎么制定学校目标管理的目标任务呢？为弥补这些规划的缺失，可以浙江工业大学的方法作为参照，以提升学校在武书连主持的《中国大学综合实力排行榜》中综合实力排名位次为目标，以其评价指标体系为参照系，把国家级人才培养项目（如教学示范中心、特色专业、挑战杯等）、国家级研究成果（如国家自然科学奖、技术发明奖、科技进步奖、教育部人文社会科学奖等）等分值高、权重大的指标，结合学校实际，分阶段、分层次作为学校重大目标纳入目标管理体系，并把任务分解至相关职能部门和有潜力的学院；把发表SCI、CSSCI、SCD论文和省级人才培养项目、省级研究成果作为关键性指标，同时纳入学校目标管理体系，并按照一定的标准（学科平台、师资队伍等状况）分解给各学院，从而形成学校总体发展重大、关键性目标任务的量化目标任务体系。学校可以采用直接下达、自行认领、统筹下达等方式予以分解。

（二）资源配置与目标责任、绩效挂钩

浙江工业大学成功实施目标责任制的经验证明，学校一些重大、关键性发展目标任务的落实必须以相应的资源配置作为支撑，资源配置既包括任务分解时的人、财、物等资源适度向承担重大、重要目标任务的单位和个人的倾斜和集中，也包括对完成任务后的奖励。例如，《浙江工业大学目标责任制考评实施办法》明确规定："岗位资源与目标任务、绩效相挂钩。学校根据重要目标任务设置高级岗位，将学科和平台类岗位设置中的6、7级岗的50%岗位用于目标责任类高级岗位的设置，通过统筹分配、直接核拨、自主申领等形式，将岗位资源配置到相应的二级目标责任单位。""岗位资源奖罚。学校根据目标任务直接下达的高级岗位津贴，在任期结束时没有完成相应任务的二级责任单位，学校作为培育性投入，不扣减相关二级责任单位的经费，但考评分按规定扣减；对于自主申领的目标任务，在任期结束时没有完成相应任务的二级责任单位，学校将从该单位的学院理财经费中扣取投入该单位相应目标责任类高级岗位三年津贴总额的50%，同时按规定扣减目标任务考评分。""人才引进、用房、平台建设经费等资源进行倾斜配置。相关资源向学校目标责任单位和目标任务优先倾斜。建立与目标任务相关的高端人才引进绿色通道和快速反应机制。用房资源和平台建设经费，突出重点，优先保障目标任务的需要。"因此，大学今后在目标任务分配时，也应针对承担重大突破性指标的单位，提前预设若干高级岗位，并给予相应岗位津贴，用于人才引进或者作为培育性经费。

（三）职能部门与学院目标任务捆绑

浙江工业大学把学校重大突破性目标设置为一级、二级责任单位，一级责任单位是学校相关业务职能部门（如教务处、研究生院、科研院、社科院），二级责任单位是承担该项任务的学院。学院任务能否完成与业务职能部门能否完成任务直接挂钩，相应目标任务完成后学校给予的奖励，业务部门和学院都有份。这样就把职能部门与学院目标任务捆绑起来，使他们结成目标任务共同体、利益共同体，从而最大限度地调动两者的积极性、主动性和创造性。这种做法值得借鉴。

（四）科学设置考评机构，分散考评权力，形成相互制约和监督的考评组织体系

浙江工业大学的目标管理考评分为目标任务考评和综合工作考评。院部和机关部门目标任务的考评由考评办（发规处）负责；院部的综合分项工作考评由考评办协调和统筹，由相关部门具体组织实施；机关部门的综合分项考评，由机关党委具体组织实施，考评办协调。发展规划处和机关党委由考评委直接进行考评。这样就把考评权力分散到学校不同职能部门，环环相扣，形成相互监督、相互制约的考评组织体系。

（五）学院（部）、机关、直属单位分类考核、分类奖励

浙江工业大学在实施目标责任制时非常注重根据校内各单位在完成学校总体目标任务中作用的不同，制定相应的考核办法，实施分类考核，分类奖励，并向完成学校目标任务贡献大的单位和学院倾斜。例如，学院作为考评对象，被区分为综合职能学院和部分职能学院，进行不同指

标体系的考核；在对学校科研工作进行年度考核时，学院被分成理工科类学院和人文社科类学院，分别进行考核；把学校机关党政群部门区分成目标任务直接相关的部门（教务处、科研院等）和目标任务间接相关的部门进行考评。对于直属单位，组织年度和任期综合工作评优。实践证明，目标管理考核的重点在学院，但是难点在机关。浙江工业大学对有明确数量要求的目标指标，实行完成任务考核；对没有明确数量要求的指标，实行工作状态评价。这种分类考核方法确实能够在很大程度上解决机关考核由于目标任务不易量化而失之偏软的问题，值得学习借鉴。

第四章

新时代高校目标管理运行机制调查

第一节 高校目标管理运行机制研究
——基于全国 95 所本科院校的调查

一 问题的提出

任何组织皆有目标，为实现组织目标而制订方案并组织实施的行为皆为目标管理。目标管理是一种以实现工作目标为管理宗旨，以注重工作成效为基本出发点的科学管理方法[①]，目标管理理念与方法是现代管理理论的伟大创造。高等教育系统是由生产知识的群体构成的学术组织，高等教育系统的中心是学科和院校之间形成的交叉矩阵[②]；高校管理工作具有组织的松散性、权威的双重性、主客体的相对性等特征，因而高校更适合进行目标管理[③]。

《国家中长期教育改革和发展规划纲要》（2010—2020 年）明确提出了要通过完善治理结构特别是公办高等学校要坚持和完善党委领导下的校长负责制、加强章程建设、扩大社会合作、推进专业评价等

[①] 董泽芳、何祥林：《高校目标管理的理论与实践》，中国社会科学出版社 2013 年版，第 338 页。

[②] 杨春梅：《学术组织视野中的高等教育系统——伯顿·R. 克拉克的高等教育系统观及其启示》，《高等教育研究》2002 年第 4 期，第 55—58 页。

[③] 董泽芳、何祥林：《高校目标管理的理论与实践》，中国社会科学出版社 2013 年版，第 338—339 页。

措施，完善中国特色现代大学制度的体制改革工作目标任务[①]。为推进高等学校章程建设，教育部在 2011 年发布了《高等学校章程制定暂行办法》[②]，对公办高等学校的内部制度建设提出了指导意见和规范性要求[③]。2014 年中共中央办公厅印发《关于坚持和完善普通高等学校党委领导下的校长负责制的实施意见》，进一步明确了普通高等学校的领导体制、治理体系与运行机制。在中共中央和教育部的大力推动下，我国高校相继颁布了大学章程，并于 2015 年年底基本实现了"一校一章程"。在各高校颁布的章程中均把"党委领导、校长负责、教授治学、民主管理"放置在内部顶层治理体系的位置上，由于高校章程是指导和规范学校各项工作的"基本法"，故称为中国高校治理进入了章程颁布后的实施阶段。由于这一时期基本上与习近平总书记提出中国特色社会主义进入新时代时间节点相吻合，故统称中国高校治理进入了新时代。

高校章程确立的"党委领导、校长负责、教授治学、民主管理"的内部治理体系是高校内部正确处理各种权力关系和重要活动的基本依据，使高校依法自主管理有"章"可依，奠定了中国特色现代大学制度体系的基石。

教育部政策法规司司长孙霄兵认为，"章程的生命力在于实施，章程的尊严也在于实施"，高校要以实施章程为核心提高学校治理水平，政府要进一步推进"放管服"改革，建立高校章程实施的评估和监督机制[④]。

笔者认为，新时代高校贯彻落实章程，不只是要进行文件"立、改、废、释"工作，实施一流的管理与服务，营造一流的大学文化，更重要

[①] 国家中长期教育改革和发展规划纲要工作小组办公室：《国家中长期教育改革和发展规划纲要（2010—2020 年）》，2010 年 7 月 29 日，http://old.moe.gov.cn。

[②] 中华人民共和国教育部：《高等学校章程制定暂行办法》，2011 年 12 月 28 日，http://www.moe.gov.cn。

[③] 孙霄兵：《推进高校章程建设 完善中国特色现代大学制度》，《中国高等教育》2012 年第 5 期，第 7—10 页。

[④] 孙霄兵：《推进大学章程实施提高高校治理水平》，《中国高等教育》2016 年第 19 期，第 5—7 页。

的是要在全局性、基础性、战略性管理活动中予以体现。一些高校实施的目标管理活动就是检验高校是否真正贯彻章程的试验场和试金石。这是因为，大多数高校均把实施目标管理作为贯彻落实学校发展战略的重要管理手段，作为推行校院二级管理的主要抓手，其目标管理内容涉及学校学科建设、人才培养、科学研究、社会服务、内部管理等众多方面，其具体运行覆盖了高校党委、行政和学术三种主要权力配置及其运行机制，属于高校全局性、基础性、战略性管理活动，应该体现高校章程所确立的内部治理体系和运行规范的要求。

如前所述，本书所指高校目标管理主要指高校对所属二级单位实施的以年度或任期目标任务书为依据的目标管理活动。高校目标管理机制是指影响高校目标管理活动的各因素的结构、功能及其相互关系，以及这些因素发挥作用的过程、原理及其运行方式。其中运行机制是目标管理的主体和核心机制，其他机制均围绕或从属于运行机制。协调、灵活、高效的目标管理运行机制有助于高校提高目标管理的效率、效益和效能。结合高校目标管理的实际运行情况，本书认为高校目标管理运行机制操作程序包括："一个中心""五个阶段""十六个环节"，简称"1516"运行机制。

关于高校目标管理实证研究，据董泽芳等2007年对中南地区75所高校的调查结果显示：正在实施目标管理的院校为32所且呈上升趋势（计划实施院校17所，实施后中止院校2所，未实施院校24所）。高校实施目标管理存在三大问题：一是目标制定缺乏广泛的动员；二是目标体系不够科学；三是责、权、利不够配套，并据此提出相应的对策建议[1]。笔者认为，该调查揭示出高校实施目标管理存在的主要问题大多与当时我国高校现代大学制度不健全和权力运行不够规范、多元利益主体参与决策程度不够等体制机制问题有关，是当时高校内部治理体系和治理能力水平的具体体现，也是当时高校目标管理运行

---

[1] 董泽芳、何青、熊德明：《关于75所高校目标管理实施现状的调查》，《高教发展与评估》2009年第2期，第15—21、120页。

机制的实际状态。那么，在高校普遍颁布章程之后，继续实施目标管理的高校是否按照大学章程所确立的内部治理体系和运行机制要求对目标管理运行机制加以改进呢？高校目标管理运行机制存在哪些新问题以及该如何优化呢？高校章程实施成效与目标管理制度建设及其实施成效是否存在相关性？部属院校在目标管理制度建设及其实施成效方面是否一定显著优于地方院校？然而，截至目前，既未见由政府主管部门对高校开展章程实施情况的专项评估结果发布，也鲜见有学术界对高校章程与高校目标管理运行机制关系及其章程颁布实施后高校目标管理运行机制情况的专题调研成果。

本书尝试把高校目标管理运行机制纳入新时代高校章程实施的背景下进行实证考察，不仅提供了考察高校目标管理机制的运行状况及其效用的一个新视角，而且也是考察高校章程实施的一种新途径。为此，本书以高校治理进入新时代为背景，以高校目标管理运行机制理论为指导，通过问卷调查分析高校目标管理的领导体制、组织机构、制度建设及其运行方式等考察其运行机制的协调性；通过对高校目标管理活动的主要阶段、环节及运行方式，分析其运行机制状况、总体效用及其科学化、民主化和法治化程度，并据此分析存在的问题，提出改进、优化目标管理运行机制若干建议。

二 调查方法

1. 调查工具。本调查采用的工具是由课题组自行设计的《新时代中国高校目标管理机制研究调查问卷》。该问卷是在对高校章程、大学治理现代化、高校目标管理等相关文献研究的基础上，结合中国高校管理实际，经课题组集体讨论后形成初步调查问卷，并于2017年5—6月上旬经过小范围前期测试后，做了进一步修改完善，形成调查问卷文字版。然后借助"问卷星官网"调查平台（https://www.sojump.com），最终形成网络版《宪章时代中国高校目标管理机制研究》调查问卷（ID：15165260）。

该问卷由院校性质与所在部门篇、章程篇、目标管理篇、"十三五"

事业发展规划篇4个部分43道小题组成。问卷题项设计以单项选择题为主、多选题为辅（在题项后特别注明"多选题"），要求被调查者根据各校实际情况进行相应选择。本报告主要对其前3个部分、合计29道小题的调查结果进行专题报告。

2. 调查途径和调查对象。笔者利用参加全国性专业学术会议，利用学缘关系、学术关系等，先后加入了"院校研究与学科发展""院校研究与学科专业交流""教育发展规划与战略""双一流会议""华科教博""河南省'十三五'规划群""四川省'十三五'规划群"等全国性或区域性院校研究、高等教育研究与管理专业人员微信交流平台，以及"教育发展规划与战略"QQ群，通过微信群和QQ群发送、回收调查问卷。每个高校限填一份调查问卷。

这些微信群均为专业同行交流群，绝大多数为高校发展规划处、学科办、科研处、人事处、学校办公室、高等教育研究所、教育学院等部门负责人、管理人员或教师，大多从事着高校战略规划编制与管理、学科建设、科研管理、人事管理、综合管理等方面的工作。相当一部分人参与了各自高校的章程、目标管理文件和"十三五"事业规划等编制工作，因而本调查具有较高的信度和效度。

3. 调查时间：2017年6月28日—7月16日。

4. 问卷回收情况。本调查涉及129所普通本科院校，占同期全国978所普通本科院校（不含独立学院265所）的13.19%，根据问卷登录时的IP地址可以得知，至少涉及25个省、直辖市、自治区（参见表4—1），具有广泛性和较大的覆盖面。其中，有95所高校实施了目标管理（以校长或校党委书记是否定期与学校下属二级管理单位或部门签订为期1年及以上的目标任务书为标准），占被调查高校的73.6%，占同期全国978所普通本科院校（不含独立学院265所）的9.7%。由于本章主要了解高校目标管理运行机制的相关情况，因此仅对其中95所实施了目标管理的高校情况进行统计分析和讨论。

表4—1　　　　　　　　　调查对象IP地址分布情况

序号	省份	数量（份）	百分比（%）	序号	省份	数量（份）	百分比（%）
1	四川	14	10.85	14	黑龙江	3	2.33
2	河南	13	10.08	15	辽宁	3	2.33
3	湖北	13	10.08	16	重庆	3	2.33
4	北京	11	8.53	17	云南	2	1.55
5	江苏	11	8.53	18	山西	2	1.55
6	浙江	10	7.75	19	湖南	2	1.55
7	广东	8	6.20	20	吉林	1	0.78
8	陕西	7	5.43	21	福建	1	0.78
9	山东	5	3.88	22	甘肃	1	0.78
10	上海	4	3.10	23	宁夏	1	0.78
11	江西	4	3.10	24	安徽	1	0.78
12	国外	4	3.10	25	天津	1	0.78
13	河北	3	2.33	26	新疆	1	0.78

备注：国外4份问卷视为中国高校相关人员在国外填写。

三　调查结果与分析

（一）院校性质与所在部门

1. 院校的隶属关系和学科性质（参见表4—2）

表4—2　　　　　　　　院校的隶属关系和学科性质

"您所在院校的隶属关系"选项	小计（所）	百分比（%）	院校的学科性质选项	小计（所）	百分比（%）
①教育部或国家其他部委所属院校	25	26.32	①综合性大学	38	40
②省属211工程大学	3	3.16	②文科院校	5	5.26
③省属普通本科院校	59	62.11	③师范类院校	16	16.84
④市属普通本科院校	5	5.26	④以理工科为主的院校	30	31.58

续表

"您所在院校的隶属关系"选项	小计（所）	百分比（%）	院校的学科性质选项	小计（所）	百分比（%）
⑤其他	3	3.16	⑤以医科为主的院校	2	2.11
			⑥以农科为主的院校	3	3.16
			⑦艺术院校	0	0
			⑧体育院校	0	0
			⑨其他	1	1.05

2. 被调查者所在部门情况（参见表4—3）

表4—3　　　　　　　　被调查者所在部门情况

"您所在部门"选项	小计（所）	百分比（%）
①发展规划处	52	54.73
②校长办公室	2	2.11
③人事处	1	1.05
④校党委办公室	0	0
⑤学校党政办公室	1	1.05
⑥直属学校校长或书记领导的目标管理办公室	1	1.05
⑦高等教育研究所	12	12.63
⑧院校发展研究中心	1	1.05
⑨学院教师	9	9.47
⑩其他	16	16.84

高校章程、"十三五"规划和目标管理文件的编制等是高校的一项全局性和战略性工作，一般由高校发展规划处、高教所、学校党政办公室等部门牵头组织。由表4—3可知，被调查者所在部门来自发展规划的人员占了调查总人数的54.74%，来自高教所的人员占调查总人数的12.63%，这说明调查对象具有较高针对性。

(二) 章程发布与实施

1. 高校《×××学院（大学）章程》发布时间

参与调查的95所院校均发布了大学章程。其时间、数量分布情况是：2012年或以前15所、2013年10所、2014年19所、2015年33所、2016年18所，分别占到被调查高校总数的15.79%、10.53%、20%、34.74%、18.95%。

2. 对高校章程实现程度的看法（参见表4—4）

表4—4　对"党委领导、校长负责、教授治学、民主管理"实施情况和薄弱环节的看法

"您对贵校章程中'党委领导、校长负责、教授治学、民主管理'实现程度的看法"选项	小计（所）	百分比（%）	"您对贵校章程中'党委领导、校长负责、教授治学、民主管理'内部治理结构实施过程中的薄弱环节"选项（多选题）	小计（所）	百分比（%）
①完全得到实施	7	7.37	①党委领导	6	6.32
②实施得比较好	41	43.16	②校长负责	11	11.58
③一般化	29	30.53	③教授治学	75	78.95
④实施得不太好	14	14.74	④民主管理	63	66.32
⑤完全没有得到实施	4	4.21	⑤没有薄弱环节	2	2.11
			⑥其他	8	8.42

由表4—4可知，高校章程确立的"党委领导、校长负责、教授治学、民主管理"内部治理体系"完全得到实施"和"实施得比较好"占到了50.53%，实施"一般化"占到了30.53%，"实施得不太好"和"完全没有得到实施"分别占到14.74%和4.21%。

"教授治学"和"民主管理"是高校内部治理结构中的薄弱环节，分别占调查总数的78.95%和66.32%，这说明教授治学、民主管理在2/3以上高校章程实施中属于薄弱环节，其在高校内部治理体系中的地位和作用有待进一步加强、提升。

(三) 高校目标管理运行机制的基本状态

1. 目标制定阶段

(1) 高校目标管理中"目标"的范围（参见表4—5）

表4—5　　　　　　高校目标管理中"目标"的范围

"贵校目标管理中'目标'的范围"选项（多选题）	小计（所）	百分比（%）	"贵校对学院目标管理中'目标'的范围"选项（多选题）	小计（所）	百分比（%）
①学校重点工作	30	31.58	①教学指标	89	93.68
②学校常规性工作	12	12.63	②学科建设指标	92	96.84
③学校重点工作+学校常规性工作	75	78.95	③科研指标	94	98.95
④其他	11	11.58	④师资队伍建设指标	88	92.63
			⑤学生工作指标	80	84.21
			⑥党建工作指标	73	76.84
			⑦其他	36	37.89

由表4—5可知，78.95%的高校把"学校重点工作+学校常规性工作"纳入目标管理范畴。76.84%及以上高校把教学、学科建设、科研、师资队伍建设、学生工作、党建工作等纳入学校目标管理指标。

同时，调查中还发现有74所高校已经或考虑把学校"十三五"事业发展规划（总体）主要指标纳入目标管理任务书，占调查总数的77.89%。反过来说，即77.89%高校目标管理中的"目标"来源于学校"十三五"事业发展规划。有17所高校"有此安排，但还没有进行"，占调查总数的17.89%。

(2) 目标管理的对象（参见表4—6）

表4—6　　　　　　　　　　目标管理对象一览

"贵校实施目标管理的对象"选项	小计（所）	百分比（%）
①学校所有党政部门、直属附属单位、教学科研单位（含学院、研究机构）	66	69.47
②教学科研单位（含学院、研究机构）、行政部门和直属附属单位	14	14.74
③教学科研单位（含学院、研究机构）	7	7.37
④学院（不含研究单位）	7	7.37
⑤学校党委职能部门、二级党组织、群团组织	1	1.05
⑥其他	0	0

由表4—6可知，98.95%的高校均把学院作为目标管理的对象或主要对象，其中，69.47%的高校把所有党政部门、直属附属单位、教学科研单位作为目标管理的对象。

(3) 高校实施目标管理的牵头部门（参见表4—7）

表4—7　　　　　　　　　　目标管理牵头部门一览

"贵校实施目标管理牵头部门"选项	小计（所）	百分比（%）
①人事处	20	21.05
②校长办公室	15	15.79
③发展规划处	31	32.63
④校党委办公室	0	0
⑤学校党政办公室	14	14.74
⑥直属学校校长或书记领导的目标管理办公室	7	7.37
⑦其他	8	8.42

由表4—7可知，高校目标管理的牵头部门呈现多元化的特点，其中32.63%的高校发展规划处是目标管理的牵头部门，占比较高。

（4）目标管理任务书的周期（参见表4—8）

表4—8　　　　　　　　目标管理任务书周期一览

"贵校目标管理任务书签订的周期"选项	小计（所）	百分比（%）
①1年	60	63.16
②2年	2	2.11
③3年	12	12.63
④4年	13	13.68
⑤5年	8	8.42

由表4—8可知，63.16%的高校目标管理任务书的周期为1年。

（5）发布的目标管理文件（参见表4—9）

表4—9　　　　　　　　高校发布的目标管理文件一览

"贵校下发的目标管理文件"选项（多选题）	小计（所）	百分比（%）
①《×××校党委关于实施目标管理（责任制）的若干意见》	43	45.26
②《×××校（或行政工作或院系）目标管理（责任制）实施办法（试行）》	43	45.26
③《×××校（或行政工作或院系）目标管理任务分解实施细则》	35	36.84
④《×××校（或行政工作或院系）目标管理考核实施细则》	35	36.84
⑤学校发布其他文件中也包含有关目标管理的相关规定	33	34.74
⑥根本没有目标管理专门文件	8	8.42

由表4—9可知，91.58%的高校有专题目标管理文件或其他文件中也包含有关目标管理的相关规定，只有8.42%"根本没有目标管理专门文件"。

(6) 目标管理中"目标"的制定方式（参见表4—10）

表4—10　　　　目标管理中"目标"的制定方式一览

"高校目标管理中'目标'的制定方式"选项	小计（所）	百分比（%）
①校领导班子研究制定	7	7.37
②校领导、学校主要职能部门反复研究后确定	30	31.58
③学校安排部署二级单位制定各自目标任务，上报汇总后，由校领导班子研究后下达执行	27	28.42
④校领导、学校主要业务职能部门和学院负责人及教师代表反复沟通协商后确定学校目标任务	28	29.47
⑤其他	3	3.16

表4—10可知，89.47%的高校在目标制定时要经过校领导、学校主要业务职能部门或校属二级单位负责人及教师代表等反复研究后确定，单独由"校领导班子研究制定"的占比仅有7.37%。这说明绝大部分高校在学校目标制定阶段的决策论证越来越广泛、深入、其决策科学化程度较高；也说明绝大部分高校的目标管理内容体系越来越广泛，这与董泽芳教授等人2007年调查的高校目标管理存在"目标体系不够科学"的结论相比已经发生了较大变化。

2. 目标分解阶段

（1）学校主要依据各职能部门和直属附属单位的工作职责等，把学校总体阶段性目标和/或年度目标分解为校内各职能部门目标和直属附属单位的目标。

（2）对学院目标管理中"目标"的分解方式（参见表4—11）

表4—11中，①②属于"有标准地直接分解"目标任务方式，③属

于"有标准地协商"分解目标任务方式,④属于"自主认领"分解目标任务方式。其中①②合计占到了调查总数的55.79%,有标准地直接分解方式体现了高校目标管理任务分解决策具有科学性,也体现了这部分高校目标管理行政化色彩较为浓厚,民主性稍显不足。

表4—11　　　贵校对学院目标管理中"目标"的分解方式一览

"贵校对学院目标管理中'目标'的分解方式"选项	小计（所）	百分比（%）
①由学校目标管理牵头部门按照一定的标准直接下达学院	30	31.58
②由学校教务、科研等主要职能部门按照一定的标准（师资队伍、教学、科研成果等存量）直接下达学院	23	24.21
③由学校教务、科研等主要职能部门与学院负责人代表反复沟通协商后,按照一定的标准（师资队伍、教学、科研成果等存量）下达学院	34	35.79
④由学院自主申报或认领,职能部门汇总,由校领导班子研究确定后下达学院	6	6.32
⑤其他	2	2.11

3. 目标实施阶段

（1）目标管理的督察督办牵头单位（参见表4—12）

表4—12　　　　　目标管理的督察督办牵头单位一览

"贵校对目标管理实施督察督办的牵头单位"选项是（多选题）	小计（所）	百分比（%）
①人事处	29	30.53
②校长办公室	35	36.84
③发展规划处	41	43.16
④校党委办公室	9	9.47
⑤学校党政办公室	20	21.05
⑥直属学校校长或书记领导的目标管理办公室	8	8.42
⑦其他	10	10.53

由表4—12可知，目标管理的督察督办牵头单位，发展规划处负责督查督办的比例占到43.16%最高，其他超过20%以上的牵头单位依次是校长办公室、人事处、学校党政办公室。这体现出高校职能部门工作分工的差异，也体现了"谁主管谁督办"权责一致原则①。

(2) 目标管理监控的周期（参见表4—13）

表4—13　　　　　　　　目标管理监控周期一览

"贵校对目标管理实施过程监控的周期"选项	小计（所）	百分比（%）
①每月上报进展1次	11	11.58
②每两个月上报进展1次	0	0
③每三个月上报进展1次	4	4.21
④每六月上报进展1次	27	28.42
⑤每年度上报进展1次	49	51.58
⑥每两年上报进展1次	3	3.16
⑦每三年上报进展情况1次	1	1.05

由表4—13可知，51.58%的高校目标管理监控的周期是每年度上报进展1次，监控周期比较适当。目标管理是一种人本管理、结果管理，学校目标一旦分解后，就应大胆放手让各单位组织实施，尽量减少不必要的干预。

4. 目标考核阶段

(1) 目标管理的考核类型与考核周期（参见表4—14）

由表4—14可知，"单项考核＋综合考评"占比为61.05%，是高校目标管理考核的主要类型，"综合考评"次之。"年度考核"和"年度考核＋任期考核"是高校目标管理考核周期的两种主要形式。

---

① 熊德明、董泽芳：《论高校目标管理中的机构设置》，《黑龙江高教研究》2008年第7期，第31—33页。

表4—14　　　　　　目标管理的考核类型与考核周期

"贵校目标管理的考核类型"选项	小计（所）	百分比（%）	"贵校目标管理的考核周期"选项	小计（所）	百分比（%）
①只进行单项考核	1	1.05	①年度考核	42	44.21
②只进行综合考评	31	32.63	②任期考核	7	7.37
③在单项考核基础上，进行加权平均的综合考评，分出单项排名和综合考评排名	58	61.05	③年度考核+任期考核相结合	45	47.37
④其他	5	5.26	④其他	1	1.05

（2）目标管理考核的主要组织形式和参与目标管理考核评议打分的群体（参见表4—15）

表4—15　　　　目标管理考核的主要考察形式和参与目标管理考核评议打分群体一览表

"贵校目标管理考核的主要考察形式"选项（多选题）	小计（所）	百分比（%）	"贵校参与目标管理考核评议打分的群体"选项（多选题）	小计（所）	百分比（%）
①考核组实地考察	28	29.47	①校领导	82	86.32
②考核组看材料	51	53.68	②职能部门负责人	91	95.79
③考核组听汇报	55	57.89	③学院负责人	71	74.74
④考核组根据数据统计排名	69	72.63	④教职工代表	51	53.68
⑤其他	8	8.42	⑤学生代表	27	28.42
			⑥校外专家	15	15.79
			⑦其他	7	7.37

由表4—15可知,"考核组根据数据统计排名""考核组听汇报""考核组看材料"是高校目标管理考核的主要考察形式。"校领导""职能部门负责人""学院负责人"是参与目标管理考核评议的主体。这三类人是高校目标管理中掌握情况最多的知情人,他(她)们参与目标管理考核评议,有助于缩小考核评议结果与目标管理过程真实情况的差距,有助于提高考核评议结果的真实性。

(3)对学院的考核形式(参见表4—16)

表4—16　　　　　高校目标管理对学院的考核形式

"贵校目标管理对学院的考核形式"选项	小计(所)	百分比(%)
①按照目标任务书中的任务进行年度定量考核	25	26.32
②学院年度述职后,综合进行民主测评(含学院教职工、学校领导班子成员等)	17	17.89
③既对学院按照目标任务的年度定量考核,又对其领导班子建设、工作作风等多维度的民主测评打分	50	52.63
④其他	3	3.16

由表4—16可知,高校对学院的目标管理考核形式中,①③选项占到调查总数的78.95%,说明高校对学院的考核注重定量考核。

(4)对学院的考核程序(参见表4—17)

由表4—17可知,高校目标管理对学院考核有明确的程序,较为合理。

表4—17　　　　　学院目标管理的考核程序

"贵校对学院目标管理的考核程序"选项(多选题)	小计(所)	百分比(%)
①学院自评	69	72.63
②相关职能部门分项审核	79	83.16
③学院负责人述职汇报	69	72.63

续表

"贵校对学院目标管理的考核程序"选项（多选题）	小计（所）	百分比（%）
④学校组织民主测评	63	66.32
⑤学校考核组实地考察	28	29.47
⑥目标管理牵头部门汇总结果公示	59	62.11
⑦学校考核领导小组审定	67	70.53
⑧学校考核结果公示	64	67.37
⑨其他	3	3.16

（5）行政机关目标管理的年度考核形式（参见表4—18）

表4—18　　　　行政机关目标管理的年度考核形式

"贵校目标管理对行政机关的年度考核形式"选项	小计（所）	百分比（%）
①对教务、科技、人事等有明确数量指标的行政部门按照目标任务书中进行年度定量考核；对保卫、老干部等大多数没有明确数量指标的行政部门按照领导班子建设、工作实绩、工作作风等进行多维度的民主测评	24	25.26
②对教务、科技、人事等有明确数量指标的行政部门按照目标任务书进行年度定量考核后折算一定的比例，再对其进行民主测评；对保卫、老干部等大多数没有明确数量指标的行政部门按照领导班子建设、工作实绩、工作作风等进行多维度的民主测评	34	35.79
③所有行政单位按照目标任务书内容进行年度述职后，统一进行民主测评	30	31.58
④其他	7	7.37

由表4—18可知，选项①和②合计占比61.05%，说明这些高校对行政机关目标管理实施分类考核，总体设计较为科学。但是31.58%高校对所有行政单位进行述职后统一测评，以及对大多数没有明确数量指标的行政部门进行民主测评。民主测评本身没有问题，问题在于民主测评主

体是否具有针对性、多元性。

（6）目标管理考核结果在校内公示情况（参见表4—19）

表4—19　　　　　贵校目标管理考核结果在校内公示情况

"贵校目标管理考核结果在校内公示情况"选项（多选题）	小计（所）	百分比（%）
①只公示考核结果排序（不含原始数据）	38	40.00
②只公示考核优秀单位和部门名单	51	53.68
③只公示考核不合格或不达标单位和部门名单	11	11.58
④公示考核结果原始数据及排序	13	13.68
⑤不公示任何考核结果	10	10.53
⑥其他	4	4.21

由表4—19可知，仅有13.68%的高校目标管理公示考核结果原始数据及排序，考核结果校内信息公示的深度和广度不够。

5. 结果应用阶段

（1）总结经验和问题改进。许多高校没有针对考核结果进行专题总结，并对存在的突出问题提出相应的改进意见。

（2）目标管理考核结果应用范围（参见表4—20）

表4—20　　　　　贵校目标管理考核结果应用范围

"贵校目标管理考核结果应用范围"选项（多选题）	小计（所）	百分比（%）
①与校内二级单位绩效工资分配挂钩	59	62.11
②用于发放目标管理奖金	48	50.53
③作为调整校内二级单位主要负责人和班子成员选拔晋升的主要依据或加分项	30	31.58
④作为校内二级单位主要负责人和班子成员留用和淘汰的主要依据或扣分项	15	15.79
⑤其他	17	17.89

由表4—20可知，高校目标管理考核结果主要用于校内二级单位绩效工资分配和发放目标管理资金等。这只是从物质奖励层面调动高校二级单位和职能部部工作的积极性和主动性，对干部选拔晋升、荣誉称号等涉及更深层次的干部职业发展和其他精神层面激励的比例偏低或缺失。

（四）关于高校目标管理制度及成效

（1）对目标管理制度建设的看法（参见表4—21）

表4—21 对目标管理制度建设和实施目标管理工作成效看法一览表

"您对贵校目标管理制度建设的看法"选项	小计（所）	百分比（%）	"您对贵校实施目标管理工作成效的看法"选项	小计（所）	百分比（%）
①非常健全	7	7.37	①非常有成效	9	9.47
②比较健全	47	49.47	②比较有成效	35	36.84
③一般	32	33.68	③一般	41	43.16
④比较不健全	6	6.31	④成效不明显	8	8.42
⑤非常不健全	3	3.16	⑤成效非常不明显	2	2.11

注："您对贵校目标管理制度建设的看法"主要从目标制定、任务分解、过程监控、目标考核、结果应用的制度建设情况看法。

由表4—21可知，认为本校目标管理制度建设"非常健全"的有7所、"比较健全"的比例合计为56.84%，"比较不健全"和"非常不健全"的比例合计为9.47%。这说明90.53%高校目标管理制度建设处于"一般"和"比较健全"以上状态。

（2）实施目标管理工作的成效

由表4—21可知，占调查总数46.31%的高校目标管理运行机制处于"非常有成效"和"比较有成效"以上状态，89.47%的高校目标管理运行机制成效处于"一般"以上状态（含"非常有成效""比较有成效""一般"），"成效（非常）不明显"仅占10.53%。

四 讨论与结论

（一）关于高校章程贯彻实施情况

1. 50.53%高校的章程贯彻落实得比较好

由本调查可知，参与调查的95所高校均在2016年前发布了各自学校的大学章程。其中，认为各自所在高校章程确立的"党委领导、校长负责、教授治学、民主管理"内部治理体系"完全得到实施"和"实施得比较好"的占到了50.53%，超过调查高校总数的一半，实施"一般"的占到了30.53%。

2. "教授治学、民主管理"是2/3以上高校章程实施中的薄弱环节

认为"教授治学""民主管理"是高校内部治理结构中的薄弱环节的分别占到了调查总数的78.95%和66.32%，这说明"教授治学、民主管理"在绝大多数高校内部治理体系中的地位和作用有待进一步加强、提升。

（二）关于高校目标管理运行机制的协调性

以下主要从高校目标管理体制领导与决策体制、组织设置与岗位责权配置、制度建设等方面考察高校目标管理运行机制的协调性。

1. 高校目标管理的体制情况

被调查的95所高校均颁布实施了大学章程，其领导体制必然是"党委领导、校长负责、教授治学、民主管理"。高校目标管理组织或牵头的五个部门，即发展规划处、人事处、校长办公室、学校党政办公室和目标管理办公室的比例分别为32.63%、21.05%、15.79%、14.74%、7.37%。说明高校目标管理有其相应的组织机构，但是绝大所数属于跨职能型组织机构而非职能型组织机构。

2. 高校目标管理制度建设情况

91.58%的高校均有发布《×××校党委关于实施目标管理（责任制）的若干意见》《×××校（或行政工作或院系）目标管理（责任制）实施办法》等专题或相关文件，56.84%的高校目标管理工作制度处于"比较健全"以上状态。

3. 95 所高校目标管理运行机制属于"基本协调"及以上状态

在本书所调查的 129 所高校中,95 所高校实施了目标管理,占调查总数 73.64%。没有实施目标管理的高校原因各不相同,有个别院校实施目标管理一段时间后终止实施,由此可以断定其目标管理机制运行不顺畅、不协调或没有效用。在 95 所实施目标管理的高校中,基本形成了从目标制定、目标分解、目标实施、目标考核、结果应用等涵盖目标管理主要阶段和环节的运行体制,虽然有些高校在目标实施、目标考核和结果运用等阶段和环节存在着不够完善,甚至缺失的情况,但是从总体上看其运行机制属于"基本协调"及以上状态。

(三)关于高校目标管理运行机制的成效

从总体上看,46.31% 的高校目标管理运行机制处于"比较有成效"以上状态,89.47% 的高校目标管理运行机制成效处于"一般"以上状态,"成效(非常)不明显"仅占 10.53%。

1. 关于高校目标管理运行机制科学化的讨论

本书认为,考察高校目标管理的科学化程度至少应从目标管理流程中的目标制定是否经过充分论证、任务分解是否有标准、考核周期是否科学、结果应用范围是否适当、目标管理是否有成效等方面进行考察。

(1)61.05% 的高校目标制定经过充分论证

在对上述高校目标管理中"目标"制定方式的调查中,"校领导、学校主要职能部门反复研究后确定""校领导、学校主要业务职能部门和学院负责人及教师代表反复沟通协商后确定学校目标任务"分别占到调查总数的 31.58% 和 29.47%,两项合计占到调查高校总数的 61.05%,这说明 61.05% 的高校目标管理的"目标"制定方式越来越注重研究论证,其决策科学化程度在不断提高。

(2)91.58% 的高校任务分解有标准

在对上述高校对学院目标管理中"目标"分解方式的调查中,"由学校目标管理牵头部门按照一定的标准直接下达学院""由学校教务、科研等主要职能部门按照一定的标准(师资队伍、教学、科研成果等存量)直接下达学院"和"由学校教务、科研等主要职能部门与学院负责人代表反复沟通协商后,按照一定的标准(师资队伍、教学、科研成果等存量）下达学院"分别占到被调查高校总数的 31.58%、24.21% 和 35.79%，三项合计占到被调查高校总数的 91.58%。这说明绝大多数高校在目标管理任务分解时是依据了一定标准的，例如学院师资队伍、教学、科研成果等方面情况，也就是说，高校对学院目标管理的任务分解绝大部分是有科学依据的。

（3）目标管理督察督办牵头单位的合理性

目标管理的督察督办牵头单位，发展规划处占比最高，体现了"谁主管谁督办"权责一致原则。笔者认为，"谁主管谁督办"诚然有其合理性，但由于高校目标管理的全局性、战略性，目标管理的督查督办牵头单位似乎由学校办公室（含校长办公室、校党委办公室或者学校党政办公室）和发展规划处一起督办权威性更高，效果可能更好一些，因为这些部门主要职能之一就是学校综合性、全局性工作的督查督办。

（4）目标管理任务书周期与考核周期的科学性

在对高校目标管理任务书周期的调查中，60 所高校实施的是为期 1 年制的目标管理，占到调查总数的 63.16%；在高校目标管理考核周期的调查中，实施年度考核的有 42 所，占到调查总数的 44.21%。笔者认为，由于产出教学与科研成果需要经过一段时间的积累、谋划和培育，1 年的目标管理任务书签订周期和考核周期太短，应结合高校内部二级单位领导班子任期，实施 3—5 年的目标管理任务周期较为适宜；在考核时实施"年度考核与任期考核相结合，以任期目标任务完成情况为主"的考核周期较为适宜。

（5）参与考核主体的适当性

"校领导""职能部门负责人""学院负责人"参与目标管理考核评议分别占到被调查高校总数的 86.32%、95.79%、74.74%。这三类人是高校目标管理中掌握情况最多的知情人，他（她）们参与目标管理考核评议有助于缩小考核评议结果与目标管理过程真实情况的差距，有助于提高考核评议结果的真实性。

（6）考核形式的科学性

对学院目标管理考核形式的调查表明，实施"按照目标任务书中的任务进行年度定量考核""既对学院按照目标任务的年度定量考核，又对其领导班子建设、工作作风等多维度的民主测评打分"的考核形式，分别占到调查总数的26.32%和52.63%，这说明78.95%的高校比较重视"硬指标"的定量考核。

在对行政机关年度考核形式的调查中，对教务、科技、人事等有明确数量指标的行政部门，按照目标任务书中进行年度定量考核和民主测评；对保卫、老干部等大多数没有明确数量指标的行政部门，按照领导班子建设、工作实绩、工作作风等进行多维度的民主测评等，两项合计占到被调查高校总数的61.05%，这说明接近2/3的高校对行政部门考核也已经开始进行分类评价了。

分类考核，适应了高校内部不同部门、单位的工作特点，具有一定的科学性。

（7）考核结果应用范围的适当性

由本调查可知，目标管理考核结果在许多高校分别或综合用于：与校内二级单位绩效工资分配挂钩、用于发放目标管理奖金、作为调整校内二级单位主要负责人和班子成员选拔晋升的主要依据或加分项、作为校内二级单位主要负责人和班子成员留用和淘汰的主要依据或扣分项等。这些用途体现了目标管理考核结果已经被应用在许多方面，有利于调动高校二级单位（部门）和人员工作的积极性和主动性，有利于营造干事创业的氛围。

2. 关于目标管理运行机制民主化的讨论

燕继荣认为，民主化主要是面对民众需求提供制度化供给的过程，即通过有效制度和规则"规制民意"的过程。当代民主理论的核心要义是通过"对话""协商""商谈"等形式形成民意，以提高民主质量[①]。为此本章以下主要从目标制定、任务分解、考核组织、结果公示等方面对高校目标管理的民主化程度开展讨论。

（1）目标制定的民主化程度

在对上述高校目标管理"目标"制定方式的调查中，"学校安排部署二级单位制定各自目标任务，上报汇总后，由校领导班子研究后下达执

---

① 燕继荣：《民主化的含义及拓展空间》，《国际政治研究》2016年第2期，第36—50页。

行""校领导、学校主要业务职能部门和学院负责人及教师代表反复沟通协商后确定学校目标任务"两项合计占到被调查高校总数的57.89%，这说明超过一半高校目标管理的"目标"制定方式日益民主化，传统占主流的"自上而下"的目标制定方式已经在向"自上而下与自下而上相结合"的目标制定方式过渡。

（2）"目标"分解的民主化程度

在对高校学院目标管理中"目标"分解方式的调查中，"由学校目标管理牵头部门按照一定的标准直接下达学院"和"由学校教务、科研等主要职能部门按照一定的标准（师资队伍、教学、科研成果等存量）直接下达学院"两项合计超过一半以上，占到调查总数的55.79%，而"由学院自主申报或认领，职能部门汇总，由校领导班子研究确定后下达学院"仅仅占到调查高校总数的6.32%。这一方面是由于高校目标管理中的"目标"分解必须体现并实现学校的顶层目标设计，另一方面是学院在分担学校目标时总是出于自身惯性、惰性而不愿意多承担目标任务，因而需要学校层面按照一定的标准对目标任务进行分摊。这说明基层学院承担学校目标任务的积极性有待进一步激发，也说明高校在目标任务分解环节的民主化程度有待提升。

"由学校教务、科研等主要职能部门与学院负责人代表反复沟通协商后，按照一定的标准（师资队伍、教学、科研成果等存量）下达学院"占到调查总数的35.79%，这是一种值得推广的目标任务分解方式，体现了一种协商式民主化的目标管理任务分解方式。

（3）参与目标管理考核评议主体的广泛性

在对参与目标管理考核评议打分群体的调查中，校领导、职能部门负责人、学院负责人、教职工代表、学生代表、校外专家等都不同程度地参与了目标管理考核打分。这说明大多数高校比较重视不同群体参与目标考核评议。但同时应该充分认识到，对行政机关特别是没有明确重点目标任务的机关和直属附属单位的考核，是目标管理考核中的难点，因为这类部门可能更适合过程管理（而不是目标管理）。因此，在全校统一实施目标管理考核时，对这类单位考核应注重评议主体的广泛性，还应特别注意评议主体的针对性，应有其特定的服务对象对其进行测评，而且服务对象测评尽量放在平时。

(4) 目标管理考核结果的公开度

目标管理考核结果在校内公示情况的调查表明,"只公示考核结果排序(不含原始数据)""只公示考核优秀单位和部门名单""只公示考核不合格或不达标单位和部门名单""公示考核结果原始数据及排序""不公示任何考核结果""其他"依次有38所、51所、11所、13所、10所、4所,分别占到被调查高校总数的40%、53.68%、11.58%、13.68%、10.53%、4.21%。这说明绝大多数高校在目标管理结果公示方面出于种种原因,信息公开化的深度和广度偏低,民主化程度显著不足,亟需加强建设。

3. 关于目标管理法治化的讨论

燕继荣认为,法治是相对于人治的治国理论、原则和方法,实行法治的前提是要有完备的法律制度[①]。本书主要从高校目标管理制度建设情况及其知情人看法来考察其法治化状况。

(1) 高校目标管理法治化程度还有待进一步提高。由高校目标管理文件发布情况可知,绝大多数高校都发布了相关的目标管理文件,仅有8所高校"根本没有目标管理专门文件",占到被调查高校的8.42%。

(2) 90.53%的高校目标管理制度健全程度在"一般"以上。调查结果显示,目标管理工作制度建设"非常健全""比较健全""一般"合计占到了调查总数的90.53%;"比较不健全""非常不健全"只占到调查总数的9.47%。这说明绝大多数高校目标管理制度健全程度在"一般"以上,只有少数高校目标管理制度建设存在缺失情况,迫切需要加强建设。

高校"十三五"事业发展规划(总体)凝聚了广大教职工的集体智慧,体现了高校领导的办学理念和治校方略,是高校"十三五"时期发展的最重要的顶层设计,是学校开展各项工作的基本依据和遵循。调查结果显示,77.89%的高校已经把"十三五"事业发展规划(总体)主要指标纳入了目标管理任务书。这说明绝大多数高校非常重视学校"十三

---

① 燕继荣:《民主化的含义及拓展空间》,《国际政治研究》2016年第2期,第36—50页。

五"事业发展规划与目标管理的衔接和落实,体现了学校制度的继承性、延续性[①]。

第二节 高校目标管理运行机制的相关性研究
——基于全国 95 所本科院校的调查分析

一 关于高校章程实现程度、目标管理工作制度建设状况与目标管理工作成效三者的相关性分析

1. 目的与方法

为了探讨高校章程实现程度、目标管理工作制度建设状况、目标管理工作成效三者之间是否存在相关性及其程度,本书课题组用在本调查问卷中的题序号编码 A5 表示(下同)高校章程实现程度,目标管理制度建设状况、目标管理工作成效分别用 A27、A28 表示,使用 SPSS22.0 统计软件,对调查数据进行了相关性统计分析。

2. 结果与分析

具体情况见表 4—22、表 4—23。

表 4—22　　　高校章程实现程度、目标管理制度
建设状况及其实施成效的描述性统计

	平均值	标准差	个案数
A5	2.65	0.965	95
A27	2.48	0.849	95
A28	2.57	0.859	95

---

① 田虎伟、王雪燕:《章程实施与高校单位目标管理运行机制研究——基于全国 95 所院校的调查分析》,《扬州大学学报》(高教研究版)2020 年第 1 期,第 11—20 页。

表 4—23 高校章程实现程度、目标管理制度建设状况及其实施成效的相关性分析

		A5	A27	A28
A5	皮尔逊相关性	1	0.506**	0.575**
	显著性（双尾）		0.000	0.000
	平方和与叉积	87.537	38.979	44.758
	协方差	.931	0.415	0.476
	个案数	95	95	95
A27	皮尔逊相关性	0.506**	1	0.728**
	显著性（双尾）	0.000		0.000
	平方和与叉积	38.979	67.726	49.853
	协方差	0.415	0.720	0.530
	个案数	95	95	95
A28	皮尔逊相关性	0.575**	0.728**	1
	显著性（双尾）	0.000	0.000	
	平方和与叉积	44.758	49.853	69.305
	协方差	0.476	0.530	0.737
	个案数	95	95	95

注：**，在 0.01 级别（双尾），相关性显著。

显然，相关系数矩阵是对称矩阵，而且对角线上的相关系数全为 1（即变量自身的相关系数为 1）。由表 4—23 可知，在相关系数矩阵中，查看显著性（双尾）行，A5 与 A27、A5 与 25、A27 与 A28 之间对应的概率均为 P=0.000，说明三者互相之间存在显著的正相关，达到极显著水平（P<0.001）。其中，皮尔逊相关性栏目，A5 与 A27、A5 与 A28 的相关系数 r 分别为 0.506、0.575，均存在中度相关性，而 A27 与 A28 的相关系数 r=0.728，存在高度的相关性。

3. 结论

根据上述相关分析，可得到数据分析结论：

（1）根据显著性判断，可知 A5 与 A27、A5 与 A28、A27 与 A28 都存在显著线性正相关性。即高校章程实现程度与目标管理工作制度建设状况、高校章程实现程度与目标管理工作成效、目标管理工作制度建设状况与目标管理工作成效，两两都存在显著线性正相关性关系。

（2）根据相关系数，可知 A5 与 A27、A28 均存在中度相关性，A27 与 A28 存在高度的相关性。A5 对 A27、A28 的影响较大，A27 对 A28 的影响很大。即高校章程实现程度与目标管理工作制度建设状况、目标管理工作成效均存在中度相关性，目标管理工作制度建设状况与目标管理工作成效存在高度的相关性。即高校章程实现程度对目标管理工作制度建设状况、目标管理工作成效的影响较大，目标管理工作制度建设状况对目标管理工作成效的影响很大。

二 关于院校隶属关系与高校章程实现程度、目标管理制度建设状况、目标管理工作实施成效的相关性分析

（一）院校隶属关系（5类型）与高校章程实现程度、目标管理制度建设状况、目标管理工作实施成效的相关性分析

1. 目的与方法

如前文所述，本课题把院校隶属关系分为：（1）教育部或国家其他部委所属院校、（2）省属211工程大学、（3）省属普通本科院校、（4）市属普通本科院校、（5）其他这五大类型。

为了探讨不同类别院校隶属关系与高校章程实现程度、目标管理制度建设状况、目标管理工作实施成效四者之间是否存在相关性及其程度，院校隶属关系用 A1 表示，高校章程实现程度、目标管理制度建设状况、目标管理工作实施成效分别用 A5、A27、A28 表示，课题组使用 SPSS22.0 统计软件，对调查数据进行了相关性统计分析。

2. 结果与分析

具体情况见表4—24、表4—25。

表4—24　　院校隶属关系与高校章程实现程度、目标管理
　　　　　制度建设状况、目标管理工作实施成效的描述性统计

	平均值	标准差	个案数
A1	2.56	1.039	95
A5	2.65	0.965	95
A27	2.48	0.849	95
A28	2.57	0.859	95

表4—25　　院校隶属关系与高校章程实现程度、目标管理
　　　　　制度建设状况、目标管理工作实施成效的相关性分析

		A5	A27	A28
A1	皮尔逊相关性	0.089	-0.032	0.010
	显著性（双尾）	0.390	0.757	0.920
	平方和与叉积	8.411	-2.663	0.874
	协方差	0.089	-0.028	0.009
	个案数	95	95	95

注：**，在0.01级别（双尾），相关性显著。

由表4—25显著性（双尾）可知，A1与A5、A27、A28三者间的显著性相关概率P分别为0.390、0.757、0.920，P＞0.05，说明三者间的显著性相关程度均未达到显著水平，即院校隶属关系不是影响A5、A27、A28的直接决定因素。其中，皮尔逊相关性一行中的各相关系数r均小于0.1，说明A1与A5、A27、A28三者均无明显的相关性。即院校隶属关系与高校章程实现程度、目标管理制度建设状况、目标管理工作实施成效等因素没有相关性。换句话说，不管何种隶属关系（类型）的院校，其高校章程实现程度、目标管理制度建设状况、目标管理工作实施成效都可以落实得好，也可落实得不好。

（二）院校隶属关系（2类型）与高校章程实现程度、目标管理制度建设状况、目标管理工作实施成效的相关性分析

1. 目的与方法

在上述（一）把院校隶属关系分为5个类型的基础上，本书课题组进一步把其压缩为2个类别：（1）教育部或国家其他部委所属院校；（2）

地方院校（含省属211工程大学、省属普通本科院校、市属普通本科院校、其他），分别为25所院校和70所院校，以进一步探讨2类不同隶属关系院校与高校章程实现程度、目标管理制度建设状况、目标管理工作实施成效四者之间是否存在相关性及其程度，院校隶属关系仍然用A1表示，高校章程实现程度、目标管理制度建设状况、目标管理工作实施成效仍然分别用A5、A27、A28表示，课题组使用SPSS22.0统计软件，对调查数据进行了相关性统计分析。

2. 结果与分析

具体情况见表4—26、表4—27。

表4—26　　院校隶属关系与高校章程实现程度、目标管理制度建设状况、目标管理工作实施成效的描述性统计

	平均值	标准差	个案数
A1	1.74	0.443	95
A5	2.65	0.965	95
A27	2.48	0.849	95
A28	2.57	0.859	95

表4—27　　院校隶属关系与高校章程实现程度、目标管理制度建设状况、目标管理工作实施成效的相关性分析

		A5	A27	A28
A1	皮尔逊相关性	0.132	−0.025	0.034
	显著性（双尾）	0.210	0.807	0.744
	个案数	95	95	95
A1	A5　皮尔逊相关性	1.000	0.514**	0.576**
	显著性（双尾）		0.000	0.000
	个案数	95	95	95
	A27 皮尔逊相关性	0.514**	1.000	0.729**
	显著性（双尾）	0.000		0.000
	个案数	95	95	95
	A28 皮尔逊相关性	0.576**	0.729**	1.000
	显著性（双尾）	0.000	0.000	
	个案数	95	95	95

注：** 在0.01级别（双尾），相关性显著。

由表4—27可知，A1与A5、A27、A28的皮尔逊相关系数分别为0.132、-0.025、0.034（变量自身的相关系数r=1），说明三者间无明显的相关性。然而，如忽略院校隶属关系差别，在相同院校内部，A5、A27、A28之间互相存在显著的正相关，达到极显著水平（P<0.001），其中，A5与A27、A5与A28的相关系数r分别为0.514、0.576，存在中度相关性，而A27与A28的相关系数r=0.729，存在高度的相关性。这一结论与表3—22、表3—23的结论完全一致。

综上所述，院校隶属关系与高校章程实现程度、目标管理制度建设状况、目标管理工作实施成效三者之间均不存在显著性相关关系。同时，如果忽略院校隶属关系差别，高校章程实现程度与目标管理工作制度建设状况、高校章程实现程度与目标管理工作成效、目标管理工作制度建设状况与目标管理工作成效，两两之间都存在显著线性正相关性关系。高校章程实现程度对目标管理工作制度建设状况、目标管理工作成效的影响均较大，目标管理工作制度建设状况对目标管理工作成效的影响很大。

第 五 章

新时代高校"十三五"规划运行机制研究

第一节 问题提出

一 研究背景

1953年起至今我国共制定和执行（含正在执行）了十三个国民经济和社会发展五年规划，成为指导各个时期国民经济和社会发展的纲领性文件。清华大学1991年制定发布的《清华大学"八五"事业发展规划纲要》是我国第一个高等学校五年规划，到"十五"末期，战略规划已经成为教育部直属高校的重要工作内容。《青岛大学"十五"事业发展规划》是地方高校发布较早的五年规划之一。"十一五"时期，越来越多的高校加入到制定战略规划的行列中来[1]。时至今日，绝大多数高等学校每逢五年制定一个发展规划已经成为一个周期性的活动，高等学校五年发展规划促进了21世纪初期中国高等教育的快速发展。

关于高校发展战略规划效能，陈廷柱、齐明明曾对此进行了问卷调查研究，该调查对象为两所地方性高校的校级领导、职能部门及院系负责人、规划机构工作人员、一般管理人员和专任教师等，该调查问卷包括基本信息、规划一般效能（内在价值）和规划具体效能（过程效能和人员效能）等41个变量。结果发现：参与调查者对高校发展战略规划一般效能的认同程度较高，对具体效能13项子维度的认同程度多处于中等

---

[1] 陈廷柱：《我国高校推进战略规划的历程回顾》，《高等教育研究》2007年第1期，第59—63页。

水平，其中对战略规划编制效能的认同程度高于对战略规划实施效能的认同程度，不同样本在战略规划效能的认同程度上不存在显著性差异，职位越高以及参与规划过程越深的被调查者对战略规划效能的认同程度越高①。齐明明、陈廷柱从合法性理论视角分析了我国高校发展规划执行阻滞的原因及其对策。他们认为，合法性危机是引发高校发展规划执行阻滞的重要因素：在规划初创期，政府凭借政治权威和行政命令直接管控高校发展，强意义上的外部合法化机制维持了规划执行秩序；规划失序与重构期，随着政府管控的减弱与高校办学自主权的增强，原有维系规划外部合法性的权威基础逐渐消解；外部合法化机制弱化和内部合法性缺失，转型期高校发展规划执行阻滞问题凸显；走向秩序均衡阶段，执行阻滞破解的关键在于整个治理体系的优化和高校内外部治理秩序的重构，只有重建高校发展规划的内外部合法性，才能实现国家宏观调控与高校自主治理的均衡②。

笔者认为，当前我国高校上级党委和教育行政主管部门定期对高校领导班子的巡视和考核，说明已经开始关注高校发展规划的有无和执行情况，许多高校党委和行政也比较重视发展规划的编制，因此高校发展规划的内外部合法性地位已经基本建立，高校发展规划效能是否能够得到充分释放，关键在于高校内部治理体系和治理能力能否满足执行发展规划的需要，即高校发展规划的运行机制是否协调、灵活和高效。高校"十三五"规划运行机制是指影响高校"十三五"规划活动的各因素的结构、功能及其相互关系，以及这些因素发挥作用的过程、原理及其运行方式。目前，我国高等学校"十三五"事业发展总体规划（以下简称高校"十三五"规划）执行进入中期攻坚阶段，其运行机制状况直接关系到规划活动能否顺利进行和规划目标能否如期实现。然而，学术界还鲜见有高校"十三五"规划运行机制的相关研究成果。

由于我国"全面深化教育领域综合改革的总目标是完善和发展中国

---

① 陈廷柱、齐明明：《高校发展战略规划效能研究——基于实证研究的视角》，《高校教育管理》2016年第3期，第34—41、53页。
② 齐明明、陈廷柱：《我国高校发展规划执行阻滞探源及其破解之道——基于合法性理论视角的分析》，《高等工程教育研究》2016年第4期，第124—128页。

特色社会主义教育制度，推进教育治理体系和治理能力现代化"[1]，大学治理现代化包括大学治理体系现代化与治理能力现代化两个优先方面，大学治理现代化的基本特征是大学治理方式的民主化、法治化、科学化、内部运行体系的效率性。在中共中央和教育部的大力推动下，我国高校相继颁布了大学章程，并于2015年年底基本实现了"一校一章程"。在各高校颁布的章程中均把"党委领导、校长负责、教授治学、民主管理"放置在内部顶层治理体系的位置上，据此有人认为中国高等学校治理进入了"宪章时代"[2]。由于"宪章时代"提法的多义性，为表意更准确明了起见，笔者称为中国高校治理进入了章程颁布后实施的新时代。

二 研究问题

高校"十三五"规划活动是高校组织编制和实施的"十三五"时期最重要的顶层设计活动和执行实践活动，应当充分体现高等教育领域全面深化综合改革的目标要求，应当充分体现新时代高校章程的基本要求。因此，在新时代，协调、灵活、高效的高校"十三五"规划运行机制，既是高校内部治理现代化的必然要求，也是高校"十三五"规划活动的内在需要。

为此，本书以中国高等学校治理进入新时代为背景，以高校"十三五"规划编制、任务分解、组织实施与监督评价等活动为主线，以考察其运行机制是否能够正常运转即运行顺畅为前提，从科学化、民主化、法治化三个维度评判其运行成效，开展高校"十三五"规划活动运行机制调查，把握其总体运行状态，为分析、改进高校"十三五"规划运行机制提供科学依据。

---

[1] 袁贵仁：《深化教育领域综合改革 加快推进教育治理体系和治理能力现代化——在2014年全国教育工作会议上的讲话》，《人民教育》2014年第5期，第7—16页。
[2] 赵婀娜：《"211"高校章程全部发布 高校正式迈入"宪章时代"》，《人民日报》2015年7月2日。

第二节 129所本科院校"十三五"规划运行机制调查

一 调查方法

1. 调查工具。本调查工具是由课题组自行设计的《新时代中国高校目标管理机制研究》调查问卷。该问卷是在对高校章程、大学治理现代化、高校目标管理、高校"十三五"规划和机制等相关文献研究的基础上，结合中国高校管理实际，经课题组集体讨论后形成的初步调查问卷，于2017年5月至6月上旬经过小范围前期测试和修改完善后形成调查问卷文字版；然后借助"问卷星官网"调查平台形成网络版。

该问卷由院校性质与所在部门篇、章程篇、目标管理篇、"十三五"规划篇4个部分43道小题组成。问卷题项设计以单项选择题为主、多选题为辅（在题项后特别注明"多选题"），要求被调查者根据各校实际情况进行相应选择。本章主要对除目标管理篇之外的3个篇章计21道小题的调查结果进行专题报告。

2. 调查途径和调查对象。通过"院校研究与学科发展""院校研究与学科专业交流""教育发展规划与战略""双一流会议""华科教博""河南省'十三五'规划群""四川省'十三五'规划群"等全国性或区域性院校研究、高等教育研究与管理专业人员微信交流平台，以及"教育发展规划与战略"QQ群等途径，发送和回收问卷。每个高校限填一份调查问卷。

这些微信群均为专业同行交流群，绝大多数为高校发展规划处、学科办、科研处、人事处、学校办公室、高等教育研究所、教育学院等部门负责人、管理人员或教师，大多从事着高校战略规划编制与管理、学科建设、科研管理、人事管理、综合管理等方面的工作。相当一部分人参与了各自院校的章程、目标管理文件和"十三五"事业规划等编制和管理工作，对各自相应的情况比较熟悉，因而本调查具有较高的信度和效度。

3. 调查时间：2017年6月28日—7月16日。

4. 问卷回收情况。本调查涉及 129 所普通本科院校，占到同期全国 978 所普通本科院校（不含独立学院 265 所）的 13.19%，根据问卷登录时的 IP 地址可以得知，至少涉及四川、河南、湖北、北京、江苏等 25 个省、直辖市、自治区（国外 4 份问卷视为中国高校相关人员在国外填写），具有较好的广泛性和较大的覆盖面。

二 结果与分析

（一）基本信息

1. 院校的隶属关系

由图 5—1 可知，在被调查的 129 所院校中，教育部或国家其他部委所属院校 33 所、省属 211 工程大学 5 所、省属普通本科院校 80 所、市属普通本科院校 5 所、其他类院校 6 所，分别占到被调查院校总数的 25.58%、3.88%、62.02%、3.88%、4.65%，几乎涵盖了我国部属和地方本科院校的所有隶属类别。

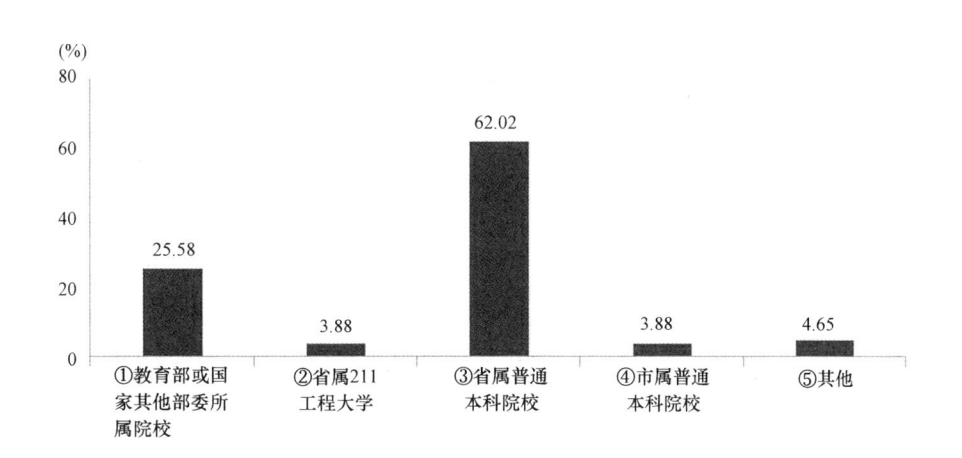

图 5—1 被调查院校的隶属关系

2. 院校的学科性质

综合性大学 47 所、文科院校 9 所、师范类院校 20 所、以理工科为主的院校 40 所、以医科为主的院校 4 所、以农科为主的院校 4 所、艺术院校 1 所、体育院校 1 所、其他学科类型院校 3 所，几乎涵盖了我国高等本科院校的所有学科类型，具有广泛代表性。

3. 被调查者所在部门情况

由图5—2可知，发展规划处67人、校长办公室5人、人事处1人、校党委办公室1人、学校党政办公室4人、直属学校校长或书记领导的目标管理办公室1人、高等教育研究所18人、院校发展研究中心1人、学院教师11人、其他20人，具体分布情况见图5—2。发展规划处人员占到了调查总数的51.94%，是本调查的主要对象。

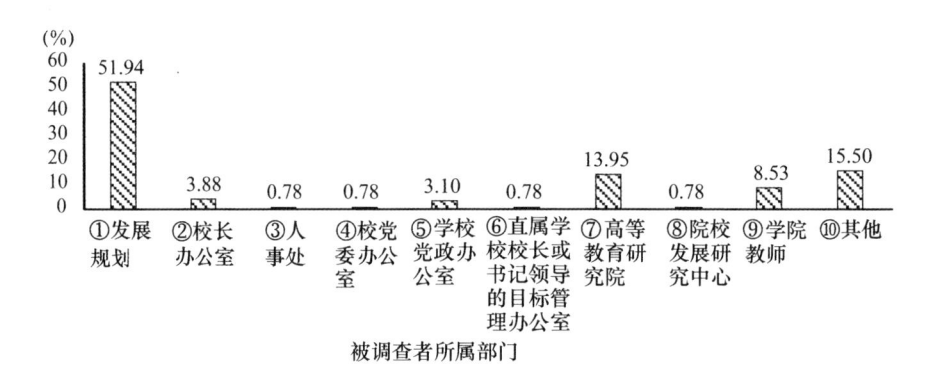

图5—2 被调查者所属部门分布情况

（二）章程编制与实施

1. 参与调查的高校均发布了各自的大学章程

参与调查的129所高校发布大学章程的时间、数量分布情况是：2012年或以前24所、2013年14所、2014年21所、2015年44所、2016年26所，分别占到被调查高校总数的18.60%、10.85%、16.28%、34.11%、20.16%。

2. "党委领导、校长负责、教授治学、民主管理"的内部治理体系，评价中43.41%为"实施得比较好及以上"

由表5—1可知，对本校章程中提出的构建"党委领导、校长负责、教授治学、民主管理"内部治理结构的实现程度的看法是："完全得到实施"8所、"实施得比较好"48所、"一般化"45所、"实施得不太好"21所、"完全没有得到实施"7所，分别占到被调查总数的6.20%、

37.21%、34.88%、16.28%和5.43%。

表5—1　　　　高校"十三五"规划编制起始阶段的情况

选项	小计（所）	比例（%）
①完全得到实施	8	6.20
②实施得比较好	48	37.21
③一般化	45	34.88
④实施得不太好	21	16.28
⑤完全没有得到实施	7	5.43

3."教授治学、民主管理"是大多数高校①内部治理结构中的薄弱环节

由图5—3可知，章程中提出的高校"党委领导、校长负责、教授治学、民主管理"内部治理结构实施过程中的薄弱环节（多选题）是："党委领导"12所、"校长负责"12所、"教授治学"99所、"民主管理"87所、"没有薄弱环节"2所、"其他"9所。

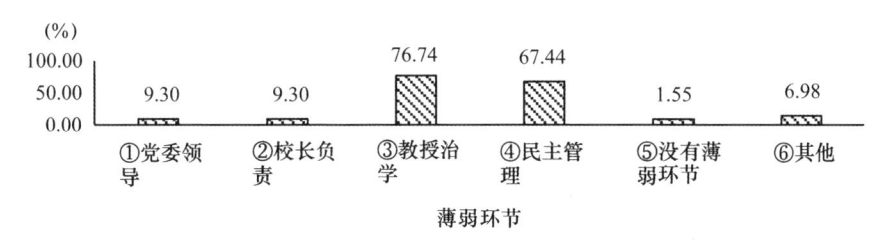

图5—3　高校内部治理结构中的薄弱环节

（三）高校"十三五"规划运行机制

1."十三五"规划编制运行机制

（1）97.67%的高校在2017年发布了"十三五"规划

高校"十三五"规划的发布时间："2015年"13所、"2016年"87

---

① 本书所说的"绝大多数高校""大多数高校""多数高校"分别指超过本次被调查高校总数的85.00%、66.66%、50.00%的高校。下同。

所、"2017年"26所、"2018年"3所，分别占到调查总数的10.08%、67.44%、20.16%、2.33%。

（2）75.19%的高校"十三五"规划编制与管理的职能部门是发展规划处

由图5—4可知，负责本校"十三五"规划编制与管理的主要职能部门是："党委办公室"3所、"校长办公室"11所、"党委办公室和校长办公室协同"9所、"发展规划处"97所、"高等教育研究所"5所、"目标管理办公室"0所、"其他部门"4所。

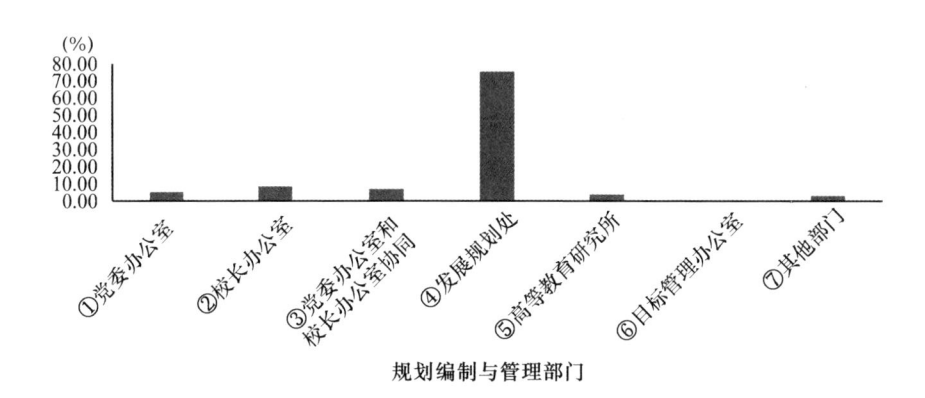

图5—4 高校"十三五"规划编制与管理的职能部门

（3）高校"十三五"规划编制起始阶段的情况

表5—2　　　　　　高校"十三五"规划编制起始阶段的情况

"本校'十三五'规划编制起始阶段的情况"选项	小计（所）	比例（%）
①校长或书记提要求、定调（确定总目标），牵头职能部门按照领导要求组织论证、编制总体规划，教务、人事、基建、学科与科研等职能部门各自负责编制分规划	58	44.96
②校长或书记不定调，学校成立规划编制工作机构，由规划牵头部门负责人、相关业务职能部门负责人、从事高教研究（院校研究）与写作人员组成规划编制写作组，调研论证、分工写作，定期向学校规划领导机构、校领导班子或校主要负责人汇报，听取指示、修改、完善	24	18.60

续表

"本校'十三五'规划编制起始阶段的情况"选项	小计（所）	比例（%）
③校长或书记不定调，总体规划与分规划双轨并行：由牵头部门抽调相关人员组成写作班子调研论证、编制总体规划；由教务、人事、基建、学科与科研等职能部门各自负责调研、编制各自分规划，定期向学校规划领导机构、校领导班子或校主要负责人汇报，听取指示，修改、完善	23	17.83
④学校成立规划编制工作机构，由教务、人事、基建、学科、科研等职能部门编写各自专项规划，各学院编制学院发展规划，然后由学校规划牵头部门统一汇总形成总体规划	19	14.73
⑤其他	5	3.88

由表5—2可知，选项①为"校长或书记提要求、定调（确定总目标）"，所占比例为44.96%；选项②③为"校长或书记不定调"，所占比例为36.43%，但规划写作班子要"定期向学校规划领导机构、校领导班子或校主要负责人汇报，听取指示，修改、完善"。①②③占比达到81.39%，这体现了学校党委和行政对规划编制过程的领导。

（4）"十三五"规划目标来源多元化

由图5—5可知，本校"十三五"事业发展规划（总体）目标任务的主要来源有（多选题）："教育部第四轮学科评估"51所、"主流大学排行榜指标"46所、"国家文件要求指标，例如建立现代大学制度"68所、"'一流大学'建设指标"63所、"学校原有中长期规划中的指标"76所、"制约学校长期发展必须突破的一些核心指标"81所、"其他"19所。由此可见，制约学校长期发展必须突破的一些核心指标、学校原有中长期规划中的指标、国家文件要求指标等成为过半高校"十三五"规划目标的主要来源。

（5）高校召开"十三五"规划编制征求意见座谈会情况

由图5—6可知，高校在"十三五"规划编制过程中由学校规划牵头部门组织召开的专题座谈会（多选题）有：职能部门负责人座谈会119

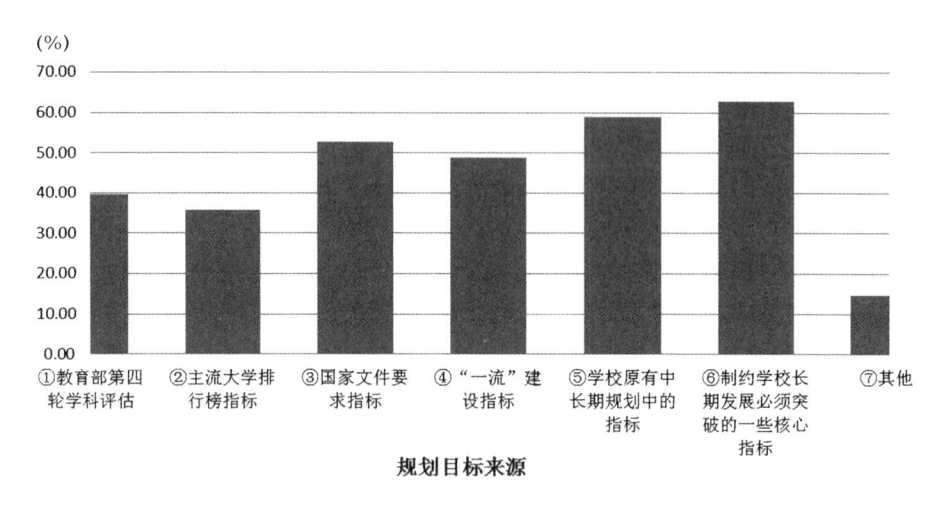

图 5—5 "十三五"事业发展规划（总体）目标任务的主要来源

横轴：规划目标来源
①教育部第四轮学科评估 ②主流大学排行榜指标 ③国家文件要求指标 ④"一流"建设指标 ⑤学校原有中长期规划中的指标 ⑥制约学校长期发展必须突破的一些核心指标 ⑦其他

所、学院院长座谈会110所、学院书记座谈会52所、学院教师代表座谈会91所、民主党派和无党派人士代表座谈会59所、青年教师代表座谈会55所、科研机构负责人代表座谈会56所、离退休教职工代表座谈会48所、高层次人才或教授代表座谈会61所、学生代表座谈会47所等。由此可见，绝大多数高校"十三五"规划牵头部门组织召开的征求意见座谈会涉及各个层次、多个类别的教职工生代表参加，其中，职能部门负责人和学院院长专题座谈会的比例均超过85%。

（6）80.62%的高校在"十三五"规划中有专题或专段论述内部治理体系建设情况

高校"十三五"事业发展规划（总体）中关于学校"内部治理体系建设或现代大学制度建设"的文字表述情况是："有专题（专章、专节或专项工程）论述"52所、"有一个整段落的论述"52所、"有个别文字涉及"14所、"根本没有涉及"5所、"不太清楚"6所，分别占到调查总数的40.31%、40.31%、10.85%、3.88%、4.65%，其中前2项的专题或专段论述内部治理体系建设情况占到80.62%。这说明大多数高校在编制"十三五"规划过程中比较重视内部治理体系建设，即大多数高校章程中的内部治理体系任务被纳入了高校"十三五"规划。

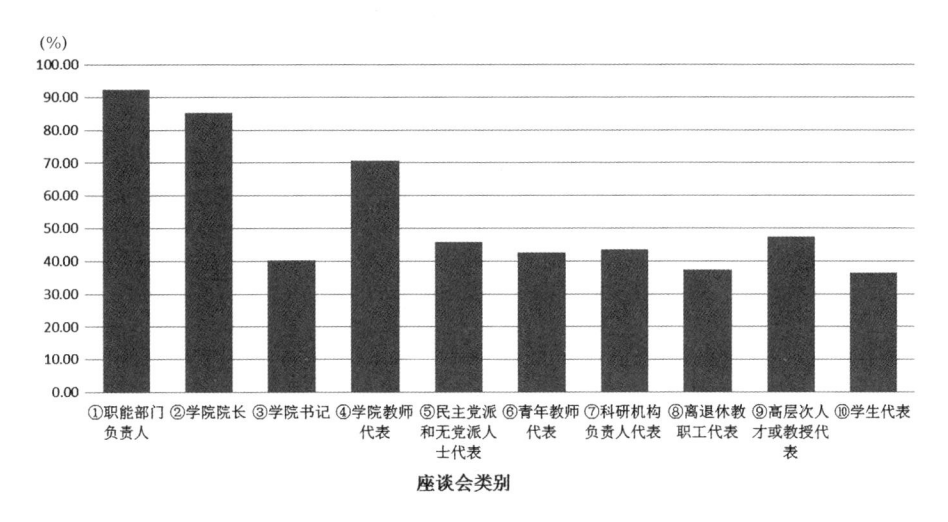

图 5—6 高校"十三五"规划编制征求意见座谈会

(7) 绝大多数高校"十三五"规划有明确的审议发布程序，但经校学术委员会审议的比例偏低

表 5—3　　　　　　"十三五"规划审议发布程序一览

"贵校'十三五'事业发展规划（总体）从审议到发布实施主要经过的组织程序"选项	小计（所）	比例（%）
①校长办公会→校党委常委会→校教职工代表大会→校党委常委会	46	35.66
②校长办公会→校党委常委会→校教职工代表大会→校党委常委会→校党委全委会	23	17.83
③校长办公会→校党委常委会→校教职工代表大会→校党委全会→校党委全委会	22	17.05
④校学术委员会→校长办公会→校党委常委会→校教职工代表大会→校党委常委会	11	8.53
⑤校学术委员会→校长办公会→校党委常委会→校教职工代表大会→校党委常委会→校党委全委会	12	9.30
⑥其他	15	11.63

由表5—3可知，①②③④⑤选项都包括"校长办公会→校党委全委会→校教职工代表大会→校党委常委会"四个环节，占到调查总数的88.37%。其中分别代表了学校最高层次的行政决策机构、党委决策机构和教职工依法参与学校民主管理和监督的基本形式。这说明绝大多数高校"十三五"规划有明确的审议发布程序。但经校学术委员会审议的比例只有17.83%，明显偏低。

（8）62.02%的高校"十三五"规划总体目标与主要指标的科学化程度得到"比较科学及以上"评价

由图5—7可知，对高校事业发展规划（总体）中总体目标与主要指标制定的科学化程度看法是："非常科学"9所、"比较科学"71所、"一般"44所、"比较不科学"1所、"非常不科学"4所，分别占到调查总数的6.98%、55.04%、34.11%、0.78%、3.10%，前2项合计占到调查总数的62.02%。

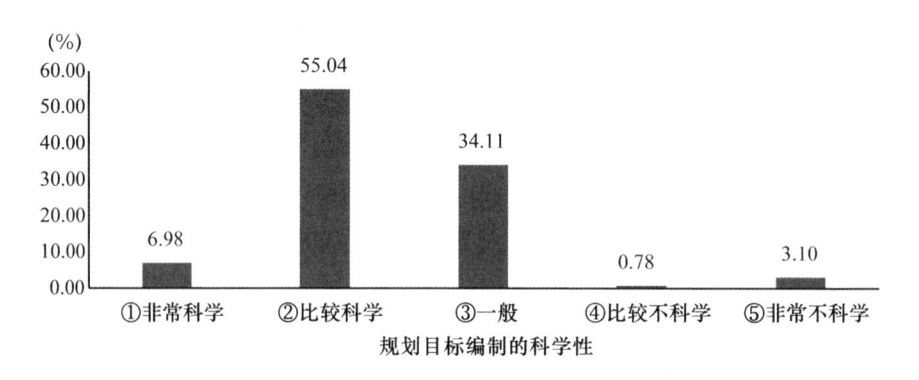

图5—7　高校"十三五"规划总体目标与主要指标的科学化程度

2. "十三五"规划分解运行机制

（1）70.54%的高校"十三五"规划目标任务已分解

高校对"十三五"事业发展规划（总体）中的目标任务分解的情况："是"91所、"否"5所、"有此安排，但还没有进行"28所、"从无此安排"2所，"其他"3所，分别占到调查总数的70.54%、3.88%、21.71%、1.55%、2.33%。

(2) 79.06%的高校"十三五"规划目标任务分解程序是由规划牵头部门通过相关职能部门把任务分解到教学科研单位

表5—4　　　　　　　"十三五"规划目标任务分解程序

"'十三五'规划目标任务分解的程序"选项	小计（所）	比例（%）
①发展规划处→教务处、科技处、人事处等职能部门负责相应分项指标分解→教学科研单位（含学院、学系、研究机构）	72	55.81
②发展规划处→教学科研单位（含学院、学系、研究机构）	8	6.20
③党委办公室和校长办公室→教务处、科技处、人事处等职能部门负责相应分项指标分解→教学科研单位（含学院、学系、研究机构）	24	18.60
④校长办公室→教务处、科技处、人事处等职能部门负责相应分项指标分解→教学科研单位（含学院、学系、研究机构）	6	4.65
⑤其他	19	14.73

由表5—4可知，①③④选项属于由规划牵头部门通过相关职能部门把任务分解到教学科研单位，占到了调查总数的79.06%，是高校"十三五"规划目标任务分解的主导模式。②属于由规划牵头部门直接把任务分解到教学科研单位，占比仅有6.20%。

(3) 大多数高校"十三五"规划目标任务分解有依据，但各教学科研单位自主申报任务比例较低

由表5—5可知，大多数高校对教学科研单位分解"十三五"规划目标任务的依据是多维度和多元化的，但是"各教学科研单位自主申报任务情况"占比仅为20.93%。

表5—5　高校对教学科研单位分解"十三五"规划目标任务的依据

"高校对教学科研单位分解'十三五'规划目标任务的依据（多选题）"选项	小计（所）	比例（%）
①各教学科研单位的科研基地、重点实验室等的层次与数量	67	51.94
②各教学科研单位的学位点层次和数量	50	38.76
③各教学科研单位师资队伍的层次和数量	59	45.74
④各教学科研单位相关指标的历史积淀情况	54	41.86
⑤综合各种因素，形成目标任务分解公式，依据计算公式进行分解	45	34.88
⑥各教学科研单位自主申报任务情况	25	19.38
⑦其他	27	20.93

3. "十三五"规划实施运行机制

（1）多措并举，保障"十三五"规划实施

表5—6　高校保障"十三五"规划目标实施的措施

"贵校通过哪些措施来保障'十三五'规划目标的实施（制度、机制）（多选题）"选项	小计（所）	比例（%）
①把规划目标分解为二级单位领导班子任期目标	63	48.84
②把规划目标分解为学校年度目标，并确定责任单位	83	64.34
③把规划目标分解为二级单位年度目标	59	45.74
④由学校办公室（党委办或校长办公室）定期督察督办	39	30.23
⑤由学校目标管理牵头单位定期督察督办	39	30.23
⑥建立了目标管理中疑难或重大问题的协调机制	17	13.18
⑦明确了二级单位职责、任务、权力、利益与报酬，实现责权利相统一	28	21.71
⑧其他措施	17	13.18

由表 5—6 可知，高校采取"把规划目标分解为学校年度目标，并确定责任单位""把规划目标分解为二级单位领导班子任期目标""把规划目标分解为二级单位年度目标""由学校办公室（党委办或校长办公室）定期督察督办""由学校目标管理牵头单位定期督察督办"等作为保障"十三五"规划目标落实重要措施的比例均占到调查总数的 30% 以上。由此可见，这些高校都非常重视"十三五"规划的实施工作。

（2）68.22% 的高校把"十三五"规划主要指标纳入了目标管理任务书

高校目前是否已经或考虑把"十三五"规划主要指标纳入目标管理任务书的情况："是" 88 所、"否" 8 所、"有此安排，但还没有进行" 24 所、"从无此安排" 3 所，分别占到调查总数的 68.22%、6.20%、18.60%、2.33%。

4. 对"十三五"规划的评价

（1）58.14% 的高校"十三五"规划编制的民主化程度得到"比较民主"及以上的评价

由图 5—8 可知，对高校"十三五"事业发展规划（总体）中制定的民主化程度看法是："非常民主" 13 所、"比较民主" 62 所、"一般" 45 所、"比较不民主" 4 所、"非常不民主" 5 所，分别占到调查总数的 10.08%、48.06%、34.88%、3.10%、3.88%，前 2 项合计占到调查总数的 58.14%。

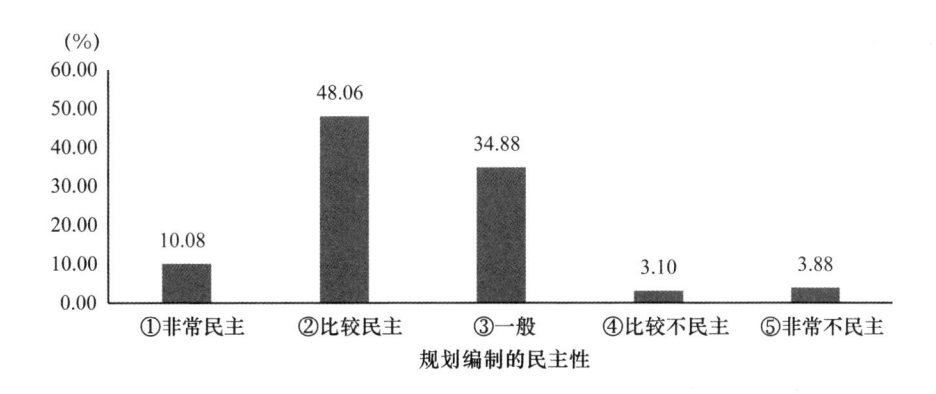

图 5—8 高校"十三五"规划编制的民主化程度

(2) 66.67%的高校"十三五"规划活动全过程程序合规性得到"比较讲程序"及以上的评价

由图5—9可知,对高校"十三五"事业发展规划(总体)中从制订、发布、任务分解与实施全过程的程序合规性(或法治化程度)看法是:"非常注重程序"30所、"比较讲程序"56所、"一般"34所、"比较不讲程序"5所、"非常不讲程序"4所,具体分布情况见图5—9。这说明大多数高校"十三五"规划的制定、发布、任务分解与实施程序比较规范,法治意识较强。

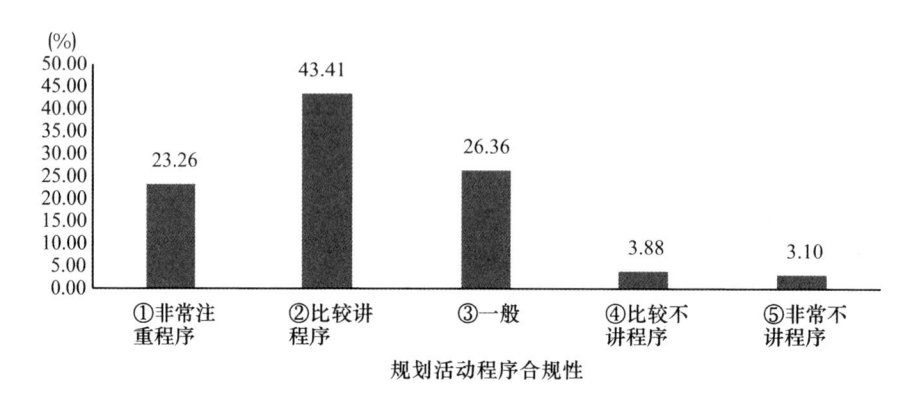

图5—9 高校"十三五"规划活动程序的合规性

三 讨论与结论

一般而言,高校"十三五"规划运行机制包括两个基本方面:一是体制与运行方式,二是制度和运行方式。这两个基本方面在实践中相互影响、相互制约,形成了高校目标管理运行机制的具体运行状态。基于上述调查结果和认识框架,本章主要从高校"十三五"规划运行机制的协调性和效用两方面进行总结。

(一)关于高校"十三五"规划运行机制的协调性

1. 大多数高校"十三五"规划运行机制所需的体制与制度基本健全

(1)大多数高校"十三五"规划运行体制健全。体制包括领导体制、组织职能和岗位责权的调配等。"十三五"规划是高校"十三五"时期最重要的顶层设计,其领导体制必须坚持"党委领导、校长负责",必须符合大学章程所确立的内部治理体系要求。本调查结果表明,至少81.39%的高校党委和行政给予规划编制过程以直接领导,至少88.37%的高校规划审议发布程序为"校长办公会→校党委全委会→校教职工代表大会→校党委常委会"四个环节;高校发展规划处成为75.19%高校"十三五"规划编制与管理的主要组织机构。这说明大多数高校"十三五"规划运行体制基本健全。

(2)大多数高校"十三五"规划制度基本健全。大多数高校出台有《"十三五"事业发展规划编制方案》和《"十三五"事业发展规划》等文件,并在各自的规划中从组织保障、经费、服务、执行监督等方面明确了规划实施的保障措施。

2. 大多数高校"十三五"规划运行机制基本协调

97.67%的高校在2017年发布了"十三五"规划,其中,已经进行"十三五"规划目标任务分解的比例达70.54%,已经把"十三五"规划主要指标纳入目标管理任务书的比例为68.22%,这说明超过2/3的高校"十三五"规划运行机制基本协调。

(二)关于高校"十三五"规划运行机制的成效

在新时代,建设高等教育强国和率先实现高等教育治理现代化对高校"十三五"规划运行机制的科学化、民主化和法治化提出了客观要求。因此,高校"十三五"规划运行机制的效用不仅包括在一定时间段内完成"十三五"规划编制、发布、任务分解、过程监控、目标任务考核等工作任务,还应包括在这一活动过程中实现组织科学、形式民主、程序规范等社会效用。

2003年1月,时任教育部部长周济在教育部直属高校工作咨询委员会上所作的《谋划发展 规划未来》讲话中对于如何制定和落实学校战略规划提出了两点基本要求:"第一,要广泛发动群众,充分调动广大干部、教师和职工的积极性,把大家的智慧和能量都引导到谋划发展和规划未来中来。第二,要从体制和机制上保证规划的严肃性和有效性。规划初稿形成后,要提交党政领导班子、基层党组织和教职工代表大会进行深入讨论,形成正式的决议,把规划以某种法定的形式固定下来,作为纲领性文件,规范学校今后一段时间的建设和发展①。"其中,第一点讲的是对规划编制的科学性和民主性要求,第二点讲的是对规划活动程序和法治的要求。由于目前"十三五"规划还在实施进程中,无法对其目标任务完成效果进行评价,所以本部分主要从科学化、民主化、法治化三个维度对高校"十三五"规划运行机制的效用进行总结探讨。

1. 科学化

就高校"十三五"规划编制与实施的科学性而言,本书认为,至少应从"十三五"规划目标论证是否充分、任务分解是否有标准、措施是否有效等方面进行考察。

(1) 多数高校规划目标论证充分。发展规划处成为大多数高校"十三五"规划制定与管理的主要职能部门,规划编制起始阶段大多是由牵头职能部门组织相关职能部门参与论证或组建专门写作班子组织论证,具有专业性;制约学校长期发展必须突破的一些核心指标成为过半高校"十三五"规划目标的主要来源,具有可行性;62.02%的高校"十三五"规划总体目标与主要指标的科学化程度得到"比较科学及以上"的评价。这说明多数高校规划编制主体较为专业,组织论证较为充分,指标来源广泛、恰当,科学化程度高。

(2) 大多数高校规划任务分解程序较为合理、分解依据较为充分。79.06%的高校"十三五"规划目标任务分解程序是由规划牵头部门通过相关职能部门把任务分解到教学科研单位;大多数高校能够依据各教学科研单位的科研平台、师资队伍、学位点等的层次与数量进行任务分解,即"有依据地分解目标任务"。这些做法符合高校内设机构工作职责,也有助于克服部门本位主义和机构惰性,符合高校实情。

(3) 多数高校规划落实措施较为得当。68.22%的高校把"十三五"规划主要指标纳入了目标管理任务书,64.34%的高校"把规划目标分解为学校年度目标,并确定责任单位",另有30.23%的高校分别采取了诸

---

① 教育部直属高校工作办公室:《谋划发展 规划未来》,厦门大学出版社2003年版,第3页;转引自陈廷柱《我国高校推进战略规划的历程回顾》,《高等教育研究》2007年第1期,第59—63页。

如学校办公室（党委办或校长办公室）定期督察督办、学校目标管理牵头单位定期督察督办等措施来保障"十三五"规划目标落实。

2. 民主化

燕继荣认为，民主化主要是面对民众需求提供制度化供给的过程，即通过有效制度和规则"规制民意"的过程。当代民主理论的核心要义是通过"对话""协商""商谈"等形式形成民意，以提高民主质量[①]。下面主要从规划目标编制的民主参与度，任务分解的民主化程度等方面开展讨论。

（1）多数高校"十三五"规划编制的民主化程度受到认可。绝大多数高校在"十三五"规划编制时能够分层次、分类别召开教职工生代表征求意见座谈会，广泛吸收合理化建议，58.14%高校"十三五"规划编制的民主化程度得到"比较民主及以上"评价。

（2）绝大多数高校规划目标任务分解环节的民主化程度低。79.06%的高校"十三五"规划目标任务分解是由职能部门依据一定的标准把任务分解至教学科研单位，但由各教学科研单位自主申报任务比例仅有19.38%。这一问题的主要原因可能在于，当今世界各行各业竞争日趋激烈，国家对高校提出的要求也越来越高，高校决策者不得不进行压力传导，这与学术自身成长发展规律产生一定矛盾等因素有关；当然，也有高校决策层民主协商意识不够彻底，动员和发动群众的力度与方式方法不够到位，教职工自身惰性，同时，与发展规划的行政性色彩和刚性特点等因素也有很大的关联。

3. 法治化

燕继荣认为，法治是相对于人治的治国理论、原则和方法，实行法治的前提是要有完备的法律制度[②]。本章主要从规划中的"内部治理体系建设或现代大学制度建设"表述情况、"十三五"规划审议发布程序的规范性和规划活动全过程的合规程度等方面开展探讨。

（1）大多数高校比较重视内部治理体系建设。"十三五"规划有

---

① 燕继荣：《民主化的含义及拓展空间》，《国际政治研究》2016年第2期，第36—50页。
② 燕继荣：《民主化的含义及拓展空间》，《国际政治研究》2016年第2期，第36—50页。

"专题（专章、专节或专项工程）论述"和"有一个整段落的论述"内部治理体系建设或现代大学制度建设等方面内容的高校占到80.62%。

（2）绝大多数高校"十三五"规划虽然有明确的审议发布程序，但经校学术委员会审议的比例偏低。规划未提交校学术委员会审议的原因可能在于：①绝大多数省属与市属高校的学术委员会采用兼职和挂靠式管理，主任委员、委员均为兼职，秘书处一般挂靠科研处等管理部门，缺乏独立专职的常设机构和工作人员，没有机构和专人为学术委员会主张权利；②绝大多数省属与市属高校学术委员会委员大多来自校领导班子成员、职能部门负责人、学院院长、副院长、专任教授等，尤其是大量的学院副院长被当作专任教授对待，导致学术委员会构成虽然符合《高等学校学术委员会规程》（教育部令第35号）的组成规则（"担任学校及职能部门党政领导职务的委员，不超过委员总人数的1/4；不担任党政领导职务及院系主要负责人的专任教授，不少于委员总人数的1/2"①），但是实际上没有行政职务的专任教授比例严重偏低，而具有行政职务的上述成员大都参与了规划编制工作或征求意见座谈会活动，因而被绝大多数高校领导班子成员认为"十三五"规划已经征求过大多数学术委员会委员意见，不需要重复一次程序审议等。

（3）大多数高校"十三五"规划活动全过程程序比较规范。66.67%的高校"十三五"规划活动全过程程序合规性得到"比较讲程序及以上"评价，说明大多数高校在编制和组织实施规划过程中比较重视程序规范。

四　问题与对策

从上述结果可以看出，当前我国大多数高校的"十三五"规划运行机制所依存的体制与制度基本健全，规划运行机制基本协调，但是在规划运行机制效用的民主化和法治化方面，还存在一些突出问题，亟需改进。

---

① 教育部：《高等学校学术委员会规程》，2018年11月15日，2014年1月29日，http://old.moe.gov.cn。

(一) 存在的突出问题

1. 大多数高校规划目标任务分解环节科学性有余、民主性不足的问题

"党委领导、校长负责、教授治学、民主管理"内部治理体系仅仅在43.41%的高校"实施得比较好及以上",尤其是在规划目标任务分解环节,多数高校对教学科研单位采取"有依据地分解目标任务"方式,虽然具有一定的科学性,但对教学科研单位参与任务分解协商的权利保障不足。

2. 绝大多数高校"十三五"规划未经校学术委员会审议,属于不合规的问题

教育部2014年3月发布施行的《高等学校学术委员会规程》(教育部令第35号)第三章第十五条第一款规定:"学科、专业及教师队伍建设规划,以及科学研究、对外学术交流合作等重大学术规划"属于高校决策前"应当提交学术委员会审议,或者交由学术委员会审议并直接做出决定"的事务。事实上,绝大多数高校"十三五"总体规划中都包含上述这些重大学术规划内容,因而应当提交校学术委员会审议。

3. 约30%的高校"十三五"规划实施机制不协调

未把"十三五"规划的目标任务进行分解和纳入目标管理任务书的高校分别在调查中占比29.46%和31.78%,即这些高校的"十三五"规划基本没有得到贯彻实施,实施机制不协调。这说明少数高校还存在重视规划编制、轻视规划执行的倾向。

(二) 对策建议

1. 高校领导班子主要成员和规划牵头部门应增强民主协商意识,实施"有标准地协商分解目标任务"方式

推进高校战略规划成功实施的实践证明,"有标准地协商分解目标任务"方式体现了一种有原则的协商式民主,是一种值得推广的规划目标任务分解方式。这对高校"十三五"规划运行机制提出了两方面的要求:一是高校决策者在科学制定学校发展目标的基础上,应增强民主协商意识,把民主协商精神渗透到规划编制和目标任务分解环节,通过宣传动员会、征求意见会、问题协调会、任务分解会等形式开展广泛的沟通协

商活动，营造上下同欲的组织氛围，激发教学科研单位认领目标任务的积极性。二是要优化学校规划目标管理激励机制，不仅要设置目标任务完成奖，还要设置最快进步奖、重大目标突破奖等；不仅要设置物质奖励，还要在干部选拔任用、荣誉称号等政治待遇和精神激励方面予以体现，以激发二级单位和教职工干事创业的主动性和创造性。

2. 地方高校应高度重视校学术委员会建设，学术事务应还政于学术委员会

高校特别是地方高校，首先，应独立设置校学术委员会办事机构，配备专职工作人员，司职《高等学校学术委员会规程》赋予的各项工作职能；其次，重构地方高校学术委员会，让符合委员条件而又无任何行政职务的专任教授充实到校学术委员会中来；最后，高校领导班子主要成员应增强法治意识、规则意识，严格按照"党委领导、校长负责、教授治学、民主管理"内部治理结构体系分工，切实把"应当提交学术委员会审议，或者交由学术委员会审议并直接做出决定"的事务还政于学术委员会。

3. 高校领导班子主要成员应强化规划引领发展意识，健全规划执行保障与监督机制，强化规划执行力

针对少数高校"十三五"规划实施机制不协调的问题，主要原因在于高校领导班子主要成员重视规划编制、轻视规划执行。为此，一方面，高校行政主管部门要把高校发展状况和高校发展规划落实情况纳入校级领导班子考核范畴，强化外部监督保障；另一方面，这些高校领导班子主要成员应尽快转变观念，树立和强化规划引领学校发展意识，通过实施中层干部任期目标责任制、规划目标任务转化为年度目标任务、定期督察督办等措施，强化规划执行力。

从发展趋势上看，伴随着新时代我国依法治国进程的推进，特别是党对高校巡视工作的常态化、制度化，包括"十三五"规划运行机制在内的高校管理科学化、民主化、法治化进程一定会加速推进。

第 六 章

高校年度目标管理机制案例研究

——以 CH 大学为例

从高校实施目标管理的实践角度看,其目标周期设定大体有两种类型:一年期的年度目标管理,多年期的任期目标管理。本章和第七章分别对目标管理机制进行案例研究。

第一节 CH 大学简介及其年度目标管理运行机制概况

一 CH 大学简介

CH 大学是 2003 年 4 月经国家教育部批准,由原 J 石油学院、H 农学院、Z 师范学院、H 省卫生职工医学院合并组建而成,是湖北省属高校中规模最大、学科门类较全的综合性大学,是省重点建设的骨干高校,是国家"中西部高校基础能力建设工程"入选高校,湖北省"国内一流大学建设高校",也是湖北省人民政府与中国石油天然气集团公司、中国石油化工集团公司、中国海洋石油总公司共建和湖北省人民政府与国家农业部共建的高校。学校发展目标是建成优势突出、特色鲜明的高水平综合性大学。

学校校园占地面积 4742 亩,校舍建筑面积 90 万平方米,固定资产 17.7 亿元。现有国家和省部级等各类实验室、实验中心 108 个,校内外实习基地 307 个,教学科研仪器设备总值 5.6 亿元。图书馆纸质藏书 412

万册，中外文期刊3125种，电子文献10000GB，各类中外文文摘和全文数据库66个。建有体育馆、综合训练馆、游泳馆和足球、网球等场地，各类体育运动场馆设施齐全。

学校现有教职工3124人，专任教师2247人，外聘教师533人。专任教师中，教授303人，副教授800人；具有博士、硕士学位的教师1877人，其中具有博士学位的教师786人。现有全国优秀教师和湖北名师8人，享受国务院、省政府特殊津贴专家53人，湖北省有突出贡献专家19人，湖北省新世纪高层次人才工程第一、二层次人选22人，湖北省学科带头人和学术骨干31人；现有博士生导师102名，硕士生导师626人，兼职博士生导师63人，兼职硕士生导师439人；有"双聘院士"7人，"千人计划"特聘专家4人，湖北省百人计划特聘专家10人，"楚天学者"76人。

学校是博士学位授权单位，各类人才培养层次齐全。现有"地质资源与地质工程""石油与天然气工程"2个博士后科研流动站。"地质资源与地质工程""石油与天然气工程""作物学"3个博士学位授权一级学科，涵盖15个二级学科；33个硕士学位授权一级学科，涵盖166个二级学科。具有同等学力人员申请硕士学位授予权，具有工程、农业、体育、工商管理、临床医学等12个专业学位授权类别。设有101个本科专业，其中有"资源勘查工程""勘查技术与工程""石油工程""农学""机械设计制造及其自动化""化学工程与工艺"6个国家特色专业。国家级、省部级专业综合改革试点专业7个，本科专业涉及经济学、法学、教育学、文学、历史学、理学、工学、农学、医学、管理学、艺术学11大学科门类。现有全日制普通本专科生31125人，全日制博士、硕士研究生3284人，外国国际学生1285人。

学校现有石油天然气、绿色农业2个湖北省优势特色学科群，16个"十二五"省级重点学科和重点（培育）学科，47个国家级、省部级重点实验室和工程技术研究中心，17个国家级和省部级实验示范中心。学校在石油科学与技术、涝渍灾害与湿地农业、荆楚文化研究等领域具有鲜明特色。

2016年来，学校共主持承担各级各类科研项目2493项，其中，国家自然科学基金项目 152 项、国家社会科学基金项目和教育部重大课题攻关项目 21 项，国家"973"计划、国家科技支撑计划、国家科技重大专项、国家公益性行业科研专项等国家级项目（课题）163 项；获国家、省部级科研成果奖 59 项；获国家和省部级优秀教学成果奖 25 项；出版学术专著 102 部，发表论文 6249 篇，其中，被 SCHI、EI、ISTP 三大检索收录 1347 篇。

学校根据经济社会发展需要，不断创新人才培养模式，加强教学基本建设，教育教学质量稳步提高。建成《沉积岩石学》等五门国家级精品资源共享课、国家级双语教学示范课程和国家精品视频公开课，两个国家级教学团队，是教育部卓越工程师教育培养计划、国家卓越农林人才培养计划、卓越医生教育培养计划、国家大学生创新创业训练计划、人才培养模式创新实验区和本科专业综合改革试点项目的实施高校[①]。（以上数据更新至 2018 年 3 月）。

二 CH 大学目标管理机制概况

（一）实施目标管理的动因

CH 大学自 2004 年开始启动院系年度目标管理工作，是国内较早进行院系目标管理的高校之一。其主要动因在于：一是合并院校为单科性院校，没有办综合性大学经验，需要一个工作抓手把原属于三个学校的院系统一到一个学校整体下，形成多学科交叉协同发展的优势。二是综合性大学内部各学科差异很大，发展目标的制定、管理和考核等都需要专题研究。

（二）CH 大学目标管理的对象与机构

该校院系年度目标管理的主要对象是院系。日常管理工作由 CH 大学发展研究院负责。该院是该校合并伊始成立的一个具有研究、咨询、参谋和行政职能的新机构，是该校院（系）目标管理的组织、协调机构，是学校发展战略规划的组织制定机构，同时又兼有学科建设和研究生培养的职能。该院院长由学校校长兼任，日常工作由常务副院长负责，发

---

① 《学校简介》，2018 年 6 月 30 日，http://www.yangtzeu.edu.cn。

展研究院下辖高等教育研究所、学校发展研究所、院（系）评估研究所，共有工作人员15名，年办公经费2万元，30万元专项研究经费，另有课题经费约10万元。据时任该院常务副院长介绍，学校之所以这样进行机构设置是基于如下考虑：大学发展研究院作为第三方，在处理学校行政、院系各种利益关系时站在中立立场，比较超脱一点，能站在全校立场上谋划学校发展的一些重大问题；但该院拥有其他院校的发展规划处职能。工作人员以引进教育学专业博士、硕士为主，不接受校内调剂，用理论研究为学校发展提供支撑。

CH大学发展研究院主要工作职责：

一是着重研究国内外高等教育改革发展动态，围绕学校中心工作，组织专家、职能部门研究学校改革发展中的热点、难点问题，为学校发展和院（系）目标管理提供理论支撑，为培养高层次人才奠定理论基础。

二是着重研究学校中长期发展战略，研究学校发展现状，包括对社会中介机构评估高校的排名指标体系的研究，同类院校排序及主要发展指标的对比研究，为院（系）目标管理评估指标的确立提供科学依据，发布学校发展报告。

三是着重研究院（系）目标管理考核方案和指标体系，按照学校领导的指示精神，根据发展所提供的学校年度发展目标，结合院（系）实际制订年度考核方案，组织职能部门，年初下达目标考核任务书，监测考核评估指标动态，加强过程管理和校情调研，定期通报考核情况，建立学校考核评估指标数据库，年终提供院（系）目标管理考核报告和院（系）发展报告；以及领导交办的其他工作。

2015年，该校大学发展研究院更名为发展规划处。在负责高等教育研究工作的组织与课题发布、学校事业发展规划、校园规划的制定、年度执行情况检查与总结、学校年度目标和绩效的编制与管理等工作外，还新增加湖北省国内一流学科建设管理、重点学科及学科群建设管理、学科评估相关工作、学位点评估相关工作，校企、校地、校校合作战略协议起草与推进工作，"双一流"建设项目规划及其专项经费预算、调配、管理及监督检查等职能。仍然是该校院系目标管理的牵头单位。

(三) 目标管理的发展阶段

CH 大学目标管理大体经历了两个阶段。

1. 第一阶段（2004—2015 年），以《CH 大学院（系）目标管理实施方案》为标志的院系全面目标管理阶段

2004 年，该校发布《CH 大学院（系）目标管理实施方案》，正式实施院系目标管理。这一阶段属于大一统的管理，主要分年度进行目标任务的制定与考核，目标任务涵盖本科教学、科学研究、学科建设与研究生教育、学生事务、团组织工作、人力资源和学费收缴 7 个一级指标，若干个二级指标。其中，教学、科研为重点工作，其他工作为一般工作。该校院系的年度考核指标体系具体包括三个层次：关键指标体系、常规指标体系和绩效指标体系。大学发展研究院作为牵头单位，与学校相关职能部门结合，共同制定院系年度指标考核标准，各个部门分工实施。(1) 关键指标考核。关键指标是指影响学校办学质量和社会声誉的指标，是学校在近期需要努力追求进步的指标。包括考研率、国家科学基金数、检索论文数、纵向科研经费、就业率 5 项指标。(2) 常规指标考核。常规指标是指围绕院系日常运行管理设置的指标。主要就院系运行状态与目标任务完成情况，按照目标管理的 7 个方面分别进行单项考核，并进行院系评比。(3) 绩效指标评估。绩效评估主要测量院系本年度完成的教学工作量，新增加的教学、科研、学科建设、师资队伍建设等方面取得的成果（工作增量）。通过绩效考核，判断院系办学质量、水平和效益。绩效评估设立一级指标 6 个、二级指标 38 个、观测点若干个。一级指标有：教学工作量、科学研究、质量工程、学科建设、人力资源、学生质量等。

2. 第二阶段（2016 年—至今），以《CH 大学 2016 年学院核心竞争力评估方案》为标志的学院核心竞争力评估阶段

2016 年初，该校下发了《CH 大学 2016 年学院核心竞争力评估方案》，重点围绕各学院人力资源、人才培养、学科建设、科学研究 4 项一级指标、13 项二级指标、29 项三级指标，年初开展任务分解，年底进行核心竞争力评估。改变了以前大而全的评估方式，强调学院核心竞争力评估。核心竞争力评估即"运用计量的办法，对各学院人力资源、学科

建设、科学研究等方面取得的重要成果进行评估，考察当年各学院在一些重要指标上对学校的贡献，以增量评估为主，只做结果性评估，不做过程性评估"。

第二节 CH大学目标管理

一 第一阶段（2004—2015年）：CH大学大学院（系）目标管理实施方案简介

在2004—2015年间，该校目标管理制度主要体现在《CH大学院（系）目标管理实施方案》中。尽管几乎每年都对该方案细节进行修订，但是总体指导思想、工作思路和方法并未发生大的变化。因此，以下以该校2011发布的实施方案为例进行简单介绍。

（一）目的

1. 继续推行校、院（系）两级管理体制。学校层面，主要通过制定总体规划、发展目标、内部政策、经费筹措与分配、监督评估与指导服务等对院（系）工作进行指导和管理；各院（系）在学校总体目标指导下，开展创造性的工作，促进本院（系）学科建设、专业发展、人才培养和科学研究上水平、上台阶。

2. 落实"十二五"规划，抢抓机遇，促进发展。

（二）目标管理的指标体系

以提高办学质量、增强办学实力为总目标，围绕院（系）主体工作设置目标管理指标体系。

1. 本科教学：包括专业与课程建设、教学研究与教学改革、实践教学、实验室建设与管理、教学质量、教学管理等。

2. 科学研究：包括项目管理、学术活动与交流、项目申报管理、科研经费、科研产出、科研成果等。

3. 学科建设与研究生教育：包括学科建设、研究生教学管理、研究生培养质量等。

4. 学生事务：包括安全与教育、队伍建设、教育管理、资助工作、就业质量等。

5. 团组织工作：包括团组织建设、宣传工作、学生学术活动等。

6. 人力资源：包括人才引进、教师结构等。

7. 学费收缴。

(三) 目标任务书的确定

1. 目标任务书制定的原则

(1) 分类指导的原则。CH 大学学科多、发展水平不一，在确定各院（系）年度工作目标时，要充分考虑院（系）专业、学科发展特点，科学合理地设置考核指标体系、制定目标任务。

(2) 发展性的原则。在目标制定的过程中，各院（系）也要充分考虑专业、学科的发展状况，以及在国内同领域应达到的地位，从有利于本院（系）专业、学科发展的高度，设立发展性的目标。

(3) 落实规划的原则。年度目标的制定，要以落实"十二五"规划目标为原则。职能部门和各院（系）要采取措施，分年度、有步骤地完成"十二五"规划。

(4) 定性与定量相结合的原则。高等学校工作性质决定目标管理工作必须坚持定性与定量管理相结合，过程管理与结果管理相结合的原则。因此，在目标制定时，必须实行定性目标与定量目标相结合，涵盖院（系）各方面的重要工作。

2. 目标任务书制定程序

(1) 各院（系）拟订定院（系）《目标任务书》。各院（系）遵循目标任务书制定的原则，服从学校总体目标要求，落实本院（系）"十二五"规划要求，拟定年度工作目标任务，并提出年度特色性工作要求；按照目标管理的指标体系编制《目标任务书》。在目标任务书制定过程中，对于定量指标，要有明确的量化要求，对于定性指标，描述要清晰，便于观察和判断。各院（系）要在规定的时间内，将目标任务书送交相关职能部门和大学发展研究院。

(2) 职能部门拟定主要指标目标任务，指导院（系）制定《目标任务书》，并予审核。职能部门依据学校"十二五"规划和年度目标，按照分类指导的原则，提出当年各院（系）项目指标和要求，并在院（系）拟订《目标任务书》之前发到各院（系）；并与院（系）沟通协商目标任务，指导院（系）制定《目标任务书》，并予以审核。在规定的时间内，职能部门将审核后的院（系）《目标任务书》送大学发展研究院汇总。

（3）学校审定各院（系）的《目标任务书》。学校召开专题研究会，确定各院（系）的三年任期目标和年度工作任务书、特色性工作指标。

（4）签订《目标任务书》。学校召开年度工作会议，校长与各院（系）院长（系主任）签订目标任务书。

(四) 年度考核

年度考核指标体系由关键指标体系、常规指标体系和绩效指标体系三部分组成。

1. 关键指标考核

关键指标是指影响学校办学质量和社会声誉的指标，是学校在近期需要努力追求进步的指标。关键指标由考研率、国家科学基金数、检索论文数、纵向科研经费、就业率 5 项指标组成。艺术学院、体育学院不参与关键指标考核。关键指标考核办法见《CH 大学院（系）目标管理关键指标测评细则》。

2. 常规指标考核

常规指标是指围绕院（系）日常运行管理设置的指标。其考核主要是就院（系）运行状态与目标任务书完成情况，按照目标管理的七个方面分别进行的单项考核，以此考核院（系）目标完成情况和工作状态，并对院（系）进行评比。

（1）考核原则。以《院（系）目标任务书》为主要依据，按照考核指标体系和细则，对院（系）自然年的工作进行考核。考核方式为定量与定性相结合，以定量考核为主；纵向比较与横向比较相结合，以纵向比较为主。

（2）考核办法。每年年终考核一次，对本科教学（A）、科学研究（B）、学科建设与研究生教育（C）、学生事务（D）、团组织工作（E）、人力资源（F）、学费收缴（G）七个单项一级指标进行考核。

本科教学（A）考核由教务处、国资处负责，并制定考核指标和细则。科学研究（B）考核由科学技术处负责，并制定考核指标和细则。学科建设与研究生教育（C）考核由研究生学院负责，并制定考核指标和细则。学生事务（D）考核由学生事务处负责，并制定考核指标和细则。团组织工作（E）考核由团委负责，并制定考核指标和细则。人力资源（F）考核由人事处负责，并制定考核指标和细则。学费收缴（G）考核由计财处负责。

考核指标体系，应涵盖目标管理的各项指标。重要指标应体现年度工作重心、管理过程中的工作重点，通过提高权重、一票否决，或加大处罚力度来体现，凸显重要指标在目标管理中的地位。见表6—1。

表6—1　　　　　　　　常规指标考核各单项权重分配

指标	A	B	C	D	E	F	G
权重	0.35	0.25	0.13	0.13	0.03	0.07	0.04

（3）考核程序。①自评。各院（系）按照与学校签订的目标任务书，分别对7个方面任务完成情况进行自评，并提供相关自评材料。②考评。由职能部门深入院（系）进行单项考评。采取听、看、议、评的方法进行实地考核。③审定。由大学发展研究院汇总各职能部门考评结果，并进行网上公示，校常委会审核批准考核结果。④意见反馈。学校召开考评结果通报会，向被考核院（系）通报考核结果。

3. 绩效指标评估

（1）绩效评估的目的。绩效评估是运用计量的办法，对院（系）在教学、科研、社会服务等方面取得成果的全面评估；并通过对各院（系）运行状态和运行结果的分析，判断其是否达到了预期目标，是否有利于学校总体目标的实现；判断其运行效果是否优良，为院（系）修正目标提供科学依据。同时，绩效评估也有利于学校加强院（系）目标管理，建立激励机制；提高办学效率，增强学校核心竞争力。

（2）绩效评估的原则。办学质量、水平、效益是高等学校生存与发展的生命线。CH大学已走过合并初期的融合、稳步发展阶段，现进入了一个新的发展时期，即办学质量、水平、效益全面提升的时期。作为一种管理手段，绩效评估应遵循以下原则：①实现学校的办学目标。CH大学在经过了合并初期的磨合、"十一五"发展之后，需要在"十二五"期间抢抓机遇、快速发展，确保省属院校前三名的地位，为建设具有鲜明特色的高水平综合性大学、挺进100强奠定坚实的基础。②落实学校的发展战略。"十二五"期间，学校本着"质量立校、人才兴校、特色强校、资源优化"的发展战略，大力实施教育教学质量工程，不断改善办学条件，加强重点学科建设，争取在国家重点学科和重点实验室、国家级实验教学示范中心、国家精品课程、特色专业、国家教学名师、高水平教学团队建设等方面取得突破，全面提升学校的综合实力。③彰显院（系）特色，激发办学活力。CH大学是一所以石油学科为优势、多学科发展的综合性大学，学科门类众多。学校要走优势学科更优、特色学科更强、多学科协同发展的道路，才能实现CH大学的总体发展目标，因此，院（系）的发展要有特色、有活力。

（3）绩效评估的主要内容。绩效评估在相关指标的计量办法上与教师工作量化考核办法基本一致。绩效评估主要测量院（系）在本年度完成的教学工作量，新增加的教学、科研、学科建设、师资队伍建设等方面取得的成果（工作增量）。通过绩效考核判断院（系）办学质量、水平和效益。绩效评估设立一级指标6个、二级指标37个、观测点若干个。一级指标为：①教学工作量：重点测量课堂教学工作量、实验教学工作量、指导实习、课程设计、毕业设计（论文）工作量。②科学研究：重点评估院（系）科研产出质量（纵向项目和高水平论文），科技创新团队水平、获奖成果等。③质量工程：重点评估品牌（特色）专业、精品课程、教学团队、人才培养模式创新实验区、卓越人才培养计划、实验教学示范中心建设、省拔尖创新人才培养基地、省大学生创业创新示范基地、战略新兴产业人才培养专业点、国家规划教材、教学成果奖、新办专业等。④学科建设：重点评估博士后流动站、博士点建设、硕士点建设、专业学位点、重点学科、省研究生教育创新基地等。⑤人力资源：重点评估人才引进、人才工程、教学名师、教师培养等。⑥学生质量：重点评估本科生就业质量、考研率、学生在校期间参加国家级与省级综合性竞赛和学科竞赛、优秀学位论文、学生科研成果等。

（4）绩效评估的计量方法。以上述绩效评估指标体系为基础：①以各院系年度投入的标准人数（P）为标准，计量出院系年度投入总量（具体按人事处制定的各类人员岗位标准，岗位等级越高的人员获得学校的投入资源越多，相应承担的职责越大。根据人事处制定的各类人员岗位级别及对应的岗位分，各类岗位人员按其选择的主岗岗位确定岗位系数，计算院系标准人数）。②计量各院系年度6项绩效评估一级指标的产出总量。教学工作总量绩效 G（A）= A1 + A2、教学工作总量人均绩效 G（A）=（A1 + A2）/P，科研工作总量绩效 G（B）= ∑Bj（Bj = B1，B2，…B9），教学质量工程总量绩效 G（C）= ∑Cj（Cj = C1，C2，…C10），学科建设总量绩效 G（D）= ∑Dj（Dj = D1，D2，…D5），人力资源总量绩效 G（E）= ∑Ej（Ej = E1，E2，…E4），学生质量总量绩效 G（F）= ∑Fj（Fj = F1，F2，…F7）。

③计算各院（系）总量绩效、人均绩效。各院（系）总量绩效 G 得分可用以下公式计算：

总量绩效：G = G（A）+ G（B）+ G（C）+ G（D）+ G（E）+ G（F）。

各院（系）人均绩效 R 得分可用以下公式计算：人均绩效：R = G/P。

（五）奖励办法

1. 评选与奖励"目标管理工作年度先进单位"

（1）综合考核排名主要对院（系）进行的关键指标考核和常规指标考核结果进行排名。计算办法为：关键指标、常规指标各占权重50%。艺术学院、体育学院按常规指标计算，权重为100%。

（2）排名前六位的院（系），将被授予"目标管理工作先进单位"荣誉称号；按名次分别给予30000元、28000元、26000元、24000元、22000元、20000元奖励。

（3）常规指标考核各单项前三名的院（系），按名次分别给予10000元、8000元、5000元奖励。

（4）考核不合格的院（系），给予全校通报。

（5）发生重大教学事故、学生安全事故、科研事故、其他安全事故的单位，取消获奖资格。教学事故由教务处认定，学生安全事故由学生事务处认定，科研事故由科技处认定，其他安全事故由安全保卫处认定。

（6）综合考核结果反映了院（系）的工作状态，是作为院（系）绩效发放的重要依据。

院（系）工作状态系数 K = 该院（系）综合考核结果/全校院（系）平均考核结果

2. 确定院（系）绩效贡献与奖励

院（系）绩效贡献与奖励的确定主要依据绩效评估的结果。

（1）评选"绩效贡献奖"。人均总量绩效排名前五位者，获得年度"绩效贡献奖"。院（系）工作状态系数分别增加 0.1、0.08、0.06、0.04、0.02。

（2）绩效评估结果与院（系）绩效挂钩，按照绩效评估的各院（系）总量绩效（G）分值测算院（系）绩效奖，年终一次性发放给院（系），院（系）再根据本院（系）奖酬金分配方案发放。

$$绩效奖\ M = K \times G \times C$$

（K 为工作状态系数；G 为总量绩效；C 为单位绩点奖金）

（六）组织

1. 学校成立以校长为组长的有关部门领导参加的学校目标管理领导小组，负责学校目标管理的组织实施工作。

2. 有关职能部门负责人为目标管理考核责任人。责任人根据学校确定的年度基本任务，提出相关的工作总目标并进行合理有效分解，制定考核细则，对于负责的项目，按规定时间向大学发展研究院提交考核结果及相关背景材料、专项分析报告。

3. 各院（系）成立以院长（系主任）为组长的院（系）目标管理小组，组织落实本院（系）目标管理任务。

二 第二阶段（2016 年至今）：CH 大学学院核心竞争力评估方案简介

为适应教育改革和发展的需要，全面激活各学院加快发展的动力和活力，进一步提升学校的核心竞争力，确保学校各项重大决策和中长期规划的顺利实施，实现建设优势突出、特色鲜明的高水平综合性大学的目标,自2016年开始,CH大学目标管理开始由院系全面目标管理,转变为以学院核心竞争力评估的目标管理。以下以《CH大学2017年学院核心竞争力评估方案》为例,作简要介绍。

(一) 目的

1. 落实学校"十三五"规划主要目标任务,提升学校核心竞争力,抢抓机遇,促进发展。

2. 继续推行校、院两级管理体制改革。学校层面,主要通过制定总体规划、发展目标、内部政策、经费筹措与分配、监督评估与指导服务等对学院工作进行指导和管理;各学院在学校总体目标指导下,开展创造性的工作,促进本院学科建设、专业发展、人才培养和科学研究上水平、上台阶。

3. 鼓励各学院特色发展。在本方案的整体框架下,结合学校及学院的"十三五"规划,学校分别就主要指标对各个学院下达目标任务,目标任务充分考虑各学院的办学实际,体现各学院的差异化发展。

(二) 基本原则

1. 学校目标与学院目标相一致的原则。学院目标是学校目标的分解,学校目标依靠学院目标的实现来完成。

2. 责、权、利相一致的原则。学院的工作目标及其责任与享有的权益及占有的资源相一致。

3. 学校宏观调控与学院自主管理相结合的原则。学校实行分级管理,管理重心下移,学校主要负责宏观调控和管理,注重检查与服务,学院主要负责组织实施和落实。

4. 任务完成情况与工作质量兼顾的原则。一方面通过目标任务考核确定学院目标任务完成情况,另一方面通过核心竞争力评估确定学院工作质量。

(三) 目标任务考核

目标任务考核主要是根据学校年初下达的目标任务和工作要求,对各学院一年内在一些主要指标上的发展情况进行考核。

1. 考核内容

按照学校提升核心竞争力的要求,年初由学校制定总体的《2017年度学院目标任务考核清单》,然后根据各学院实际,把学校年度目标任务以《2017年各学院目标任务一览表》的形式,分解各项目标任务至学院,形成《学院目标任务书》。2017年度学院目标任务考核清单主要对具有博士学位专任教师占比、人才引进、师资培养、一年级本科生外语四级通过率、毕业率、学位授予率、学士学位论文重复率（≤30%）的篇数占被抽检总篇数的比例、考研录取率、毕业生一次性就业率、国家自然科学基金与社会科学基金数量、收录论文数（SCI、SSCI、CSSCI收录论文）、科研到账总经费这12项指标的目标值进行了确定。

2. 考核方法

年终,发展规划处将会同人事处、教务处、招生与就业指导处以及科学技术发展研究院一起,依据考核清单对各学院进行评估,每项指标达到或超过目标值,则视为该项指标"达标"。学校将根据"达标"指标数占该学院目标清单数的比例,划拨相应的工作经费。（"目标清单数"为职能部门对该学院下达目标的项目数,职能部门未下达目标任务的项目,不计入该学院目标清单数。）

（四）核心竞争力评估

1. 核心竞争力评估指标

人力资源（A）：重点考核高层次人才引进、人才工程等。

人才培养（B）：重点考核国家规划教材、教学成果奖、考研录取率。

学科建设（C）：重点考核博士后流动站、博士点建设、硕士点建设、专业学位点、重点学科群、省研究生教育创新基地、ESI被引频次等。

科学研究（D）：重点考核各学院科研产出质量（国家级项目、高水平论文、专利、成果等）、科技创新团队水平、重点实验室/工程中心/基地建设等。

2. 核心竞争力评估计量办法

（此处暂略）。

3. 核心竞争力评估得分计算

根据核心竞争力评估细则，分别计算各学院人力资源 G（A）、人才培养 G（B）、学科建设 G（C）和科学研究 G（D）各项指标得分。学院核心竞争力评估得分 G = G（A）+ G（B）+ G（C）+ G（D）。

（五）考核评估实施

1. 材料准备、报送和学院自评

各学院应高度重视目标任务考核与核心竞争力评估，加强领导，统一认识，健全完善学院主要工作档案，做好基本数据统计工作。根据考核指标体系规定的内容，在规定的时间内收集整理相关支撑材料，报送相关职能部门审核。年终考核时，学院在整理材料的基础上，完成自评，撰写本单位年度工作总结。

2. 考核部门审核与考评

各职能部门组织专人对考核材料进行全面核查。考核部门按照考核与评估方案计算各学院各项指标得分。相关材料和考评结果将在网上公示，接受各方监督。

3. 考核结果审定

发展规划处汇总各考核部门的考核结果，并在校园网上公示，报校长办公室审核批准。

（六）考核结果应用

学校根据各学院目标任务考核的达标比例，为学院提供不同额度的工作经费；根据核心竞争力考评结果，分别对各学院进行奖励。相关经费和奖励年终一次性发给学院，由学院制订分配方案进行分配。

1. 目标任务考核工作经费

学校根据各学院"达标"指标数占该学院目标清单数的比例（达标比例），划拨相应的工作经费。达标比例为100%的学院，学校按照实际在编在岗人员人均2500元标准为该学院提供工作经费。达标比例为75%及以上，或者达标比例虽然低于75%，但各项指标完成率均在85%及以上学院，学校按照实际在编在岗人员人均2200元标准为该学院提供工作经费。其他学院，学校按照实际在编在岗人员人均2000元标准为该学院提供工作经费。

2. 核心竞争力评估奖励

学校划拨一定额度的奖励性绩效工资用于核心竞争力评估奖励。

按照各学院核心竞争力评估总得分，分别测算各学院核心竞争力评估奖励。测算公式：$M = G \times \Sigma M \div \Sigma G$，其中 M 为某学院核心竞争力评估奖励金额，G 为某学院核心竞争力评估总得分，ΣM 为学校划拨的核心竞争力评估奖励总额，ΣG 为全校核心竞争力评估总得分。

此外，学校为总分前三名和人均得分前三名的学院颁发奖牌，授予"2017 年核心竞争力突出贡献奖"。学校将根据 2017 年考评结果划拨 2018 年经费预算。

（七）组织领导

学校成立由校领导牵头的考评工作领导小组，从方案的制订、实施、考核等环节指导、督促各学院工作。各学院分别成立相应的考评工作小组，负责落实本单位的年度考评工作。发展规划处负责考评的组织、沟通、协调和服务工作。

三 特点、成效与存在问题

（一）CH 大学院（系）目标管理实施方案的特点、成效与存在问题

1. 特点

（1）以院系为主要目标管理对象。CH 大学实施的目标管理以院（系）为主要目标管理对象。学院（系）（该校在合并初期规模比较小的独立教学单位称为"系"，与学院属于同一级别，归学校直属）是大学的基本办学单位，大学发展的状况是由大学所属学院发展状况所决定的。正如该校大学发展研究院常务副院长在本课题组调研时所说："在大学里面还是要讲点硬东西，干业务工作量大，成效突出的要表彰。学校虽然另外由机关党委主导的对行政机关目标年度考核，以定性为主，做得不太好；服务部门，例如离退休处、工会等部门不宜参与考核。"

（2）实施一年制的年度目标管理。学校每年初，由大学发展研究院牵头制定学校目标，并在职能部门参与下把目标分解给各院系，学校与院系签订《目标任务书》；年终，学校组织按照《目标任务书》对院系进行考核。

（3）目标任务管理与绩效管理考核并重。该校围绕院（系）主体工作设置目标管理指标体系，其内容包括本科教学、科学研究、学科建设与研究生教育、学生事务、团组织工作、人力资源和学费收缴七个方面，但在年度考核指标体系设置时，把目标管理指标体系进一步分为关键指标体系和常规指标体系，并在此基础上增加了绩效指标体系。关键指标和常规指标管理与考核重在考察院（系）的发展状态、运行状态以及目标任务的完成情况；绩效评估主要测量院（系）在本年度完成的教学工作量以及新增加的教学、科研、学科建设、师资队伍建设等方面取得的成果，并在测算各院系年度投入的标准人数（P）基础上，据此计算出各院（系）总量绩效、人均绩效。最终依据关键指标和常规指标考核结果，评选"目标管理工作年度先进单位"并给予奖励；依据绩效评估结果评选"绩效贡献奖"，并与院（系）绩效挂钩。这样就把目标管理与绩效管理各自的作用充分发挥出来，目标管理侧重各院系对学校发展的贡献度，重在产出指标；绩效管理同时考虑了这些院系年度产出与学校所投入的资源之比（当然该校只计算人力资源投入，即标准人数），这样不但有利于学校节约资源，也有利于不同学科性质、不同院系之间的公平竞争。

（4）目标管理程序规范有序。年初定目标→中期通报→年底考核。该校目标制定基本上是自上而下，这样就确保了目标管理成为完成学校总体目标的工具。

（5）考虑学科差异，制定相应折算比例。该校根据学科性质不同，实行文科与理工农之间纵向经费按照1∶5的标准计算；横向经费不列入关键指标进行考核（地质类石油类学院横向经费很多，其他学院则很少）。学校目标管理考核实施单项奖励，奖励具体数额是各个单位在册人数乘以人均单项奖励标准。

（6）学校领导高度重视、职能部门协同一致。该校校长亲自挂帅任大学发展研究院院长，校党委书记经常来发展院指导工作，确定学校年度总目标。学校目标任务分解、搜集数据、参与评估等都由职能部门参与。例如，每年院系发展指标都由职能部门与学院沟通、协商确定，各个院系的某项单项指标之和等于学校某职能部门的目标。

（7）行政职能部门和院系目标考核的结果与学校干部任用挂钩。该校每年度的考核结果均上交学校党委组织部,作为对干部选拔的重要依据。

2. 成效

该校于 2004—2012 年,院(系)目标管理的作用与成效已得到充分显现。实践证明,作为学校内部管理科学化的重要手段,实施院(系)目标管理不仅有利于准确检测和掌握学校的发展状况,而且对院(系)的发展具有重要的导向、监督和激励作用,对提升学校的核心竞争力和保证人才培养质量也起到了极其重要的作用。

CH 大学发展研究院常务副院长黄义武认为,目标引领、评估促进已成为高等教育实践活动的重要举措,成为促进学校事业发展的有效手段;学校各院(系)通过实施目标管理,工作有了更清晰的方向、更具体的抓手,使院(系)管理规范有序,激励了院(系)的创新发展,促成了院(系)工作的明显进步。负责该项工作的 CH 大学发展研究院白副院长认为,该校在四校合并之初选择实施院系年度目标管理,实现了以目标为导向,凝聚共识,团结一致干事创业,调动来自不同学校的院(系)的办学的积极性,较快地实现了四校实质性融合,促进了学校各项事业的发展,取得了较大成功。

学校组建之初,只有 20 个硕士授权二级学科,主要分布在理、工、农和管理这四大学科门类,学科门类涵盖率仅为 33.3%。2006 年 2 月,CH 大学增列为博士学位授权单位,3 个二级学科获得博士学位授予权,4 个硕士学位授权一级学科和若干二级学科。2011 年 3 月,学校新增地质资源与地质工程、石油与天然气工程和作物学 3 个博士学位授权一级学科;新增教育学、物理学、生物学、机械工程、信息与通信工程、计算机科学与技术、土木工程、化学工程与技术、环境科学与工程、作物学、植物保护、临床医学、工商管理、农林经济管理 15 个硕士学位授权一级学科,学科建设工作取得跨越式发展。学校分别于 2006 年、2009 年、2012 年获得国家科技进步二等奖 2 项,特等奖 1 项,首次主持获得教育部第六届高等学校科学研究优秀成果奖(人文社会科学)三等奖 1 项。2012 年,农业部与湖北省人民政府共建 CH 大学;同年 CH 大学入选国家"中西部高校基础能力建设工程"。

3. 存在问题

（1）目标管理牵头机构分散。大学发展研究院（发展规划处）院系目标管理复杂，机关党委负责对机关和教辅单位进行目标年度考核，两者相对独立，互不交叉。虽然教学、科研等机关也参与院系目标制定与任务分解，但是院系目标管理业绩好坏与机关无关，这样就导致机关与院系目标管理成为两条线，难以形成合力。

（2）目标管理指标体系较为庞杂。该校围绕院（系）主体工作设置目标管理指标体系。其常规指标体系包括本科教学、科学研究等7个一级指标近30个二级指标和近百个观测点，大小事务甚至团组织建设、学费收缴等均包括在内。另外年度考核时还有考研率、就业率、国家科学基金数、检索论文数、纵向科研经费5个关键性一级指标及其相应的观测点。

（3）年度目标管理重复性工作量大，不利于大成果培育。每年年初都要制定一次目标任务书并签约，每年年底对照目标任务书进行考核奖励。众所周知，重量级的教学科研成果均需要经过长期积累、培育和检验，一年期的目标管理容易导致急功近利思想，不利于培育大成果。

（4）绩效评估指标体系存在重产出、轻投入的问题。由该校《CH大学院（系）目标管理绩效评估细则》（2011年）可知，该校绩效评估主要测量院（系）在本年度完成的教学工作量，以及新增加的教学、科研、学科建设、师资队伍建设等方面取得的成果，包括一级指标6个、二级指标38个、观测点若干个，这些指标均为产出指标。投入指标只有一个院（系）标准人数（P），而对于其他学校对院系资源投入，例如用房面积、设备投入、学科建设专项资金投入、人才经费等，均未予以考虑。因此，对各院（系）年度总量绩效、人均绩效的最终计量结果，势必是不够全面和科学的结果。

（二）CH大学学院核心竞争力评估方案的特点、成效与存在问题

1. 特点

（1）目标任务指标体系突出核心竞争力指标。新修订的《CH大学大学2017年学院核心竞争力评估方案》，把原来《CH大学院（系）目标管

理实施方案》中的近28个二级指标，压缩到了具有博士学位专任教师占比、国家自然科学基金与社会科学基金数量、收录论文数（SCI、SSCI、CSSCI收录论文）等12项指标，是原来指标数量的42.8%，大大缩减了目标任务指标数量，减轻了年度目标管理任务制定与考核的工作量，有利于引导学院集中精力着重提升核心竞争力指标。

（2）目标管理与绩效考核（核心竞争力评估）并重，分别给予不同类别奖励的激励。《CH大学大学2017年学院核心竞争力评估方案》规定，在年终考核后，学校根据各学院目标任务的"达标"指标数占该学院目标清单数的达标比例，划拨下一年度相应的工作经费；对于核心竞争力评估结果，学校划拨一定额度的奖励性绩效工资。这样的激励方式，既为学院更好地开展目标管理提供了工作经费保障，也给予了职工实实在在的绩效工资激励，同时也符合国家事业单位的分配政策。

2. 成效

据该校科学技术发展研究院2018年科研工作报告显示：学校国家科学基金立项数量保持省属高校领先；十三五国家科技计划增长迅速，新增国家科技计划课题2项，新增国家科技计划子课题及任务30项；其他国家级项目也出现新增长点，首次获批中国科协软科学研究项目1项、国家艺术基金项目1项、国家民委项目1项；科研经费总量连续第9年超过2亿元，位列省属高校前茅；获国家和省部级科研成果奖励20项；收录论文534篇，SCH论文增长迅速，CSSCI收录论文刊创历史最好成绩；发明专利持续增长，授权国际发明专利2项；非常规油气湖北省协同创新中心获批省部共建协同创新中心[①]，获批湖北省国内一流大学建设高校。这说明该校核心竞争力得到一定程度的持续提升。

3. 存在问题

（1）主持获批的国家级科研平台还未获得突破。2014年，学校防漏堵漏技术研究室正式授牌成为油气钻井技术国家工程实验室分室；2015年，新增石油石化污染物控制与处理国家重点实验室分室、国家能源稠

---

① 《学校召开2019年科研工作暨表彰大会》，2019年6月3日，http://news.yangtzeu.edu.CHn。

（重）油开采研发中心分中心等国家级科研平台 2 个[①]。但这些均属于协作挂靠性质的分支科研机构，并不是学校自主主持获批的国家级科研平台。

（2）主持获得国家级科技奖励还未获得突破。虽然学校在 2015 年度、2018 年度分别获国家科学技术进步二等奖、一等奖各 1 项，但仍然只是作为参加单位而非主持单位。

近些年来，学校没有主持获批的国家级科研平台和国家级科技奖，这说明学校核心竞争力还不够强，需要进一步提升。

四 CH 大学目标管理对其他高校的启示

1. 学院目标管理指标体系要体现学科差异

2013 年该校已经开始对原来的目标管理指标体系进行修改，由原来一把尺子、一个指标体系度量所有学院，修改为按照六大学科群和几套指标体系确定指标，并且改革与资源分配挂钩。目标管理考核考虑同行评议，考核结果要与资源配置挂钩。

2. 学校层面的目标管理要重视学校核心竞争力的提升，要突出重大目标和关键性目标。《CH 大学 2017 年学院核心竞争力评估方案》把原来《CH 大学院（系）目标管理实施方案》中的近 28 个二级指标压缩为重大和共性关键性 12 项指标，有利于引导学院集中精力着重提升核心竞争力指标。

3. 目标管理与绩效管理并重

在当今质量提升和资源约束的大背景下，不但要树立实现大目标要有大投入、大激励的观念，还要树立投入要讲绩效，大投入更要讲绩效的观念。

4. 目标管理牵头机构分散，不容易形成合力

CH 大学分别有两个职能部门负责院系、机关与教辅单位的目标管理，两者相对独立，互不交叉，难以形成合力。

[①]《CH 大学科研发展纪实》，2017 年 12 月 29 日，http://news.yangtzeu.edu.cn。

5. 年度目标管理周期太短，不利于产出大的教学科研成果

CH 大学十余年来一直实施年度目标管理，每年年初定目标，年终监测，年度考核，导致二级单位急功近利，不愿、不能谋划和实施重大目标和长期目标。因为高校的教学科研等重大目标的实现，都需要一个较长培育周期，年度目标管理显然周期太短。应设置 3—5 年目标管理周期为宜。

第七章

高校任期目标管理机制案例研究

——以 HK 大学为例

第一节 HK 大学任期目标管理发展概况

HK 大学位于中国中部历史文化名城，同时也是一座现代化工业城市。学校是一所工科优势突出、文理农医等特色明显、多学科协调发展的综合性大学。学校 1952 年始建于北京。1956 年，为配合国家工业基地的建设迁至 L，更名为 L 工学院，隶属于国家机械工业部。1998 年，由国家机械工业部划转至河南省，实行中央与地方共建。2002 年，河南省委、省政府为了优化省内高等教育结构布局，经国家教育部批准，由 L 工学院、L 医学高等专科学校、L 农业高等专科学校三所高校合并组建了 HK 大学。学校是河南省重点支持建设的第三所综合性大学。

高校任期目标管理是相对于高校年度目标管理的一种类型，指高校目标管理周期与高校内部中层领导班子任期挂钩，并随着中层领导班子任期变动而变动。但也会随着高校主要负责人变更而对任期目标管理的周期和起止年月做出相应的调整。HK 大学自 2010 年 1 月启动任期目标管理以来，至今已历经三届。分别是 2010 年 1 月—2012 年 12 月的首次 3 年任期目标管理，2014 年 5 月—2016 年 4 月的第二届 3 年任期目标管理，2017—2020 年的第三届 4 年任期目标管理。HK 大学的第一届任期目标管理方案与第二届相比，在其科学性、民主性、规范性、可操作性等方面差别很大，因而其实施成效也有较大差异。第二届与第三届目标管理方案相比虽然差别不大,但是由于关键角色和制度环境的差异,实施效果也有差别。

第二节 HK 大学首届行政处级领导班子任期目标管理

一 背景

L 市是河南省的第二大城市,HK 大学是 21 世纪初河南省在高校合并大潮中组建的第三所综合性大学,该校主要负责人在河南省委省政府召开的大型会议时被安排在高校组的第三位次。因此该校领导班子据此把办学目标定位为省内综合实力前三名,并作为学校各项事业规划发展的重要依据。但是学校组建之初,该校在河南省高校中的主要竞争力指标和综合实力并未达到前三名的位置。如果以博士学位授权单位为标准的话,在该校组建之前,河南省已经有两所综合性大学和一所农业类大学获得国家博士学位授权单位。该校在 2003 年申报国家博士学位授予单位的评审中,申报两个学科但仅有一个博士学位授权一级学科入选,最终只能与省外其他院校合作招收博士研究生,没有正式获得国家博士学位授权单位,而同年河南省的另外一所理工类大学则获得国家博士学位授予单位。2006 年,河南省又新增了一所师范类大学博士学位授予单位。至此,该省具有博士学位授权单位的高校已经达到 5 所。直到 2009 年,学校获得河南省新增博士学位授予单位立项建设单位,但是新增博士学位授权单位要经过立项、建设、中期检查、最后验收四个阶段。国务院学位委员会对申报博士学位授权单位验收时的基本要求是:"承担较多数量的国家、省部级科研项目或具有重大经济社会效益的项目,并获得较高水平的成果。"因此,从总体上看,HK 大学与省内其他兄弟大学相比,在人才培养层次、高水平的教学科研项目、获奖、科研平台和论文等方面还存在一定差距。为使学校科研工作取得重要突破,实现几代科大人的"申博"愿望、实现建设"国内先进,省内一流的教学研究型综合性大学"目标,学校于 2009 年 12 月在完成中层领导班子换届后,决定自 2010 年开始实施校属各行政单位处级领导班子任期目标管理,党群部门另行实施承诺制管理，不在本章叙述之列。

下述人物是 HK 大学首届行政工作目标管理的关键性角色。

Z 书记，校党委书记。长期从事学生管理和党务管理工作，2006 年由河南省会一所本科院校党委书记调任而来。性情温和、知人善用、宽容敦厚、有理想抱负。目标是当好党委书记，支持校长独立负责地开展工作。

W 校长，教授、化学家。2006 由河南省理科类大学校长转任而来。对学术有情结，有冲击院士想法，但学术关系仍在任前学校。对 HK 大学管理工作只抓主要事情，工作主要目标是冲击博士学位授权单位。

D 副校长，医学博士、教授，主要从事分子生物学和基因工程疫苗的研究。由省会大学副校长转任而来。主管人事处、学科建设办公室等，责任心强，具有一定的组织领导和统筹协调能力。

人事处 H 处长，工学博士、教授。是该校首届行政工作目标管理的主要策划者和组织者。

二　HK 大学首届任期目标管理制度

该校于 2010 年 1 月正式发布《HK 大学行政工作目标管理暂行办法》（HK 大政〔2010〕1 号），标志着该校第一次任期目标管理正式启动，周期与该校中层干部任期周期同为 3 年。此外，该校分别于 2011 年和 2012 年陆续发布了《HK 大学行政工作目标管理年度考核暂行办法》（HK 大政〔2011〕13 号）、《关于开展 2012 年度及三年任期行政工作目标管理考核的通知》（HK 大政〔2012〕16 号）。这三个文件分别涉及目标管理实施方案、年度考核、任期考核这三大方面，共同组成了该校目标管理制度体系。

（一）《HK 大学行政工作目标管理暂行办法》的主要内容

该校在 HK 大政〔2010〕1 号文件中，对目标管理的主要内容、目标任务的确定、目标管理的实施和考核、奖励与惩罚、目标管理的组织与实施等做出了总体安排。同时该文件还包括《HK 大学学院目标任务指标体系》《学院目标管理任务书》《部门目标管理任务书》三个附件。其中核心内容包括以下几个方面：

1. 目标任务与目标管理对象

该校的"目标任务包括总体目标和具体目标。总体目标是单位在处级干部一个任期要达到的目标，具体目标是单位每个自然年度要完成的目标。目标管理的对象包括机关行政职能部门、教学学院、教辅、直属及附属单位"。

2. 目标管理的主要内容组成

（1）职能部门的目标体系由职能业务目标和内部管理目标两项内容。职能业务目标是机关职能部门按照单位工作性质和职能范围所需完成的工作任务及要求；内部管理目标包括作风建设、廉政和综合治理等工作。（2）教学学院的目标体系主要包括本科教学、科学研究、学科建设、研究生教育与管理、招生就业、学生教育管理和师资队伍建设、安全工作、其他管理等九个方面。（3）教辅、直属及附属单位的目标体系包括业务目标和内部管理工作两部分内容，业务目标是按照单位工作性质和职能范围所需完成的工作任务及要求；内部管理目标包括作风建设、廉政和综合治理等工作。

3. 目标任务的确定

（1）目标任务制定的原则是：一是要与学校的发展规划、年度计划和主要工作一致，要考虑该学科、专业的发展状况以及在国内、省内相同领域的地位，要考虑学校各方面、各学科、专业的现状和特点。二是要坚持定量与定性相结合，能够量化的项目要明确量化指标；对不易量化的工作，要制定定性的目标，目标任务要包含单位的主要工作。（2）学院目标任务的制订要充分考虑所包含学科、专业的发展状况，认真分析国内同领域的发展趋势，从有利于本学院学科、专业发展的高度，确定一个学科专业性质相近、比本学院发展领先的省内外高校的学院（系）作为参照目标，以其现在的状况及发展中的主要、核心指标，设立为学院的目标任务。学院目标任务中的主要指标要有明确的数据，同时又具动态性，年度和任期考核时的目标数据将根据参照学院（系）的发展而进行调整。（3）行政职能部门、教辅、直属及附属单位目标任务的制定。一是行政职能部门在制订目标任务时，要按照学校的发展规划，按照学校在河南省高校的定位（争取前三名、最差不低于第七名），根据本部门的具体情况，确定一个省内高校作为参照目标，以其现在的状况及发展中的指标数据，设立本部门的目标任务，并根据参照高校的发展，适时调整指标数据。二是教学辅助部门、直属研究单位及附属单位的目标任务，参照机关职能部门的方法确定。

4. 目标任务确定程序

包括各单位拟定本单位的目标任务书，学校需通过召开目标任务书论证大会宣讲、组成审核小组对各单位目标任务书等形式进行审核修改、各单位根据学校调整意见修改和完善目标任务书、学校审定各单位的目标任务书、签订目标任务书、目标任务书指标数据的动态调整等程序。

5. 目标管理的实施和考核

各单位主要负责人为目标管理的直接责任人，并对学校负责。目标考核分为任期目标考核和年度目标考核；任期目标考核在处级领导班子换届前进行，年度目标考核在每个年度的12月进行。

6. 奖励与惩罚

（1）目标任务考核结果与干部考核、单位评优、个人年终考核挂钩。目标任务考核结果由组织人事部门记录存档，并作为单位负责人任用的重要依据。（2）对全面高质量完成目标任务、创造性开展工作、成绩突出的单位，考核结果为优秀，授予目标管理先进单位称号，并在职工年度考核中增加优秀等次比例。（3）目标任务考核结果为基本合格或不合格的单位，单位主要负责人当年不能评优，学校在安排职工年度考核中减少该单位职工优秀等次比例等。（4）学校设立年度目标管理奖励基金，用于对学院单项考核优秀的单位、目标管理综合考核优秀的单位进行奖励。

（二）《HK大学行政工作目标管理年度考核暂行办法》的主要内容

为建立和完善目标管理制度，提高管理水平和教育质量，充分调动各单位的工作积极性，学校于2011年4月发布了《HK大学行政工作目标管理年度考核暂行办法》（HK政〔2011〕13号），就考核范围、考核内容、考核组织领导、年度目标考核工作安排、考核结果的使用等作出进一步部署。

（三）《关于开展 2012 年度及三年任期行政工作目标管理考核的通知》的主要内容

2012 年 12 月在本届任期行政工作目标管理即将结束之际，该校发布了《关于开展 2012 年度及三年任期行政工作目标管理考核的通知》（HK 政〔2012〕16 号），从单位目标管理工作总结（自评报告）要求、综合考核的相关要求、2012 年度目标管理考核结果的使用、三年任期目标管理考核结果的使用、时间安排这五个方面对 2012 年度及三年任期行政工作目标管理考核工作作出统筹安排。

三 成效与存在问题

（一）成效

在 2010—2012 年的首轮行政工作任期目标管理期间，从学校发展的主要指标上看，省部级平台数量增加了 2 倍多，省级重点学科数量增加了 4 倍多，科研经费增加了近 2 倍，国家自然基金增加了 5 倍多，授权发明专利增加了 4 倍多，等等，应该说取得了显著成效。从总体上看，基本上达到了"促进学校教学、科研、学科建设发展，提高学校管理水平、办学质量和办学效益，增强学校宏观调控能力，扩大基层单位自主权，提高各单位的工作积极性和主动性"，争取获得博士学位授予单位的目标。2013 年年初，学校正式通过该省新增博士学位授予单位立项建设单位验收，并于同年 8 月正式获批国家博士学位授予单位。尽管该校首次任期目标管理基本上达到了预定目标，但是毋庸置疑，还存在如下主要突出问题。

（二）存在主要问题

1. 学校采取自下而上式目标任务书确定方式，对校属各单位任期目标缺乏顶层设计

HK 大政〔2010〕1 号文件规定学校采取二级单位任期目标由各单位自主制定、学校审核方式确定（行政部门和直属附属单位以省内高校前 3—7 名为参照，学院自主选择"确定一个学科专业性质相近、比本学院发展领先的省内外高校的学院（系）作为参照目标，以其现在的状况及发展中的主要、核心指标，设立为学院的目标任务"）。在学校中长期发

展规划不到位（该校 2012 年才出台学校"十二五"事业发展规划，且定为秘密级别），对各单位任期目标任务又缺乏顶层设计的情况下，这种自下而上式目标任务书的确定方式，必然导致校属各单位在制定各自的任期目标任务时，趋利避害，降低目标任务的难度，再加上学校对实施目标管理战略作用的认识和宣传不到位，相应的目标任务书审核机制不完善（奖励与惩罚措施很完善），其目标任务书的质量可想而知。

2. 学院目标任务指标体系庞杂

学院是高校基本单元和办学主体。该校为学院目标管理指标体系设计了本科教学、科学研究、学科建设、研究生教育与管理、招生就业、学生教育管理、师资队伍建设、安全工作、其他管理 9 个一级指标、34 个二级指标、200 余个观测点的庞大指标体系，其内容既涉及教学、科研、学科建设、师资队伍等重要领域的国家级、省级、校级和地厅级的立项、获奖等，也涉及安全教育和安全防范，还涉及学生学费收缴率、财务及经费使用管理情况、仪器设备管理与采购、考勤及人员管理情况、学院内部分配、参加学校组织的会议及会议精神传达落实情况等其他管理，事无巨细，一切尽在目标管理指标体系之中。

3. 目标管理考核办法滞后

如上所述，该校实施的是 3 年任期行政工作目标管理，但是该校首次颁布的 HK 大政〔2010〕1 号文件并未对年度考核和任期考核作出具体规定。实际上该校是在 2010 年度考核之后的 2011 年 4 月才发布了《HK 大学行政工作目标管理年度考核暂行办法》，在临近本届任期行政工作目标管理即将结束之际的 2012 年 12 月才发布了《关于开展 2012 年度及三年任期行政工作目标管理考核的通知》。这说明该校对首次实施任期目标管理实施前期调研论证不足，制度供给不够及时、充分，处于目标管理的探索期。

4. 目标管理考核办法缺乏可操作性和科学性

HK 大政〔2010〕1 号文件对目标任务书指标数据的动态调整做出了如下规定："年末及任期结束前，学校组织相关人员对各单位确定的参照目标单位的状况进行考察了解，按照参照目标单位的状况数据对任务指标进行调整和明确，以此作为考核各单位目标任务的指标数据。"这里主要存在两个问题：一是不遵守契约。目标任务书一经签订，就具有契约性质，怎么能在年末及任期结束前，再次对任务指标进行调整和明确呢？如果确需调整，也应在年度/任期目标任务书签订之前进行充分调研。二是可操作性差。学校根本没有时间、人力、财力等组织相关人员在年末及任期结束前"对各单位确定的参照目标单位的状况进行考察了解，按照参照目标单位的状况数据对任务指标进行调整和明确"。

正因为该校任期行政工作目标管理制度存在任期目标缺乏顶层设计、学院目标任务指标体系庞杂、目标管理考核办法滞后以及缺乏可操作性和科学性等方面的问题，导致该校在目标管理年度考核和任期考核期间，多次出现学院主要负责人找主管该项工作的人事处和学校考核小组"讨价还价"，甚至因为学院参照目标单位状况相关数据难以认定而发生争执的现象；还出现了校长在与连续 2 年考核不合格学院主要负责人进行诫勉谈话时，出现学院负责人说"我多次找您反映解决学校对我学院资源投入严重不足问题，要么是您不见我，要么是您敷衍搪塞我，您今天找我诫勉谈话，我还想找您给我学院补齐办学条件呢"。结果自然是诫勉谈话不欢而散，后续其他人的诫勉谈话也不再进行了。这反映了该校首次任期行政工作目标管理存在着保障机制不到位、责权利不一致等问题。

5. "高端成果匮乏"的局面仍然没有取得大面积实质性突破

尽管学校在首轮行政工作任期目标管理期间，在主持国家自然科学研究基金项目等国家级项目方面增长迅速，但是在主持获得国家级科技成果奖励、国家科研平台、国家级教学成果奖励和实验示范中心以及高端人才方面仍然没有取得实质性突破。

第三节 HK 大学第二届行政处级领导班子任期目标管理（2014—2016 年）

一 背景

HK 大学经过了首次行政处级领导班子任期目标管理工作的洗礼，全校上下既品尝到了实施目标管理的甜头，也体会到了目标管理实施过程中的苦涩。2013 年 4—6 月，该校进行了又一轮处级领导班子换届，校长转任河南省原任师范大学校长，校党委 Y 书记同时主持校党委、行政工作。该 Y 书记为教育经济与管理学科博士、教授、清华大学博士生导师，性情温和，作风民主。在换届过程中，学校撤销了学科建设处，新组建了发展规划处。由于学校人事处经历了首轮实施行政工作任期目标管理的种种麻烦，很乐意把目标管理工作职能转移至发展规划处。因此发展规划处的主要职能包括制定学校中长期发展规划，组织对各类规划的检查、监督、协调实施；对学校的发展规模、办学层次、办学定位进行整体设计，组织论证学院和专业设置与调整方案；负责学校发展战略、体制改革、重大决策的调查研究、方案论证及相关组织实施工作；制订科学合理的目标管理体系，组织对行政职能部门、教学单位、直属（附属）机构任期目标的制定、检查、考核和评价等。

换届之后，发展规划处设置一正一副两个处长，首届发展规划处由原科工出身的原学科建设处处长 S 担任，副处长由高等教育学专业出身的博士、教授 T 担任。发展规划处按照学校工作部署，启动了新一轮任期行政工作目标管理方案修订的调研论证工作。先后调研了目标管理开展较早、成效较显著的多所国内同类型大学，例如长江大学、武汉理工大学、华中科技大学、南京信息工程大学、河海大学、浙江工业大学等，最终结合学校实际情况，对首轮目标管理实施办法进行了彻底改造，起草了《HK 大学行政工作目标管理管理实施办法征求意见稿（2013—2015）》，并通过分别召集职能部门负责人、学院院长、学院书记、教授代表、青年教师代表、教辅单位负责人等通过专题会议进一步征求意见。经补充完善后，该方案确立了学校新一轮目标管理的六大基本原则（继承与创新相结合，核心目标与基础性目标相结合，分类指导与分层次管理相结合，年度目标与任期目标相结合，定量目标与定性目标相结合，奖罚并举与以奖为主相结合等原则），并在目标管理的目标制定、目标分解、目标考核、结果应用等主要环节予以体现。

但是发展规划处在召集学校相关职能部门征集对该目标管理方案的意见时，这一方案却遭到教务处、科技处等强势权力部门负责人的强烈反对。从表面上看，反对的焦点主要集中在是否需要对机关职能部门和学院进行分类管理、分层次考核（学校根据机关行政职能部门与学校核心目标的关系,把机关行政职能部门分为目标直接相关职能部门和间接相关职能部门,提出不同的工作任务与考核要求;学校依据各学院主干学科专业所授予学位层次的不同,把学院分为四种类型,在目标承担及其考核权重上体现差异);从深层次上看,因为分类管理、分层次考核要把教务处、科技处、社科处、人事处和研究生处5部门归为目标直接相关职能部门,不但要承担更多的任务、更大的责任,还要在考核时归为一个大类,强强相对考核,无疑会降低其被评为优秀的概率。该方案在提交校长办公会议讨论时,同样遭到列席的强势权力部门的百般刁难,被迫退回修改后重议。

经过对该目标管理方案进一步完善和优缺点分析后,发展规划处主管该项工作的T副处长认为,该目标管理方案是因为触及强势权力部门的利益才招致反对的,但该方案实施一方面有利于突破多年来制约学校发展"高端成果少"的瓶颈,另一方面对于学院按照学位授权层次和师资队伍等基础条件分解目标任务,进行分类量化考核,科学性强,容易得到学院院长的支持,因而可以借助院长们的力量督促学校做出决策。于是,发展规划处编制了学校目标管理问卷调查表,重点对是否同意目标管理实施分类管理和分类评价征求意见。利用召开全校处级干部会议契机,对28个学院院长进行了问卷调查。调查结果表明,有23位院长支持分类管理和分类评价,3位反对,2位弃权。发展规划处据此调查结果,把该方案再次提交校长办公会研究讨论,尽管仍然遭到一些强势权力职能部门的明确反对,在其他副校长意见仍不一致的情况下,主持行政工作的校党委书记终于看清了反对票背后的缘由,最终明确表态:"分类管理、分类评价是教育部对教育评价领域提出的工作要求,代表高等教育管理的发展方向,既然我校多数院长支持分类管理分类评价,我今天就拍板决定支持这一目标管理实施方案。"历经10个多月的调研论证、多次不同层次和范围的校内征求意见,两次校长办公会议讨论和一次校党委常委会讨论,该校的《HK大学行政工作目标管理实施办法(2014—2016年)》(HK大政〔2014〕7号)最终于2014年5月发布实施。

当年5月,从外校转调而来的J校长履新上任,J校长与Y书记曾在其他院校有同事之谊,坚定支持该轮目标管理方案。6月份,学校召开专题会议,J校长与二级行政机构负责人签订了行政工作任期目标管理任务书(2014—2016年)。标志着该校第二轮行政工作任期目标管理正式实施。次年(2015年)9月,Y书记因年龄原因离开书记岗位,转任省人大常委;J校长接任校党委书记,自其他兄弟院校调转而来的K校长履新。党政同心同德,通过常年在学校办公楼大厅内悬挂的大屏幕电子显示屏的方式,监控学校目标管理核心指标的动态进展,给学校目标管理责任单位的负责人带来了不小的心理压力和工作动力。

二 任期目标管理制度

该校新一轮目标管理主要制度设计集中体现在《HK大学行政工作目标管理实施办法(2014—2016年)》(HK大政〔2014〕7号)这一文件中。主要对目标管理的基本原则、对象、学校2014—2016年发展目标及其分解、各行政单位和部门2014—2016年发展目标的确定、目标管理考核办法、条件保障、目标管理的组织与领导等7个方面做了统筹安排。其主要内容包括以下七点。

(一)目标管理的基本原则

继承与创新相结合,核心目标与基础性目标相结合,分类指导与分层次管理相结合,年度目标与任期目标相结合,以定量目标为主、与定性目标相结合,奖罚并举、以奖为主等原则。

(二)目标管理的对象

学校行政工作目标管理的对象包括三大类:学院、机关行政职能部门、直属及附属单位。(1)学院(29个)。学校依据各学院主干学科专业所授予学位层次的不同,把学院分为A、B、C、D四种类型,在考核权重上体现差异。(2)机关行政职能部门(20个)。机关行政职能部门分为目标直接相关职能部门和间接相关职能部门。目标直接相关职能部门(5个):教务处、科技处、社科处、研究生处、人事处。目标间接相关职能部门(15个):校长办公室、发展规划处、学生处、招生就业处等。(3)直属及附属单位(15个)。以服务为主的直属及附属单位(12个):图书馆、现代教育技术中心、第一附属医院(临床医学院)等。以科研为主的直属及附属单位（3个）。

（三）学校2014—2016年发展目标及其分解

1. 发展目标。为加快推进学校"高水平教学研究型综合性大学"建设步伐，学校将紧紧瞄准提高教育质量和提升创新能力这一高等教育内涵式发展方向，把承担高级别项目、创造高水平成果、获取高等级奖励作为这一发展阶段的核心目标。为此，学校设置重大突破性、关键性和基础性三大类指标体系，作为学校这一阶段主要发展目标，并对重大突破性目标和关键性目标设置一级牵头单位和二级责任单位。

2. 目标分解。针对学校提出的2014—2016年发展目标，由一级牵头单位结合各学院和研究机构实际，负责对重大突破性目标和关键性目标进行细化和分解，作为各单位的三年任期行政工作目标和年度工作计划的主要依据。《学校年度工作计划》可根据学校公布的年度重点工作及各项目标实际进展情况在每年年初进行动态调整。

（四）各行政单位和部门2014—2016年发展目标的确定

1. 目标构成

（1）学院的目标构成。包括重大突破性目标、关键性目标和基础性目标三个层次。其中，重大突破性目标、关键性目标分别由一级牵头单位统筹分配，并制订相应的考核办法。基础性目标分别由教务处、科技处、社科处、研究生处、招生就业处、学生处、人事处根据各项业务实际分别制定相应的指标体系及考核办法。不同类型的学院在本科教学、科学研究等一级指标所占的权重不同。

（2）行政职能部门的目标构成。由重点工作目标、日常工作目标、共性目标三个部分构成。①重点工作目标。学校根据上级政策及学校发展需要，确定年度重点工作。各行政部门应按照HK大学年度重点工作目标分解表开展工作。除此之外，目标直接相关职能部门需把所牵头的学校重大突破性目标和关键性目标作为年度和任期的重点工作目标；目标间接相关部门应首先把涉及学校核心竞争力提升的服务性和管理性工作作为本部门的重点工作目标。②日常工作目标。涉及职能部门工作职责范围内的主要工作，由主管校领导和部门负责人结合上级主管部门要求和部门工作实际制定，并提出完成的标准。③共性目标，包括领导班子建设、队伍建设，工作作风，执行学校规章制度情况。

（3）直属及附属单位的目标构成。以服务为主的直属及附属单位目标构成与行政职能部门目标构成相同。以科研为主的直属及附属单位，应根据本单位的宗旨、业务范围和基础条件等，可参照创新平台建设工作、创新能力建设工作、人才培养与学科建设、科技成果产业化工作、学术交流、为教学科研服务情况等，确定各自的目标。

2. 目标任务书的确定程序

（1）目标任务书的拟定与提交。各学院、行政职能部门、直属及附属单位依据各自目标的构成以及自身基础条件，拟定各自的年度目标和任期目标。其中，学院、目标直接相关职能部门和独立承担目标的研究机构应在积极承担学校重大突破性目标的前提下，其目标任务书量化指标表的若干关键性指标应以2010—2012年任期考核结果为基数，按照原则上不低于30%的增长比例（个别不宜增长的指标除外），作为本届领导班子的任期目标。各单位、部门编制的目标管理任务书，统一提交到发展规划处。（2）目标任务书的审核与调整。学校行政工作任期目标管理考核工作组负责审核各学院、机关职能部门、直属及附属单位的目标任务书，提出调整意见。各单位和部门根据调整意见，修改和完善目标任务书。（3）目标任务书的审定。学校召开专题会议，研究确定学院、机关行政职能部门、直属及附属单位的目标任务书。（4）任期目标任务书的签订。学校举行仪式，校长与学院院长、机关行政职能部门负责人、直属及附属单位主要负责人签订任期目标任务书。

（五）目标管理考核办法

1. 考核的类别

目标考核是学校按照各单位与学校签订的目标任务书及其补充条款，以及学校当年决定的新增事项与安排的任务，对各单位目标完成情况所进行的考核评价。目标考核分为如下三类。（1）即时考核。是指对完成学校规定的任一重大突破性目标的部门和单位，由学校行政工作任期目标管理考核工作组即时予以认定，年终汇总后按照学校相关文件给予奖励。牵头职能部门和主要承担学院（或研究机构）当年如无重大事故一票否决项目等情况发生，年度考核优先认定为综合考核优秀（一票否决事项，按照学校相关文件规定执行），同时将在任期考核时认定为考核优秀。年度考核优秀和任期考核优秀都占用该类单位的优秀指标数。(2)年度考核。分为对学院实施的分项考核、综合考核和年度进步考核；对机关行政职能部门、直属及附属单位实施的综合工作考核；年度目标考核在每个年度的12月到次年的1月进行。(3)任期目标考核。任期目标考核在本届处级领导班子任期届满时进行，包括任期目标考核和综合评定等。

2. 考核量化体系

年度综合考核等级设优秀、达标二个等级。任期综合考核等级设优秀、达标、不达标三个等级。

（1）年度考核量化体系。①学院分项考核。学院的本科教学、科学研究、学科（学位）与研究生教育、招生就业、学生教育与管理、师资队伍建设等分项考核办法分别由教务处、科技处、社科处、研究生处、招生就业处、学生处、人事处另行制定。学院分项评优按照各学院分项业绩分数排队产生。6个分项指标分别取前5名为单项优秀。

②学院综合考核。学院各分项业绩分别乘以相应学院类别的权重（见附表3所示）后求和。取前7名为综合考核优秀学院。

③机关行政职能部门的综合工作考核。学校根据部门性质不同，按照年度目标完成率（百分制）和民主测评成绩（百分制），将其分为三类进行综合考核：目标直接相关职能部门综合成绩＝年度目标完成率（百分制）×80％＋民主测评成绩（百分制）×20％。根据综合成绩，取前2名作为年度综合考核优秀部门。目标间接相关职能部门综合成绩＝民主测评成绩（百分制）。其中，继续教育学院综合成绩＝年度目标完成率（百分制）×50％＋民主测评成绩（百分制）×50％。取前3名作为年度综合考核优秀部门。

④直属及附属单位的综合工作考核。以服务为主的单位，参照机关行政职能部门的综合工作考核办法进行。其中，军工研究院综合成绩＝年度关键性目标完成率（百分制）×50％＋民主测评成绩（百分制）×50％。以科研为主的研究机构，按照该类机构的指标体系进行考核。最终确定3名综合工作考核优秀单位（研究机构单列考核，评出1个优秀

单位)。

⑤重大突破性目标考核。按照即时考核办法执行。

⑥考核当年出现重大安全事故、重大教学事故、领导班子及成员发生严重违反党风廉政建设要求的事件、单位所属人员发生严重违反学术道德行为等情况的学院、行政管理部门、直属与附属单位，取消其综合考核优秀等级的评选资格。

(2) 任期综合考核量化体系。①学院任期综合考核。针对学院关键性指标和基础性指标任期完成情况，学校相关职能部门分别计算出其在本科教学、科学研究、学科（学位）与研究生教育、招生就业、学生教育与管理、师资队伍建设这六项业绩的指标分数。各项业绩分数分别乘以相应学院类别的权重后求和。取前7名为学院任期综合考核优秀。

②行政机关职能部门任期综合考核。目标直接相关部门和间接相关部门分开考核。一共确定5名任期综合考核优秀部门。机关目标直接相关部门任期考核分=任期关键性目标完成率（百分制）×80%+三个年度民主测评平均分（百分制）×20%。确定2名任期综合考核优秀部门。机关目标间接相关部门考核分=三个年度民主测评平均分（百分制）。确定3名任期综合考核优秀部门。

③直属及附属单位。确定3名任期综合考核优秀单位。直属及附属单位任期综合考核分=三个年度民主测评平均分（百分制）。其中，军工研究院任期综合考核成绩=任期关键性目标完成率（百分制）×50%+三个年度民主测评平均分（百分制）×50%。

④任期综合考核不达标单位的确定。对于学院任期综合考核成绩最后3名的学院，若任期关键性目标完成率在70%以下，为任期考核不达标单位。

⑤任期综合考核达标单位的确定。凡不属于任期综合考核优秀单位、部门和不达标单位，为任期综合考核达标单位、部门。

(3) 考核程序。①年度目标考核程序。一是自查自评：各行政单位对全年工作情况进行全面总结，写出自评报告，并上报发展规划处，统一网上进行公示，征求各相关单位意见。二是组织考核：a. 学院年度分项考核，有关行政职能部门负责将考核标准、支撑材料及结果报发展规划处。b. 机关行政职能部门和直属及附属单位将年度目标完成情况及支撑材料报发展规划处。c. 学校对机关行政职能部门和直属及附属单位的民主测评与党群部门统筹进行。三是考核结果上报：发展规划处综合各行政单位年度测评各项成绩，并将测评结果汇报学校行政工作任期目标管理考核工作组，经过综合评议决定。四是考核结果经全校公示后，实施相应的考核奖惩。

②任期目标考核程序。一是学院任期分项考核，有关行政职能部门负责将考核标准、支撑材料及结果报发展规划处。二是发展规划处汇总各部门、各单位2014—2016年任期工作情况，形成各部门、各单位的任期考核综合成绩，并统计初步考核结果，经学校行政工作任期目标管理考核工作组审核认定后，报校长办公会、党委会批准后统一公布，并实施相应的考核奖惩。

（4）考核奖惩。①学校设立目标管理奖励基金，根据年度和任期考核结果，对相关单位、部门实行一次性货币奖励。目标管理奖励基金在学校财务年度预算中予以安排。②各行政单位、部门任期目标考核结果将作为校党委对处级干部评价、任用的重要依据。任期考核不达标的单位，视情况对其班子及其成员进行通报批评、诫勉谈话，直至降职或免职。③年度综合考核优秀的单位、部门，个人年度考核的优秀比例比一般单位、部门增加2个百分点。

（六）条件保障

资源配置向学校目标责任单位倾斜。学校在学科提升、高端人才汇聚、基础条件完善、学术交流基金配置等计划中的资源配置应向承担学校重大突破性目标和关键性目标的单位倾斜。学校建立与目标相关的高端人才引进快速通道。办公与实验用房、平台建设经费，应优先保障承担重大突破性目标单位的需要。

（七）目标管理的组织与领导

1. 学校成立行政工作任期目标管理考核工作组，在学校考核工作领导小组的领导下，具体负责行政单位和部门的任期目标管理工作。

2. 学校行政工作任期目标管理考核工作组办公室设在发展规划处，负责目标管理的日常工作，并组织安排目标任务书的制定、指标动态监控与调整、目标考核等具体工作。

3. 目标直接相关职能部门在学校行政工作任期目标管理考核工作组领导下，在分管工作职责范围内负责学校相关战略目标的分解、组织、管理与有关考核工作。

4. 各学院、机关行政职能部门、直属及附属单位负责制定本单位目标任务书，负责本单位目标的分解和落实，负责本单位目标完成情况的自查自评，并配合学校组织的检查考核等。

三　主要特点

1. 顶层设计一次性到位

（1）在《HK大学行政工作目标管理实施办法（2014—2016年）》中，一次性对目标管理的基本原则、对象、学校2014—2016年发展目标确定及其分解等7个方面做了统筹安排，特别是明确了目标管理考核办法，把考核规矩制订在前面，避免了首轮到考核时才定考核办法的尴尬。（2）构建了一个层次分明、类别清晰、内容完整的目标体系，即学校拟定宏观战略发展目标、各学院侧重内涵建设硬性指标、各部门突出服务保障、教职员工明确具体工作任务的重点突出、责权明确、科学合理的目标任务体系。

2. 核心目标与基础性目标相结合，以核心目标为主

本次制定学校2014—2016年发展目标的指导思想是紧紧瞄准提高质量和提升创新能力这一高等教育内涵式发展方向，本着"加强、补缺"的原则（即已有的需要进一步加强，没有的要争取突破），把能显著提升学校发展高度和水平且学校合并组建以来尚处于空白的国家层面重大标志性成果作为重大突破性指标；把能显著提升学校在大学排行榜中排名位次指标作为关键性指标；把确保学校平稳运行的要求和措施作为基础性指标。学校层面主抓重大突破性指标、关键性指标的制定、监督和落实（这两者亦称为核心目标），基础性指标由相关职能部门纳入其日常管理范围。这样就形成一个涉及高、中、低三个层面的学校未来三年发展的完整指标体系。由于核心目标标志学校特定时期发展高度和成就，故所占权重较大；基础性指标所占权重较小。例如，学校科技处对理工农

医学院考核时,"关键性指标考核得分占70%,基础性指标考核得分占20%,管理工作考核得分占10%"这一评价体系,体现了学校解决主要矛盾、抓大放小的指导思想,体现了战略管理中"有所为有所不为"的舍弃精髓。

3. 实施分类管理与分类考核

一方面,学校根据机关行政职能部门与学校核心目标的关系,把机关行政职能部门分为目标直接相关职能部门和间接相关职能部门,提出不同的工作任务与考核要求;另一方面,学校依据各学院主干学科专业所授予学位层次的不同,把学院分为四种类型,在目标承担及其考核权重上体现差异。

4. 目标制定与分解方式较为科学

(1)目标任务有层次,并落实到具体牵头部门和责任单位。学校设置重大突破性、关键性和基础性三大类指标体系,作为学校这一阶段主要发展目标,并对重大突破性目标和关键性目标设置一级牵头单位和二级责任单位。(2)拟定的任期目标任务增长幅度较为合理。学院、目标直接相关职能部门和独立承担目标的研究机构,"其目标任务书量化指标表的若干关键性指标应以2010—2012年任期考核结果为基数,按照原则上不低于30%的增长比例(个别不宜增长的指标除外),作为本届领导班子的任期目标"。3年任期目标,相当于每项关键性指标年度增长率要大于等于10%,对于该校处于发展时期来说,该增长幅度基本合理。(3)目标任务制定与分解方式较为科学。采用自上而下确定目标增幅、自下而上制定目标任务书的上下结合模式,较为科学、民主。

5. 对学院考核注重工作实绩,以量化为主

一是在学院年度考核中,分项评优是按照各学院分项业绩分数排队产生的,学院综合考核由各分项业绩分别乘以相应学院类别的权重后求和。二是在学院任期综合考核中,根据学院关键性指标和基础性指标任期完成情况,学校相关职能部门分别计算出其在本科教学、科学研究、学科(学位)与研究生教育、招生就业、学生教育与管理、师资队伍建设的六项业绩指标分数;然后各项业绩分数分别乘以相应学院类别的权重后求和即为学院任期综合考核结果。

四 成效

2016年12月，本轮行政处级领导班子任期目标管理工作结束。统计结果显示，HK大学在2014—2016年，行政工作目标管理取得了巨大成就，显著地提高了学校的核心竞争力：完成了7项重大突破性目标，填补了学校合并组建15年来的空白；73.91%的关键性目标完成并超额，82.6%的关键性指标完成率达到了66.7%以上。

（一）重大突破性目标取得大范围突破

在《HK大学行政工作目标管理实施办法（2014—2016年）》（HK大政〔2014〕7号）中，特意选定了院士、国家级科技成果奖等12项"国字号"任务作为主攻方向，确定为学校重大突破性目标任务。重大突破性目标属于悬赏性目标，完成者给予相应奖励。同时还提出"学校可根据内外环境变化，由相关单位和部门提议，学校行政工作任期目标管理考核工作组研究决定新增重大突破性目标"。这样就构成了学校计划内和动态新增的重大突破性目标任务体系。

1. 计划内重大突破性目标取得4项突破

在《学校重大突破性目标及任务分解表（2014—2016年）》中确定的12项重大突破性目标任务相继实现了4大突破。

（1）实现了主持获得国家级科技成果奖的重大突破。主持获得了国家级科技成果奖1项（"高钒高耐磨合金及复合技术的工程化应用"项目于2014年1月获2013年度国家科技进步二等奖），实现了自2002年合并组建学校以来主持获得国家级奖励的首次突破；参与获得国家级科技成果奖2项（"耐烧蚀复合材料用碳纤维多向预成型体结构设计、控制、制备及应用"项目于2015年1月获2014年度国家技术发明二等奖，学校为第二单位；"节能与新能源客车关键技术研发与产业化"项目于2016年1月获2015年度国家科技进步二等奖，学校为第三单位）。

（2）实现了主持获批国家级科技创新平台的重大突破。主持申报的"高端轴承摩擦学技术与应用"工程实验室成功获批2015年度国家地方联合工程研究中心（工程实验室），实现了学校主持获批国家级科技创新平台零的突破。

（3）实现了主持获得国家教学成果奖的重大突破。"地方综合性大学产学研结合教育模式改革的实践与创新"项目于2014年9月获得教育部主持评选的四年一次国家级教学成果二等奖。

（4）实现了主持获批国家级实验教学示范中心的重大突破。2015年12月，"食品加工与安全实验教学中心"获批国家级实验教学示范中心。

2. 计划外项目取得3项重大突破

一是"全国高校思想政治理论课教学科研团队择优支持计划"的重大突破。2015年12月，学校马克思主义学院牵头申报的教学科研团队"马克思主义理论学科有效支撑思想政治理论课建设"，成功入选首批"全国高校思想政治理论课教学科研团队择优支持计划"，标志着学校人文社会科学在国家级教学科研团队建设方面取得了零的突破。这个项目属于国家新增项目，故没在原计划之列。

二是学校部省共建取得重大突破。由学校发展规划处经过2年筹备组织申报的国家国防科技工业局与河南省人民政府共建HK大学申报材料于2016年6月获得批准，学校正式获批"国家国防科技工业局与河南省人民政府共建高校"，此次全国范围仅有25所地方高校入选；同年，学校主持获批了3个国家国防特色学科，取得了在国家级特色学科领域"零"的突破。该校跨入部省共建高校行列，一方面直接提升了学校在该省份财政年度的拨款系数，增加学校的财政收入；另一方面提升了学校在该省份乃至全国高校的社会影响力。

三是学校实现了"十三五"国家百所中西部高校基础能力建设工程支持高校的重大突破。2016年7月，学校成功入选"十三五"国家百所中西部高校基础能力建设工程支持高校行列，获得了中央专项资金1亿元和省专项配套资金6670万元，成为学校合并组建以来获得的最大单笔中央财政援助资金。

该校在2014—2016年的3年间，实现了学校计划内12项重大突破性目标中4项的突破，填补了学校合并组建15年来的4项空白，可谓成效显著；如果再加上计划外的3个项目突破，其重大突破性项目数量达到7个，占到了15项的46.67%。这些重大突破性目标的完成，极大地提升了高校办学水平。毫无疑问，这样突破性成就的取得是该校第二轮行政工作目标管理方案正确指引、科学激励的结果,是第二轮行政工作目标管理方案具有科学性、可行性、有效性的重要体现。

(二) 73.91%的关键性目标已经完成

由表 6—1 可知,在该校 2014—2016 年目标管理方案中确定的学校 25 项关键性目标任务中,扣除 2 项国家没有开展的项目之外,23 项关键性指标的具体完成情况:17 项为完成既定目标(其中,14 项为超额完成),占 23 项目标任务的 73.91%;2 项(国家自然科学基金项目数和省部级科技进步二、三等奖)的完成率超过 2/3;2 项(横向科研经费和 SCI、EI、CPCI-S 收录论文)的完成率超过 50%;2 项(教育部创新团队、中原学者)没有取得丝毫进展。这就是说,该校 73.91%的关键性目标取得了预期成果。这些成就助推了该校在武书连主持的《中国大学评价》排名中的位次,由 2013 年的 169 位上升至 2017 年的 147 位。

表 6—1　　　学校关键性目标任务完成情况表 (2014—2016 年)

	学校关键性目标	2010—2012	2013	任期目标（新增）	一级牵头单位	实际完成情况
1	主持 973 计划、863 计划、国家科技支撑计划、国家科技重大专项、国家国际科技合作专项 (项)	3	0	5	科技处	16
2	国家自然科学基金项目数 (项)	115	67	200	科技处	187
3	国家社会科学基金项目数 (项)	6	6	18	社科处	18
4	省部级科技进步一等奖	1	0	2	科技处	2
5	省部级优秀社科成果一等奖 (项)	0	0	1	社科处	1
6	教育部创新团队 (个)	0	1	1	科技处	0

续表

	学校关键性目标	2010—2012	2013	任期目标（新增）	一级牵头单位	实际完成情况
7	百千万人才工程国家级人选、国家"青年千人计划"入选者、国家"特支计划"青年拔尖人才、省"百人计划"入选者等（人）	1	0	2	人事处	4（千人计划）
8	中原学者	1	1	1	科技处	0
9	博士学位教师（人）	256	800	300	人事处	316
10	一级学科博士学位授权点（个）	0	3	2	研究生处	未开评
11	国家发明专利	165	233	500	科技处 社科处	968
12	纵向科研经费（亿元）	0.8354	0.3731	1.2	科技处 社科处	1.2788 + 0.094048
13	横向科研经费（亿元）	0.6946	0.1874	0.8	科技处 社科处	0.5147 + 0.040514
14	SCI、EI、CPCI－S 收录论文	—	1314	4500	科技处	2511
15	EI、SSCI、CSSCI、CPCI－SSH 收录论文	—	39	210	社科处	214
16	省部级科技进步二、三等奖	61	14	48	科技处	38
17	省部级社会科学研究成果二、三等奖	7	4	15	社科处	25
18	国家级本科教学工程（项）	13	8	13	教务处	15
19	大学生获国家级学科竞赛奖	39	12	45	教务处	105
20	研究生国家级竞赛获奖	4	2	6	研究生处	38

续表

	学校关键性目标	2010—2012	2013	任期目标（新增）	一级牵头单位	实际完成情况
21	研究生发表核心期刊论文数	1625	281	2400	研究生处	2450
22	一级学科排名进入全国前30%的数量	0	0	3	研究生处	未开评
23	继续教育学院上交学校分配收入（万元）	5100	—	5100	继续教育学院	5740
24	武器装备科研生产单位二级保密资格认证、军工产品质量体系认证	—	—	—	军工研究院	2个认证均获得通过
25	军工研究院牵头入校科研经费数（万元）	—	280	450	军工研究院	849

注：

1. 本表中的项目、成果、科研平台必须是学校为主持单位或主持人所在单位。

2. 国家级本科教学工程包括：国家级的精品资源共享课、精品视频公开课、专业综合试点改革、卓越计划、大学生校外实践教育基地等。

3. 如果由于国家政策调整，本表中所涉及的项目出现新增同级别项目，由学校机关行政职能部门提出，经学校行政工作任期目标管理考核工作组研究予以认定；如果国家不再进行此类项目或平台评审，则此类目标自动免除。

4. 2014—2016年度，学校共获得国家科技支撑计划、国家科技重大专项、国家国际科技合作专项等国家级项目16项，超额完成了任期目标。其中2014年与外单位联合承担工信部重大科技专项3项，2015年承担国家星火计划项目1项、国家科技支撑计划项目子项1项，2016年承担国家重点研发计划项目1项、子课题6项，以及863项目子项等科技部专项4项。

五 存在问题及原因分析

该校本轮行政处级领导班子任期目标管理工作虽然达到了预期目标，但还存在如下问题。

（一）个别关键性指标进展不够理想

由表6—1可知，在该校2014—2016年关键性目标任务完成情况统计中，横向科研经费和 SCI、EI、CPCI-S 收录论文的完成目标数量刚刚过半。教育部创新团队和中原学者的完成没有取得任何进展。这些指标进展不理想的原因在该校《科技处 2014—2016 任期目标完成情况自评报告》中这样说道："横向科研经费总量为 5147 万元，未完成目标任务，其中 2014 年 1773 万元，2015 年 1866 万元，2016 年 1508 万元。横向经费下滑的主要原因是当前的横向课题经费管理办法不能适应产学研合作的新形势，难以调动广大教师从事横向课题的积极性。在收录论文方面，三年内学校被 SCI、EI、CPCIS 收录的论文为 2511 篇，未完成目标任务，说明学校的学术论文数量跟不上学校发展要求，人均论文数偏低，教师发表科研成果的积极性没有充分发挥。在教育部创新团队和中原学者方面，三年内未能成功增补，说明我校在高级别团队（国家级）和科技领军人才方面还有明显不足，未来需进一步加大培育和支持力度。"

这说明该校的横向课题经费管理办法已经成为广大教师从事横向课题研究积极性的制度障碍，教师的人均发表论文数偏低，高级别团队（国家级）和科技领军人才储备不足。

（二）目标考核中考核结果公示程度不足

在该校 HK 大政〔2014〕7 号文件中，对年度目标考核程序中自查自评阶段有"各行政单位对全年工作情况进行全面总结，写出自评报告，并上报发展规划处，统一网上进行公示，征求各相关单位意见"，"考核结果经全校公示后，实施相应的考核奖惩"。但是受历史原因的影响，该校历年来因个人利益上访群众较多，学校主要领导考虑到学校目标管理考核结果的主要数据如果公开的话，可能会在后续学校参与国家和省级一些重大竞争性项目时（例如博士学位申报、学科评估、领导班子考评等）因数据统计口径不同和个人理解上的差异，招致一些不必要的麻烦，因此各个单项和综合考核结果的核心数据只在牵头职能部门内部向相关二级考核单位领导班子成员接受核对和查询，年度和任期考核优秀单位在校内相关职能部门网站公示。因此考核结果在公示范围和程度上存在明显不足。

六 有关思考——关键角色

大学既是一个创新型组织，也是一个保守型组织。该校在推行新一轮的具有重大改革的《HK大学行政工作目标管理实施办法（2014—2016年）》过程中，遭遇到了一些保守的强势权力职能部门负责人的强力反对，延迟了新方案推进。但是该方案最终得以推行并取得很好的效果，其主要得益于几个关键性的人物：一是发展规划处业务副处长，高等教育学专业人士，有改革创新精神，能够洞察高等教育发展趋势，熟悉高校教学科研成果生产规律和权力运行关系，具有制定出较高水准专业化目标管理实施方案的能力，能够借助不同利益团体的利益冲突最终说服学校主要领导做出决策，实现学校利益最大化。二是具有教育经济与管理学科背景的党委书记，性情温和，作风民主，具有洞察真伪、协调各方、掌控全局的能力，在弄清楚该方案先进、可行、有利于突破制约学校发展瓶颈及矛盾冲突原因之后，没有继续搁置，果断决策，坚决推行该方案。三是继任的书记、校长，坚持贯彻执行学校既定的重大决策，保证了该方案的持续实施。

第四节　HK大学第三届行政处级领导班子任期目标管理（2017—2020年）

一 背景与经过

2016年4—7月，HK大学进行了新一轮的校内处级领导班子和处级干部换届工作，产生了新一届的学校处级领导班子。《HK大学处级领导班子和处级干部换届实施方案》中规定："根据上级关于深化干部人事制度改革的精神和学校事业发展需要，结合处级干部队伍实际，将处级领导班子和处级干部每届任期调整为四年。任期内进行届中调整，办法另行制定。"也就是说，在这次处级干部换届过程中，处级领导干部任期由原来的三年调整为四年一届，并在届中进行微调。在本次处级干部换届过程中，原科技处处长转任发展规划处处长，且其原独立建制的高等教育研究所合并归入发展规划处，该处因此增加一名副处级岗位。T副处长岗位未变动。原发展规划处处长转任其他处任负责人。同年6月1日，由原发展规划处牵头编制的《HK大学"十三五"事业发展规划》发布实施。

由于受第二轮行政工作目标管理成就的激励，学校在新一届处级领导班子调整还未全部到位（个别新提拔副处级岗位干部未到位）的情况下，就提出要在2016年7月暑假前完成新一轮的行政工作目标管理处级领导班子任期目标任务书的签约工作。为配合学校这一决策部署，学校于6月下旬先行发布了由原发展规划处领导班子主导的《HK大学行政工作目标管理任务分解实施细则（2016—2020年）》，并在7月中旬组织完成了第三轮的行政处级领导班子任期目标管理任务书签约工作。同年11月份又发布了发展规划处新一届处级领导班子主导的《HK大学行政目标管理考核实施细则（2017—2020年）》，形成了第三轮行政目标管理系列配套文件。

二 特点

该校第三轮行政工作目标管理与第二轮相比，具有如下特点。

（一）目标管理任务办法和考核办法分别成文

如上所述，由于该校在新一届处级领导班子调整后就立即推进第三轮任期目标管理工作，因此《HK大学行政工作目标管理任务分解实施细则（2016—2020年）》和《HK大学行政目标管理考核实施细则（2017—2020年）》分别发布，但仍然属于先定制度，再按照制度执行的把"规矩定在前面"的类型。

（二）目标管理任务分解办法保持了与第二轮的连续性

从《HK大学大学行政工作目标管理任务分解实施细则（2016—2020年）》可以看出，该校第三轮行政工作目标管理的基本原则、目标管理的对象、各行政单位和部门发展目标的确定、目标管理的组织与领导，基本没有发生变化（除了对学院分类由原A、B、C、D四种类型压缩为A、B、C三种类型）。但是在目标管理任务来源、任务类型和分解办法方面，根据情况变化做了细微调整，具体情况是：

1. 发展目标

（1）《HK 大学"十三五"事业发展规划》确定了学校"十三五"时期（2016—2020 年）的主要发展目标。

（2）学校根据这些主要发展目标对于学校发展的意义和完成的难易程度等，进一步将其分为重大目标（见表 6—2）、关键性目标和基础性目标三大类别，并对重大目标和关键性目标设置一级牵头单位和二级责任单位。

2. 目标分解

学校 2016 年度的行政工作目标任务及其考核仍按《HK 大学行政工作目标管理实施办法（2014—2016 年）》（HK 大政〔2014〕7 号）执行。

（1）《HK 大学"十三五"事业发展规划》中提出的办学规模、办学层次、师资队伍、学科建设、科技创新能力等发展目标，由学校相关职能部门负责，在扣除 2016 年度目标任务的基础上，按照 2017—2020 年四个年度合理地分解给各学院和研究机构，并纳入各单位的四年任期行政工作目标和年度工作计划。

（2）《HK 大学"十三五"事业发展规划》中提出的开元校区建设、合作共建、教育信息化等发展目标，由学校其他相关职能部门和单位依据各自工作职责，纳入各部门、单位的四年任期行政工作目标和年度工作计划。

（3）各行政单位和部门的年度工作计划，可根据学校公布的年度重点工作及各项目标实际进展情况在每年年初进行动态调整。

由此规定可以看出，HK 大学的第三轮行政工作目标任务来源是《HK 大学"十三五"事业发展规划》，而不像第二轮那样从多个来源、多次反复确定了一整套全新的发展目标（因为《HK 大学"十三五"事业发展规划》已经把这项工作做过了）。这样就把"十三五"规划与目标管理关联起来，有利于规划落地执行。任务类型基本保持不变，即重大目标（原为重大突破性目标，由于一些目标已经在第二轮目标管理中实现了突破，故更名）、关键性目标（由于执行学校"十三五"事业发展规划，故关键性指标与第二轮的 25 项相比，增加 19 项）和基础性目标三大类别；任务分解方式仍然为学校确定总体发展目标，"学校相关职能部门负责,在扣除2016年度目标任务的基础上,按照2017—2020年四个年度合理地分解给各学院和研究机构,并纳入各单位的四年任期行政工作目标和年度工作计划"。

表6—2　　学校重大目标及任务分解(2017—2020年)

	学校重大目标	任期目标	一级牵头单位	二级责任单位	任务下达方式
1	两院院士(人)	1	人事处	各相关学院及研究机构	牵头单位统筹分配
2	国家重点实验室、国家工程研究中心、国家工程实验室或国家工程技术研究中心(个)	3—4	科技处	拥有相应条件的学院或实验室、研究机构等	牵头单位统筹分配
3	教育部人文社科重点研究基地(个)	1	社科处	相关学院	牵头单位统筹分配
4	长江学者特聘教授层次(人)	1—2	人事处	各相关学院及研究机构	牵头单位统筹分配具体认定以河科大发〔2013〕19号为准
5	国家杰出青年基金项目获得者和国家社科重大项目主持人层次等(人)	1—2	人事处	各相关学院及研究机构	牵头单位统筹分配具体认定以河科大发〔2013〕19号为准
6	国家自然科学奖、发明奖、科技进步奖(项)	3—4	科技处	各相关学院及研究机构	牵头单位统筹分配
7	国家实验教学示范中心(个)	1—2	教务处	各学院	牵头单位统筹分配
8	国家教学成果奖(项)	1—2	教务处	各学院	牵头单位统筹分配
9	教育部人文社科奖(项)	1	社科处	相关学院	牵头单位统筹分配
10	一级学科排名进入全国前20%的数量(项)	3—4	科技处 社科处	相关学院及研究机构	牵头单位统筹分配

续表

	学校重大目标	任期目标	一级牵头单位	二级责任单位	任务下达方式
11	国家社科基金重大项目（项）	1	社科处	相关学院	牵头单位统筹分配
12	进入ESI排名前1%的一级学科数（个）	1—2	科技处 社科处	各相关学院及研究机构	牵头单位统筹分配
13	河南省优势特色学科（个）	2	科技处	各相关学院及研究机构	牵头单位统筹分配
14	国家级科技创新团队（个）	1—2	科技处	各相关学院及研究机构	牵头单位统筹分配

注：重大目标属于涉及面广、完成难度大，一旦获得能极大地提高学校社会声誉和综合竞争力的目标。完成者学校除了按照《HK大学高层次教学研究及科学研究业绩奖励办法》给予奖励外，还在年度考核和任期考核中予以体现。不属于教学科研业绩奖励范围的重大目标，由学校专题研究决定奖励金额。学校可根据内外环境变化，由相关单位和部门提议，学校行政工作任期目标管理考核工作组研究决定新增重大目标任务。

（三）目标管理考核优秀指标和优秀率显著增加

由于原科技处处长转任了发展规划处处长，第二轮目标管理实施办法的反对派变成了新一轮行政目标管理考核制度牵头部门的负责人，原发展规划处T副处长不再负责行政目标管理考核办法制定及考核工作，改由另一名副处长负责《HK大学行政目标管理考核实施细则（2017—2020年）》的制定及其年度考核工作。该次考核实施细则与第二轮相比，有如下变化：

（1）直接扩大了年度综合考核的优秀指标和优秀率。在年度考核中，学院综合考核优秀名额由7个扩展到9个（学院总数由29个降至27个）；目标直接相关职能部门综合考核优秀名额仍为3个（总数5个保持不变）；目标间接相关职能部门综合考核优秀名额由3个扩展到5个（总数15个保持不变）；直属及附属单位的综合考核优秀名额由3个扩展到4个（总数由15个降至13个，其中3个研究机构单列考核，评出1个优秀单位）。这样，各类考核对象的年度综合考核优秀率普遍提高10个以上百分点，年均达到了 30.00% 以上，其中，学院优秀率为 33.33%，目标直接相关职能部门优秀率为 40.00%，目标间接相关职能部门优秀率为 33.33%，直属及附属单位优秀率为 30.76%。

（2）间接扩大了年度、任期综合考核的优秀指标。《HK 大学行政工作目标管理实施办法（2014—2016 年）》中规定，对于重大突破性目标实施即时考核，年度考核优先认定为综合考核优秀，同时在任期考核时认定为考核优秀。但是"年度考核优秀和任期考核优秀都占用该类单位的优秀指标数"。然而《HK 大学行政目标管理考核实施细则（2017—2020 年）》规定，"对于获得国家级奖项等高等级奖项、对学校事业发展做出重大贡献的单位和部门，在年度和任期考核中由该单位和部门提出申请，学校行政工作任期目标管理工作组审核，学校考核工作领导小组确定后单列考核优秀，不占指标"。这样就实际上间接地又扩大了年度、任期综合考核的优秀指标。

（四）目标管理考核奖励的变化

《HK 大学行政工作目标管理实施办法（2014—2016 年）》规定，学校设立目标管理奖励基金，根据年度和任期考核结果，对相关单位、部门实行一次性货币奖励（见附表 6—3）。

表6—3　学校目标管理考核优秀单位奖励对应表（2014—2016 年）

单位	考核类别	优秀	备注
学院	本科教学	1 万元/单位	5 个
	科学研究	1 万元/单位	5 个
	学科（学位）与研究生教育	1 万元/单位	5 个
	招生就业	1 万元/单位	5 个
	学生教育与管理	1 万元/单位	5 个
	师资队伍建设	1 万元/单位	5 个
	年度进步奖	1 万元/单位	3 个
	年度综合考核	3 万元/单位	7 个
	任期综合考核	8 万元/单位	7 个

续表

单位	考核类别	优秀	备注
机关行政职能部门	年度综合考核	1万元/单位	5个
	任期综合考核	3万元/单位	5个
直属及附属单位	年度综合考核	1万元/单位	3个
	任期综合考核	3万元/单位	3个

《HK大学行政目标管理考核实施细则（2017—2020年）》规定，在年度和任期考核中，学院的单项考核和综合考核优秀，机关行政职能部门和直属及附属单位的综合考核优秀，均按照优秀学院和优秀单位正式教职工300元/人的标准，"增补到《HK大学校内绩效津贴分配实施方案（试行）》竞争性绩效津贴分配中"。

从该校2014—2018年实际获得考核优秀的学院看，优秀学院基本上为教职工人数超过100人以上的大学院，教职工人数在50人左右的小学院获得优秀的比例很小。因此，对学院单项考核优秀采用正式教职工300元/人的标准进行奖励，表面上看奖励金额并不高，但均超出了原来1万元/单位的约3倍，而且由于每年均有30个单项奖励指标，实际上等于增加了对学院的奖励力度。但是对学院、机关行政职能部门和直属及附属单位的综合考核优秀按照300元/人的标准奖励，实际上在一定程度上减少了奖励金额。

三 任期目标中期进展情况

截至2018年12月31日，学校第三轮行政处级领导班子任期目标管理工作时间已过半，任务完成情况如下。

（一）重大目标取得了一定进展，但覆盖面偏小

1. 2017年和2018年，学校作为第一主要完成单位获得2项国家科技进步二等奖，作为参与单位获得1项国家科技进步二等奖。

2. 2017年，学校金属材料磨损控制与成型技术国家地方联合工程研究中心获得国家发展与改革委员会审批通过。

3. 学校认定的重大目标。学校行政工作目标管理考核领导小在2017

年、2018年年度考核过程中,依据《HKU大学行政目标管理考核实施细则(2017—2020年)》中关于的相关规定,由学校相关单位和部门提议,学校行政工作任期目标管理考核工作组研究认定了6项重大目标任务,分别是:2017年获批国家教育部认定的"创新创业教育改革示范高校",国家人力资源与社会保障部认定的"国家级专业技术人员继续教育基地",国家国防科技工业局评审通过的3个"国防特色学科",2018年中央团委、教育部等评审通过的1项"第四届中国'互联网+'大学生创新创业大赛金奖",2018年国务院学位办评审通过的"作物学博士学位授权一级学科""2018年获批1个教育部中外合作办学项目、在校留学生达到214人等成绩突出"。这些学校认定的重大目标的实现,也在一定程度上反映了学校在其他方面取得了一定的成就,在一定程度上能提高了学校社会声誉和综合竞争力。

但是,从总体上看,在学校确定的14项重大目标中,仅有2个类别项目的中期进展超过任期目标任务的一半,其他类别的重大目标还没有取得进展,覆盖面偏小。

(二)关键性目标中期进展基本正常,但结构性问题突出

2019年3—4月,学校组织开展了《HKU大学"十三五"事业发展规划》中期检查评估工作本课题组抽取该校其中2017—2018年两个年度关键性目标类别完成数与行政目标管理任期目标类别数及其完成率进行了比较,结果见表6—4。

表6—4 学校关键性目标任务进展情况表(2017—2020年)

	关键性目标任务	指标类别	一级牵头单位	2017	2018	任期目标	中期进展情况
1	在校生规模(人)	A	招生就业处、研究生院等	—	43033	42000—43000	提前完成
2	全日制本科在校生规模(人)	A	招生就业处	—	39271	38000—39000	提前完成

续表

	关键性目标任务	指标类别	一级牵头单位	2017	2018	任期目标	中期进展情况
3	在校研究生规模（人，含统招生、在职生与同等学力申请学位人员）	A	研究生院	3658	3762	3762	进展正常
4	统招硕士研究生（人）	A	研究生院	3599	3762	3850	进展正常
5	统招博士研究生（人）	A	研究生院	59（3）	83（5）	150	进展正常
6	留学生（人）	A	国际合作处	117	214	200	提前完成
7	普通本科专业（个）	A	教务处		95	95	提前完成
8	高校本科教学工作核评估	B	教务处		通过	通过	提前完成
9	省级教学成果特等奖（项）	B	教务处	0	0	2	不理想
10	省级教学成果一等奖（项）	B	教务处	0	0	5—8	不理想
11	本科专业 A+、A 数量（个）	A	教务处	1	—	2—3	进展正常
12	本科专业 B+数量（个）	A	教务处	7	8	5—7	提前完成
13	国家本科教学工程项目（项）	B	教务处	3	3	23—25	不理想
14	国家研究生教学工程项目（项）	B	研究生院	0	0	7—8	不理想
15	国家挑战杯和数学建模竞赛等本科生获奖数（项）	B	教务处团委	57	75	105	提前完成
16	国家挑战杯和数学建模竞赛等研究生获奖数（项）	B	研工部、团委	11	14	25	提前完成
17	教职工总体规模（人）	A	人事处	3089	3163	3200—3500	进展正常
18	专任教师规模（人）	A	人事处	2217	2233	2400—2500	进展正常
19	有海外留学或研究经历的教师（人）	A	人事处	372	414	500	进展正常
20	博士学位教师（人）	A	人事处	1119	1165	1500	进展正常
21	国内具有影响力的学科学术带头人（人）	A	人事处	227	249	200	提前完成

续表

	关键性目标任务	指标类别	一级牵头单位	2017	2018	任期目标	中期进展情况
22	博士学位授权一级学科（个）	A	研究生院	3	4	6—8	进展正常
23	硕士学位授权一级学科（个）	A	研究生院	28	38	33—35	提前完成
24	进入教育部学科评估前30%学科数（个）	A	科技处 社科处	—	0	6-8	不理想
25	国家科技重大专项、国家重点研发计划等（项，含子课题）	B	科技处	14	5	14	提前完成
26	国防科技重大项目（项）	B	军工研究院	0	2	3—5	进展正常
27	国家自然科学基金项目数（项）	B	科技处	56	57	383	不理想
28	国家发明专利	B	科技处 社科处	302	277	820	进展正常
29	省部级科技创新团队（个）		科技处	6	0	5—7	进展正常
30	省部级科技一等奖（项）	B	科技处	2	2	9	不理想
31	自科入校科研经费（亿元）	B	科技处、军工研究院	1.04	1.19	4.05	进展正常
32	SCI收录论文（篇）	B	科技处	356	486	1214	进展正常
33	EI收录论文（篇）	B	科技处	204	208	404	提前完成
34	重要出版社出版自科学术专著、编著、译著（部）	B	科技处	81	75	85	提前完成
35	国家社会科学基金重点项目（项）	B	社科处	2	1	5	进展正常
36	国家社会科学基金一般及青年项目（项）	B	社科处	8	5	25	进展正常
37	省部级社科成果一等奖（项）	B	社科处	1	1	3	进展正常
38	文科入校纵向科研经费（万元）	B	社科处	436	381	1251	进展正常

续表

	关键性目标任务	指标类别	一级牵头单位	2017	2018	任期目标	中期进展情况
39	文科入校横向科研经费（万元）	B	社科处	199	160	850	不理想
40	SSCI、CSSCI收录论文（篇）	B	社科处	88	51	364	不理想
41	重要出版社出版文科学术专著、译著（部）	B	社科处	56	31	130	进展正常

注：1. 指标类别A为状态数据，B为新增数据。

2. 国家级本科教学工程包括：国家级的精品资源共享课、精品视频公开课、专业综合试点改革、卓越计划、大学生校外实践教育基地等。

3. 如果由于国家政策调整，本表中所涉及的项目出现新增同级别项目，由学校机关行政职能部门提出，经学校行政工作任期目标管理考核工作组研究予以认定；如果国家不再进行此类项目或平台评审，则此类目标任务自动免除。

4. 本表暂未包括学校基本建设的3个项目。

由表6—4可知，从总体上看，该校2017—2020年行政目标管理任务41个类别关键性目标任务中期进展情况是：提前完成任期目标任务类别项目数量为13项，占总类别项目数的31.71%；进展正常的类别项目数量为19个，占总类别项目数的46.34%；进展不理想的类别项目数量为9项，占到了总类别数21.95%。其中，前2类合计31个，占到了类别数78.05%，按照简单的"时间过半、任务应过半"的原则计算，该校任期关键性目标任务进展应属于正常。但是，从已经完成和超额完成的13个类别中，有在校生规模（人）、全日制本科在校生规模（人）、留学生（人）、普通本科专业（个）、硕士学位授权一级学科（个）等规模性的指标，含金量并不高。而最能体现学校长期核心竞争力的一些关键性指标进展并不理想，例如，本科专业A+、A数量、进入教育部学科评估前30%学科数（个）等项目还是0，未起步；其他能够代表学校学科、教学和科研水平的指标类别进展也不理想，例如，国家自然科学基金项目数，SSCI与CSSCI收录论文（篇）、国家本科教学工程项目数等，后半程任期目标任务异常艰巨。

四 存在问题及原因分析

（一）学校债务量增加，影响了对科研工作的投入

2016 年，学校在新校区完成了约 21.4 万平方米的农医组团教学实验楼及学生公寓、食堂等配套设施建设，6 个农医类学院搬迁到新校区。但是由于老校区置换工作停滞不前，省级政府基建拨款并没有显著增加，致使学校新增债务近 5 亿元。为保障学校的正常运行资金，学校自 2016 年以来不得不压缩，甚至暂停了所有的校科研基金、重大项目与基地培育基金等，使得科技处、社科处不能充分发挥引导和激励学院的职能；另外学校还一再推迟发放年度教学科研高端奖励。这使得学校科研主管部门和教学科研骨干力量的工作积极性受到一定影响，对重大目标和关键性目标的进展埋下了隐患。

（二）学校绩效津贴分配制度改革工作存在缺陷

2017 年，学校发布实施了《HK 大学校内绩效津贴分配实施方案（试行）》，开展了以绩效津贴分配为核心的管理体制改革。在改革过程中，学校推行按照学院年度教学科研工作量为依据核拨绩效津贴总量，然后由学院按照一定程序自主进行二级分配；学校机关及其附属单位按照学院教职工平均绩效津贴额度的 85% 核算各部门绩效津贴，且在行政岗位工作的教学科研人员一律按照行政岗位对待，不再实行"就高不就低"选择制（以下简称"双肩挑"人员）。该校有 27 个独立核算的学院，各个学院教职工人数从 30—150 人不等；各学院学科基础差别很大，既有拥有博士学位授权点、省部级研究平台多、教授博士云集、教学科研成果产出量大的学院，也有仅进行本科层次人才培养、科研资源少、教学科研产出量少的学院。

绩效津贴分配改革的后果是造成了不同学院教职工之间年度绩效工资差别大，同一学院内部同一年度的教学科研人员绩效工资差别大，弱势学院与机关及教辅单位人员之间相比绩效工资差别大，机关及教辅单位高职称的"双肩挑"人员工资落差大等问题集中凸显出来，再加上学校绩效工资分配政策缺乏统筹补偿机制以及对绩效工资改革政策宣传不到位，导致了各种错综复杂的矛盾冲突，学校同心同德、团结一致、干事创业，使建设具有自身特色的高水平综合性大学的局面一度受到影响，影响了学校人才队伍稳定。

更为严重的是，《HK大学校内绩效津贴分配实施方案（试行）》破除了原来由学校统一规定各级各类教学科研人员基本工作量制度，改革由各教学科研单位自主确定各级各类专业技术人员基本工作量标准，并由各自自行组织对其考核。由于种种原因，绝大多数学院并未开展此项工作。由此导致了学校的行政任期目标仅仅停留在所属教学科研单位和职能部门处级领导班子二级单位层面，没有分解转化为每一位教学科研人员和职工的目标任务，没有形成"千斤重担大家挑，人人头上有目标"的局面。

（三）学校对学科建设统筹机制不畅、协调不力

发展规划处没有学科建设统筹协调职能，学科建设职能被分散在了科技处、社科处、人事处、研究生院等职能部门。研究平台建设、学科评估归科技处和社科处管理，高端人才归人事处管理，学位评估和学位点申报归研究生院管理。在2016年学科评估材料申报时，学校正处于处级领导班子和处级干部换届之时，职能部门人员忙于个人岗位变动，无暇顾及学科评估材料审核、资源整合。2017年学位点申报时，学校忙于应对省委对学校领导干部的离任审计整改工作，校党委书记处于即将离任状态，各个学院出于自身利益考虑纷纷争取申报博士和硕士学位授权点，学校没有给予足够的统筹、协调和整合工作，导致学位申报点多、力量分散、领导注意力不够集中等，最终进入教育部学科评估前20%学科数（个）、前30%学科数（个）结果都为0，学科评估前40%—50%学科数（个）有3个，学校急需的博士学位一级学科授权点仅新增1个，但硕士学位一级学科新增11个。

（四）《HK大学行政目标管理考核实施细则（2017—2020年）》存在一定问题

该校科技处、社科处对《HK大学"十三五"事业发展规划》中期检查评估工作的整改反馈意见如下。

1. 建议科技处、社科处不再作为直接目标考核单位进行考核。原因

如下：(1)科技处、社科处作为科研的组织管理部门，无法直接完成科研任务，对学院及老师又缺乏有效的抓手。自2016年以来，科研口上的所有校基金、培育基金均被取消，使得科技处、社科处不能充分发挥引导和激励学院的职能。相比之下，人事处仍拥有博士启动基金、校青年学术带头人、校特聘教授等校内基金项目；教务处拥有教材出版基金、校在线精品课程项目、教学优秀奖评选、优秀基层教学组织评选等激励手段；研究生院拥有研究生教改校级项目、优秀硕士生导师评选、硕导博导遴选等激励手段。目前在科技处、社科处不掌握人财物资源，几乎退化成一个纯粹服务部门的情况下，继续将科研指标作为完成单位考核，即使再罚也无助于学校科研能力的提升。(2)若全校科研指标没有完成，就意味着绝大部分学院没有完成，此时对科技处、社科处这两个科研数据的汇总部门问责，无助于提升学院的科研积极性。(3)科研指标受国家政策及经济环境等外部因素影响较大，学校"十三五"之初定下的一些科研指标已不符合当前环境，继续以理想化指标进行考核，可能影响考核结果的应用价值。同时，对指标外提升学校科研声誉的成果，近年来两处都极力争取，并取得了较好成绩，在考核过程中却并未得到体现。例如科技处2018年初获批的教育部成果转移转化基地，社科处新增2个省级平台建设等都对学校科研水平的提高有重要意义，但是按照目前的绩效考核办法，两个处室仍会因规定目标没有完成而被降低考核系数，导致全员绩效工资在机关中处于末位。(4)科技处、社科处作为全校科研服务部门，工作量较大，人员较少，特别是科技处长期处于缺编状态，导致人员长期高负荷工作。而两处所有人员都拿不到机关同级别的校内绩效工资的平均数，长此以往将严重挫伤工作人员的积极性。

2. 从技术层面看，在目前的《职能部门和直属附属单位竞争性绩效津贴考核办法》中，"年度目标的单位成绩＝年度目标完成率×50%＋年度重点工作完成率×50%"的公式不尽合理，原因在于：科技处、社科处的年度目标与年度重点工作通常是重叠的，年度目标是学校"十三五"计划中的理想目标指数，已经非常高，甚至有些目标在学校现有条件下不满足其上级部门的申报条件。年度重点工作是在年度目标的基础上进一步提升后的考核数据。这种情况导致一项年度目标指标（如入校经费）

没有完成会重复扣分。

该校本轮任期目标管理中一些重大和关键性科研指标进展不够理想的原因，除了科研投入减少、科研指标任务过重之外，还有其他一些体制机制特别是考核办法的因素，例如，重大目标和关键目标没有与资源配置挂钩，科技处处长长期缺编，年度重点工作在任期年度目标基础上进一步加重任务，"年度目标的单位成绩＝年度目标完成率×50%＋年度重点工作完成率×50%"的公式不尽合理，科研考核缺少代偿机制等，这些问题的存在，使得在高校中一直处于强势权力部门的科研管理部门的所有人员都拿不到机关同级别的校内绩效工资的平均数。

五　有关思考——关键角色、制度

（一）关键角色

2018年1月，校党委书记年满60周岁，但直至当年9月才宣布由校长主持党委工作；同时负责目标管理的副校长因年龄原因退出管理岗位，由另外一位资深副校长接任，另外还有一位校党委副书记和副校长退休，校领导班子中新增了1位党委副书记、2位副校长、1位工会主席，学校领导班子处于大变动时期。与此相对应的是，学校组织部部长、科技处处长、2名学院院长、1名研究中心主任因提拔而出现岗位空缺。本应在2018年4—5月进行处级干部届中调整工作一直未能启动，直接导致学校主要职能部门和学院5名正处级岗位空缺，数十位处级干部年龄将近任职极限，学校处级干部年龄老化现象严重，缺乏活力。

（二）制度

如上所述，该校在2017年开展了以绩效津贴分配为核心的管理体制改革，但是一方面由于学校绩效工资分配方案缺乏统筹补偿机制，导致了各种错综复杂的矛盾冲突；另一方面，《HK大学校内绩效津贴分配实施方案（试行）》打破了原来由学校统一规定各级各类教学科研人员基本工作量制度与基本绩效工资的制度平衡，由教学科研单位自主制定的《教学科研人员基本工作量标准》尚未建立，导致出现制度缺位，致使学校行政任期目标没能分解转化为每一位教学科研人员和职工的目标任务，出现了一批不产出科研成果的教学科研人员。

《HK大学行政目标管理考核实施细则（2017—2020年）》存在缺陷，考核制度设计不够周密，分类考核不够精准，缺乏对目标间接相关职能部门、直附属单位的过程考核，也缺乏学校其他职能部门的制度配合，致使考核主要由简单的民主测评成绩决定，失之过宽；而对目标直接相关职能部门的考核过于依赖目标任务定量指标的完成情况，且缺乏相应的补偿机制，影响了科研主管部门干部群众工作的积极性，一定程度上影响了学校目标管理效用的发挥。

第八章

中国高校目标管理机制的特点、存在问题及发展趋势

任何组织皆有目标，要实现目标就需要围绕目标进行统筹管理。高等学校也不例外。据教育部2019年7月发布的2018年教育统计数据显示，我国共有普通公办本科院校826所（其中，中央层面含教育部及其他部门所属院校114所，地方层面普通公立本科院校703所，具有法人资格的中外合作办学机构9所），另有民办普通本科院校419所（含独立学院265所）。如前所述，在本书调查的129所普通本科院校中，有95所院校实施了目标管理，占到调查总数的73.64%（其中，教育部或国家其他部委所属院校25所、省属211工程大学3所、省属普通本科院校59所、市属普通本科院校5所、其他类院校3所），几乎涵盖了我国中央和地方层面本科院校的所有隶属类别。

根据本书第四章问卷调查数据的相关性分析，院校隶属关系与高校章程实现程度、目标管理制度建设状况、目标管理工作实施成效三者之间均不存在显著性相关关系。同时，如果忽略院校隶属关系差别，高校章程实现程度与目标管理工作制度建设状况、高校章程实现程度与目标管理工作成效、目标管理工作制度建设状况与目标管理工作成效，两两之间都存在显著线性正相关关系。高校章程实现程度对目标管理工作制度建设状况、目标管理工作成效的影响均较大，目标管理工作制度建设状况对目标管理工作成效的影响很大。

为此，本章基于本书前述问卷调查和案例分析，特对我国高校目标

管理运行机制的基本特点、存在问题及其成因进行系统分析、概括，并提出高校目标管理的若干发展趋势，为下一章奠定基础。

第一节 高校目标管理机制的特点

一 基本形成了"党委领导、校长负责、教授治学、民主管理"的内部治理体系

2011年教育部发布的《高等学校章程制定暂行办法》明确提出要把构建"党委领导、校长负责、教授治学、民主管理"的内部治理体系纳入章程内容，构成了目标管理机制建构治理体系基础。由本书前述调查可知，实施目标管理的95所高校均在2016年前发布了各自的高校章程，其中，认为各自高校章程中确立的内部治理体系"完全得到实施""实施得比较好"和"一般化"三项合计占到了调查高校总数的81.06%。在对129所高校"十三五"规划运行机制调查中，有80.62%的高校在"十三五"规划中有专题或专段论述内部治理体系建设情况，并采取相关保障措施予以落实。

二 基本形成了以高校"十三五"事业发展规划目标为主体的目标管理目标体系

前文对高校"十三五"事业规划运行机制调查结果表明，68.22%的高校把"十三五"规划主要指标纳入了二级单位目标管理任务书，还有18.60%的高校"有此安排，但还没有进行"；另外分别有64.34%、45.74%的高校采取了"把规划目标分解为学校年度目标，并确定责任单位""把规划目标分解为二级单位年度目标"等举措，来落实高校"十三五"事业发展规划目标。

三 基本形成了较为完善的目标管理制度体系

在实施目标管理的95所高校中，绝大多数高校发布了诸如《×××校党委关于实施目标管理（责任制）的若干意见》等类型的目标管理专题文件，或者"其他文件中也包含有关目标管理的相关规定"，"根本没

有目标管理专门文件"的高校仅占8.42%。对目标管理工作制度建设"非常健全""比较健全""一般"的评价合计占到了调查总数的90.53%;"比较不健全""非常不健全"的评价只占到调查总数的9.47%。这说明绝大多数高校目标管理制度健全程度在"一般"以上。

四 大多数高校目标管理运行机制基本协调

在本书所调查的129所高校中,有95所高校实施了目标管理,占到调查总数73.64%。没有实施目标管理的高校原因各不相同,有个别院校实施目标管理一段时间后终止实施,据此可以断定其目标管理机制运行不顺畅、不协调或没有效用。在95所实施目标管理的高校中,基本形成了从目标制定、目标分解、目标实施、目标考核、结果应用等涵盖目标管理主要阶段和环节的运行体制,因而,可以推定多数高校的目标管理运行机制处于基本协调及以上状态。

五 绝大多数高校目标管理运行机制基本有效

在实施目标管理的95所高校中,目标管理运行机制得到"非常有成效""比较有成效""一般"评价的比例分别为9.47%、36.84%、43.16%,三项合计占到调查高校的89.47%;"成效(非常)不明显"的评价仅占10.53%。

六 多数高校的目标管理机制科学化程度较高

61.05%的高校的目标制定经过充分论证,91.58%的高校的任务分解有标准,"校领导""职能部门负责人""学院负责人"参与目标管理考核评议分别占到调查高校总数的86.32%、95.79%、74.74%。78.95%的高校比较重视对学院"硬指标"的定量考核,61.05%的高校对行政机关实施分类考核。

七 各高校目标管理机制的民主化程度参差不齐

57.89%的高校目标管理的目标制定方式日益民主化。但目标任务分解环节的民主化程度偏低(35.79%的高校实施协商式民主,6.32%的高校实施"由学院自主申报或认领，职能部门汇总，由校领导班子研究确定后下达学院"）。大多数高校比较重视不同群体参与目标考核评议，但绝大多数高校目标管理结果信息公开化的深度和广度偏低。

八 部属高校目标管理运行机制特征的补充说明

（一）部属高校目标管理运行机制多样化

1. 以清华大学为代表的"五年规划+年度任务分解"的非正式目标管理模式。《清华大学2016年工作要点》重点工作第二项提出："科学制定和认真实施学校'十三五'规划。……在广泛汲取各方面意见建议基础上，完成《清华大学事业发展"十三五"规划纲要》编制工作。做好学校'十三五'规划年度任务分解，明确责任人和责任单位，切实抓好落实和督促检查。[①]"由此可见，该校实施的"五年规划+年度任务分解"的目标管理模式，并未公开发布专题的目标确定、目标任务分解、实施与监督、目标考核、结果应用等流程的目标管理责任制文件。

2. 华中科技大学的自下而上式"五年规划+院系年度目标管理"模式。该校早期并未明确实施目标管理制度，而是以实施综合改革为契机，发布《华中科技大学院（系）发展目标制定的指导意见》（校发〔2011〕57号）等系列文件。对院（系）做好到2015年发展目标制定工作，从指导思想、制定程序、组织与实施等方面做出了系列规定，并对经学校审核通过的院（系）发展目标给予相应的资源配置，同时对年度考核做出制度安排，成为实施目标管理制度的雏形。2019年5月，该校党委书记与校长，首次与院系负责人签署2019—2020年度目标任务责任书，标志着该校正式实施目标管理制度。

该校目标管理运行机制的主要特点是：院系发展目标依据学校发展规划目标自行按照规定的程序制定，经学校审核后与学校资源配置挂钩。

3. 武汉理工大学的注重考核结果应用的二级单位任期目标管理模式。该校2002年开始，先后在院系、机关和直属单位实施目标责任制管理，其目标管理制度散见于教学管理、科研管理、人事管理和处级干部管理

[①] 《清华大学2016年工作要点》，2020年2月7日，https://www.tsinghua.edu.cn。

等各种制度中。但自 2010 年以来，该校注重目标管理制度建设，对所有校属二级单位实施分类目标管理，并于 2011 年出台《武汉理工大学 2011—2013 年目标责任制周期考核暨 2013 年度考核实施办法》《武汉理工大学 2011—2013 年科研院所目标责任制和业绩奖励实施方案》等规范性文件，逐渐形成了以提高教学科研质量为核心、以提高管理服务水平为重点，具有学校特色的二级单位领导班子任期目标管理制度体系。

该校目标管理运行机制的特点是：一是目标任务及其考核内容与学校"十二五"规划相结合。二是年度考核与周期考核相结合。三是把目标考核与干部任期相结合。四是责、权、利相结合。五是效益优先与兼顾公平的原则。

河海大学等基本属于此种模式。

（二）目标管理机制逐渐制度化、规范化

华中科技大学、武汉理工大学等高校，在实施目标管理初期，不但目标管理职能分散在多个职能部门，而且并未出台专题化的目标管理制度。但是近些年来，其目标管理机构逐渐与发展规划部门合并，形成专业化目标管理机构（发展规划与学科建设处）；目标管理机制逐渐显性化，形成了专题化的目标管理责任制度，并以学校与二级单位领导班子目标任务书的形式固定下来，健全了责、权、利及考核制度。

第二节　高校目标管理机制存在问题、原因分析

大学治理现代化理论强调多元利益主体围绕共同的目标参与、互动、协调、共治。这与本真意义上的目标管理是自我管理在精神气质上的说法高度契合，是新时代高校目标管理机制建构的理论基础。对照高校章程所构建的现代大学制度要求，以大学治理现代化理论为分析视角，分析中国高校目标管理运行机制在治理体系、制度体系、运行机制的科学化、民主化、法治化等方面存在的问题，并从思想体系、组织体系、职责体系、制度体系、流程体系、作风建设体系及保障措施等方面分析其成因。

一 存在问题

（一）贯彻落实"党委领导、校长负责、教授治学、民主管理"治理体系过程中的"不充分、不均衡"的矛盾依然突出

截至目前，虽然从整体上看绝大多数高校基本形成了"党委领导、校长负责、教授治学、民主管理"的内部治理体系，但由本书对95所高校目标管理运行机制的调查可知，认为各自高校章程中确立的内部治理体系实施情况为"一般化"的比例占到了调查高校总数的30.53%，落实的质量还不太高；还有"实施得不太好""完全没有得到实施"的比例分别占到了调查高校总数的14.74%和4.21%，特别是认为"教授治学""民主管理"是高校内部治理结构中的薄弱环节的比例分别占到了调查总数的78.95%和66.32%。在本书对129所高校"十三五"规划审议发布程序的调查中，经校学术委员会审议的比例只有17.83%。这说明高校在贯彻落实章程所确立的内部治理体系过程中，不但在不同高校之间落实的程度和质量有差别，存在着不够充分的问题，而且即使同一高校也存在着明显的结构性短板，甚至是普遍性的结构短板，存在着不够均衡的问题。相关高校只有从思想体系、组织体系、职责体系、制度体系、流程体系和作风体系等方面下大力气加强建设，才能予以弥补和完善。

（二）近半数高校尚需进一步健全目标管理制度体系

如上所述，虽然56.84%的高校基本形成了较为完善的目标管理制度体系，但是属于简单多数，还有"发布其他文件中也包含有关目标管理的相关规定"和"根本没有目标管理专门文件"的高校比例分别占34.74%、8.42%；认为本校目标管理工作制度建设"一般""比较不健全""非常不健全"分别有33.68%、6.32%、3.16%。这说明目标管理制度建设在高校间不充分的情况依然很突出，已经实施目标管理的近半数高校迫切需要加强或完善目标管理制度体系建设。

（三）高校目标管理流程存在的突出问题

1. 目标分解阶段的"有标准地协商分解"和"自主认领"分解方式比例偏低

超过一半的高校在对学院目标任务分解时采用有标准地直接分解方

式,而采用"有标准地协商分解"及"自主认领"目标任务分解方式比例偏低。这印证了"教授治学、民主管理"在高校目标管理运行机制中确实属于薄弱环节,缺乏对一些重要学术项目责任教授参与协商的保障机制,不但挫伤了一些教授工作的积极性,而且也为一些重要学术目标的完成埋下了隐患。

2. 目标实施阶段的责、权、利不配套

董泽芳等认为,高校目标管理的实施,必须与组织授权,形成责、权、利相一致的保障机制相配套,责权一致是提高管理效率的必然要求[①]。然而,本书调查发现,由于多数高校目标分解时先天协商不足,目标实施过程中调整纠偏力度不够,致使高校一些重要学术目标缺乏必要的资源支持、权力支撑和利益驱动,直接导致一些重要学术目标难以完成。

3. 考核周期设定不科学

高校单位目标考核是对预定工作目标任务完成情况和履职尽责程度的考核,主要属于结果性目标考核而非行为性目标考核,应符合结果性目标的生产周期[②]。众所周知,一些重要教学与科研成果需要经过一段时间的积淀和有计划的培育才能产出。多数高校实施的 1 年制的目标管理考核周期太短,不利于高水平教学科研成果的产出。

4. 对于没有明确重点目标任务的行政部门和直属附属单位等考核方式的科学性、民主性程度不够

由上述调查分析可知,有 31.58% 高校对所有行政单位进行述职后统一测评,以及对没有明确重点目标任务的行政部门和直附属单位进行多维度的民主测评,这类单位是目标管理考核中的难点,因为这类部门和单位的主要职能是提供高质量的过程性服务,可能更适合过程管理而非目标管理。因此,对这类部门和单位的考核方案和方式应从根本上与教学科研单位和有明确重点任务的单位有明显不同。民主测评本身没有问

---

① 董泽芳、张继平:《高校目标管理的主要特征及实施策略》,《高等教育研究》2008 年第 11 期,第 38—44 页。

② 董泽芳、张继平:《高校目标管理的主要特征及实施策略》,《高等教育研究》2008 年第 11 期,第 38—44 页。

题，问题在于民主测评主体在注重广泛性和多元性的同时，还应特别兼顾评议主体的针对性，应由行政机关和直附属单位特定的服务对象对其进行测评比较适宜，而且服务对象测评尽量放在平时。

5. 目标考核阶段的考核结果信息公开化程度低

由前述调查结果可知，相当一部分高校目标管理考核结果校内信息公示的深度和广度不够，不但难以满足被考核对象的知情权，也不利于问题改进。

6. 结果应用阶段的经验总结与问题改进环节缺失

一些高校没有针对单位考核结果开展经验总结与问题分析，更没有提出正式的改进意见。

7. 结果应用范围的广度和深度不够

高校目标管理考核结果主要用于校内二级单位绩效工资分配，这只是属于物质层面的激励，对涉及干部选拔晋升等更深层次的个人职业发展和其他精神层面的激励比例偏低或没有涉及，这说明高校目标管理在结果应用阶段的激励手段不够丰富，激励层次深度不足，结果应用的广度和深度均不够。

(四) 特别说明的问题

尽管前述相关性分析表明，院校隶属关系与高校章程实现程度、目标管理制度建设状况、目标管理工作实施成效三者之间均不存在显著性相关关系，但本书课题组后期在对一些部属院校的官方网站调研中发现，部属院校与地方高校相比而言，实施目标管理的积极性相对偏低，目标管理体制不够完善、制度不够健全、机制不够规范。一些一流大学，例如北京大学没有实施目标管理，清华大学实施的是"五年规划 + 年度任务分解"式这种非正式的目标管理模式，华中科技大学是从 2019 年才开始正式实施目标管理制度的。

二 成因分析

(一) 思想认识方面

一些高校领导者和管理者对 2014 年中共中央办公厅印发《关于坚持和完善普通高等学校党委领导下的校长负责制的实施意见》，以及教育部发布的《高等学校章程制定暂行办法》《高等学校学术委员会规程》等文件学习不够，理解不够全面、深入，导致在贯彻落实普通高等学校的领导体制、治理体系与运行机制过程中站位不高、信心不足、办法不多、行动迟缓，仍然习惯于按照经验管理高校，对"教授治学、民主管理"等心存疑虑、流于形式。

一些高校领导者和管理者对包括目标管理理论在内的现代高等教育管理理论知之不多、认识不深，尤其是对目标管理是人本管理、自我管理的本质认识不深刻，对高校学术性组织特性认识不到位，习惯于按照上级工作要求，依靠学校职能部门制定工作目标，开展监督检查考核，忽视调动学院、教师参与目标管理的积极性，致使目标管理所需要的治理结构、制度体系、运行机制等方面存在缺失。

（二）组织管理方面

一些高校主要负责人因循守旧，缺乏因校制宜、大胆管理创新的魄力和勇气，凡事总要看看周围院校、同类院校情况，不愿、不敢在目标管理机构设置、部门职责、岗位职责上大胆创新。例如，一些高校为了不触动机构改革这个敏感领域，无视实施目标管理不但需要专门机构，更需要深谙教学科研规律的专业化管理人才和队伍这一基本事实，长期把实施目标管理的职能放置在校长办公室、党政办公室等这类综合性办事机构，也有些把人事处作为目标管理的牵头单位。由于组织机构设置不到位、专业化程度不高、权威性不高，导致一些高校在目标管理的职责体系建设方面，存在职能部门工作职责交叉、层级不清、主次责任不明；在推进目标管理过程中，基于各部门自身利益考虑，相互推诿扯皮，自我降低与本部门相关的学校发展目标质量，有利益的事情就做，得罪人的事情不愿做等。

（三）制度建设方面

目标管理作为当今有理想、有抱负、敢担当高校领导者的一种重要管理工具，应当有一套科学、合理、规范的目标管理制度体系，才能保障目标管理沿着预定的轨道前进。在已经实施目标管理的高校中，有近一半高校的目标管理制度分散在其他文件中，甚至有部分高校"根本没有目标管理专门文件"。说明这部分高校的领导者依法治校、依规开展目标管理工作的意识还较为淡薄，对目标管理的研究不够，领导班子成员之间沟通不足，统筹协调制定目标管理制度的能力还较差，高校党委对目标管理工作及其制度建设重视不够等。

（四）流程设计方面

如前所述，高校目标管理运行机制包括"一个中心""五个阶段""十六个环节"。"1516"运行机制的各个阶段和环节，既相对独立，且环环相扣，构成一个相互作用、相互制约的有机整体，任何一个阶段和环节的失误均能对目标管理效果产生负面影响。

目前一些高校目标管理流程中存在的诸多问题，均与高校目标管理牵头部门专业化程度不高、专业人员短缺、方案前期调研与论证工作不充分、发扬民主不够、决策程序不完善等因素有关。

（五）作风建设方面

一些高校领导者和中层管理者，全心全意为广大教职工生服务、为学校发展服务、为高等教育现代化建设服务的宗旨意识还不够牢固，密切联系群众、一切依靠群众，大兴调查研究的工作作风还没有全面养成，这与一切唯领导意志、唯部门利益的官僚主义作风还有一定的市场等因素有关。

（六）保障措施方面

突出表现为对学校重大、重点发展目标的资源配置不到位，全校上下一心、实现目标的合力还不足，这与一些高校的目标管理领导体制、组织管理体系、管理制度和宣传教育不力等因素有关。

（七）关于部属高校目标管理运行机制存在问题原因的特别说明

1. 部属高校由于学科基础、生源条件、科研基础、人力资源、办学资源等相对较好，特别是汇聚了一批对学术职业有情怀、"不用扬鞭自奋蹄"的优秀学术人才，因而在一些部属高校的领导层看来，只要学校匹配以相应的教学科研条件，依靠这批学术人才的自醒自觉，自然会产出批量的高水平成果，似乎不太需要过于刚性的目标管理制度。还有少数部属高校由于各方面资源相对充足，工作压力不大，亦认为无需实施目标管理。

2. 一些部属高校，习惯于按照上级命令办事，用上级关注的发展规划、年度工作计划、综合改革方案、重点项目等工作代替目标管理。

3. 还有一些部属高校由于对目标管理的作用和意义认识不到位，宣传不到位，导致目标管理机制设置不够科学，实施目标管理的校内学术阻力较大。

第三节　高校目标管理的新趋势

一　由统一式目标管理向分类目标管理转变

为加快落实《中共中央国务院关于深化科技体制改革　加快国家创新体系建设的意见》和《国家中长期教育改革和发展规划纲要（2010—2020年）》文件精神，国家教育部在2013年11月颁布的《教育部关于深化高等学校科技评价改革的意见》（教技〔2013〕3号）中明确提出："深化高校科技评价改革的目标是，根据不同类型的科技活动特点，建立导向明确、激励与约束并重的分类评价标准和开放评价方法。"[①] 根据不同学科的属性、特点，针对科技活动人员、创新团队、平台基地、科研项目等不同对象，按照基础研究、应用研究、技术转移、成果转化等不同工作特点，分别建立科学合理、各有侧重的评价标准体系，已经成为国家关于高校科技评价改革的基本要求。由统一式目标管理走向分类目标管理，正在成为高校目标管理的一种新趋势。

CH大学是湖北省属高校中规模最大、学科门类较全的综合性大学。该校也是国内较早进行院系目标管理的高校之一。CH大学在2004年开始启动院系目标管理时，全校按照统一的指标体系，分年度进行目标任务的制定与考核，属于大一统的管理。但是随着学院独立性增强，原有统一的目标管理体系难以体现学科差异，也与鼓励学院自主特色发展等不相适应。为此，该校陆续在院系年度目标管理方案中做了如下调整：第一，目标管理指标体系体现学科差异。根据学科性质不同，该校实行文科与理工农学科之间纵向经费按照1∶5的标准计算；横向经费不列入

---

① 中华人民共和国教育部：《教育部关于深化高等学校科技评价改革的意见》，2014年8月2日，http://www.moe.edu.cn。

关键指标，不考核（地质类、石油类学院横向经费很多，其他学院则很少）。第二，学校目标管理考核实施单项奖励，奖励具体数额是各个单位在册人数乘以人均单项奖励标准。第三，目标管理考核实施同行评议、同类评议。2013 年，该校再次对现行的目标管理指标体系进行重大调整，由原来一把尺子、一个指标体系度量所有学院的目标管理改为按照六大学科群制定指标，考核实施同行评议、同类评议和分学科群评优。

浙江工业大学是浙江省属重点综合性大学。该校于 2009 年年初开始对学院（部）实施任期目标责任制。该校在实施目标责任制伊始就非常注重根据校内各单位在完成学校总体目标任务中的不同作用，制定相应的考核办法，实施分类考核，分类奖励，向完成学校目标任务贡献大的单位和学院倾斜。例如，学院作为考评对象，被区分为综合职能学院和部分职能学院，进行不同指标体系的考核；在对学校科研工作进行年度考核时，学院被分成理工科类学院和人文社科类学院，分别进行考核等。2012 年实施的新目标管理方案把学校机关党政群部门区分成目标任务直接相关的部门（教务处、科研院等）和目标任务间接相关的部门（除直接相关部门和发展规划处外）进行考评。对于直属单位，组织年度和任期综合工作评优。

二 由年度目标管理向年度目标与任期目标相结合的目标管理转变

当前我国高等学校的中层干部（处级）大多为 3 年一个任期。3 年对于高校的发展来说，属于中长期发展的一个阶段，阶段也需要一个目标（短期目标）。阶段目标是学校中长期发展目标的组成部分，也是实现学校中长期发展目标的前提与基础。实行学校二级单位领导班子任期目标责任制，任期届满要进行任期考核，符合高校内部管理规律，也符合科学研究与学科发展规律，能够为教师们提供一个比较宽松的科研环境。年度考核的作用主要体现在进度检查与评估上。毕永竹、陶静茹认为，"年度考核与任期考核在操作层面的区别在两方面：一是在指标设计上，年度考核要求简单，只需大致勾勒出关键指标的完成情况；任期考核综合性强，指标涵盖面要广，能真实有效地反映出任期的工作实绩。二是在考核结果的使用上，年度考核也给予一定的奖惩，但这主要是激励作用，奖惩的比例与幅度不应太大；任期考核的使用要与制定任期目标时确定的标准一致，并在下一年度的聘任中作为重要的聘用依据"①。因此高校目标管理应为年度目标与任期目标相结合的目标管理，以任期目标管理为主。

董泽芳、张继平提出，应认真研究目标管理的考核周期问题，提出短周期考核（1—3 年考核 1 次）与长周期（5 年及以上考核 1 次）考核各有利弊。"从原理上来说，考核频率越高，则考核效果越好，但在实际设计中，既要考虑考核成本、考核制度的实用性与适用性，又要在客观上符合结果性目标与行为性目标自身周期的特点。对于结果性目标，要采用低频率的考核周期。对于行为性目标，则宜采用高频率考核周期。"②

国家教育部在《教育部关于深化高等学校科技评价改革的意见》（教技〔2013〕3 号）中提出："建立长效评价机制，避免频繁评价。根据科技活动类型、学科特征，结合人事聘用合同、项目过程的要求，适当延长评价周期，注重评价实效。科技活动人员的评价周期原则上不少于 3 年，对青年科技人员实施聘期评价，创新团队和平台基地的评价原则上不少于 5 年，根据绩效情况可减少、减免评价。"③

然而，我国许多高校实施的是年度目标管理，每年年初定目标，年底考核检查，每年各种报表、总结汇报材料繁多，工作量大，各部门怨声载道，有些院校实施目标管理效果并不理想。CH 大学在 2004 年启动院系年度目标管理之初，按照全校统一的指标体系，分年度进行目标任务的制定与考核。但 2013 年 7 月，据时任该校负责院系年度目标管理工作的大学发展研究院常务副院长黄义武教授介绍，该校院系年度目标管理实施 10 年来，虽然取得了很大的成绩，但是考虑到高校的教学科研等主要工作都需要一个较长的周期，实施院系年度目标管理周期太短，建

---

① 毕永竹、陶静茹：《高校实行任期目标责任制的反思》，《职业时空》2012 年第 6 期，第 55—57 页。
② 董泽芳、张继平：《高校目标管理的主要特征及实施策略》，《高等教育研究》2008 年第 11 期，第 39—44 页。
③ 国家教育部：《教育部关于深化高等学校科技评价改革的意见》，2014 年 8 月 2 日，http://www.moe.edu.cn。

议最好能转变为3—5年一个周期,当然也可追踪年度进展,进行年度考核。因此,由年度目标管理向年度目标与任期目标相结合的目标管理转变,既符合高等教育规律,也是高校目标管理发展的趋势。

浙江工业大学于2009年年初开始对学院(部)实施二级单位领导班子任期目标责任制。该校实施目标责任制的基本原则之一就是"年度考核与任期考核相结合"。2012年年初,该校完成首轮学院(部)任期目标责任制期满考核工作之后,修订出台了《浙江工业大学关于实施目标责任制的若干意见》、《浙江工业大学目标责任制考评实施办法》等系列文件,进一步完善了目标责任制的目标体系和考评体系,并与学校机关各部门和学院(部)签订了2013—2016年任期目标责任书,全面启动了学校第二轮任期目标责任制。该校实施任期目标责任制以来,综合办学实力由武书连主持的《2008中国大学评价》排名的第80位,上升到2012年第71位,2014年又飙升至65位,6年提升了15个位次,显著地提高了学校的综合办学实力。自2017年启动了第三轮(2017—2020年)目标管理责任制至今,在国家大力实施"双一流"建设的背景下,这所非国家"双一流"建设高校,2019年仍然保持在该排行榜第65位,显示了其不俗的办学综合实力。

三 由常规目标管理向重点目标管理转变

源于企业的目标管理的核心思想包括:(1)组织的目的和任务必须转化为目标,企业的各项工作必须以企业的目标为导向;(2)管理人员的目标应强调协作和集体的成就,在每个管理人员的目标中应该明确规定其在实现公司各个业务领域的目标中应有的贡献;(3)企业高层对管理人员和员工必须通过目标进行领导,目标的实现过程则由其自我控制;(4)对管理层和员工进行考核和奖惩也必须依据目标[1]。

我国许多高校在实施目标管理之初,都在努力把学校所有工作都企图转化为目标。教学工作、科研工作、学科建设、人事工作、学生管理、招生就业、后勤管理、财务基建、对外交流、党建工作、宣传统战、工

---

[1] [美]彼德·德鲁克:《管理的实践》,机械工业出版社2006年版,第136—139页。

会工作、安全保卫等都纳入目标管理范畴，这样就造成了高校目标管理中的目标体系非常庞杂、具体指标数量更多。这些目标都要经过年初目标制定、年中检查、年终总结等，统计、总结、考评等工作量甚大。由于主次不分、重点不明，学院与管理服务部门关系处理欠妥当，资源配置不到位等，导致有些地方高校实施目标管理的效果并不理想，甚至有些院校中途放弃。

"以重大突破性目标为主，与重要基础性目标相结合"是浙江工业大学实施目标责任制的基本原则之一。根据中长期发展规划纲要确立的总体发展目标和主要发展指标，该校将阶段发展目标（2013.6—2016.6）分解为重大突破性目标和基础性目标。该校的重大突破性目标包括：国家重点学科、国家重点实验室、国家工程研究中心、国家工程实验室或国家工程技术中心、教育部人文社科重点研究基地、引进或培育两院院士、国家科学技术一等奖、国家973和863计划首席专家等10项。重要基础性目标包括：研本比，生师比，国家级教育教学成果奖，专任教师，国家级教学名师，"长江学者"、国家"千人"计划、国家杰出青年基金获得者等理工科与人文社科类高端人才，教育部创新团队，一级学科博士学位授权点，一级学科排名进入全国前20%，国家级二等奖，教育部人文社科奖等20项内容。其他项目都不纳入学校层面的目标管理范围。

CH大学在2004年开始实施的目标管理是以《CH大学年院（系）目标管理实施方案》为标志的院系全面目标管理阶段，其年度考核指标体系包括关键指标体系、常规指标体系和绩效指标体系这三个层次的指标体系，指标体系内容庞杂，难以突出重点。2016年，为进一步提升学校的核心竞争力，确保学校各项重大决策和中长期规划的顺利实施，CH大学目标管理开始由院系全面目标管理，向以学院核心竞争力提升为主的关键性目标管理转变。在该校发布的《2016年学院核心竞争力评估方案》中，给出了由学校制定的《2017年度学院目标任务考核清单》。学院目标任务考核清单主要包括具有博士学位专任教师占比、人才引进、师资培养、一年级本科生外语四级通过率、毕业率、学位授予率、学士学位论文重复率（≤30%）的篇数占被抽检总篇数的比例、考研录取率、毕业生一次性就业率、国家自然科学基金与社会科学基金数量、收录论文数

（SCI、SSCI、CSSCI 收录论文）、科研到账总经费这 12 项指标，大大缩减了常规性目标任务指标数量，突出了与学校核心竞争力相关的关键性指标。

河南科技大学在新颁布的《河南科技大学行政工作目标管理实施办法》（2014—2016 年）中，只确定了 12 项重大突破性目标和 25 项关键性目标是由学校检查、考核的，其他工作均由职能部门纳入常规管理工作中。这一做法抓住了学校发展中面临的主要矛盾，突出了学校重点工作目标，也减轻了学院的负担；同时这一做法还彻底改变了该校 2010—2012 年初次实施行政工作目标管理时的传统（对教学学院的目标设置包括本科教学、科学研究、学科建设、研究生教育、招生与就业工作、学生教育与管理、师资队伍建设、安全工作、其他管理工作等九大一级指标 89 个二级指标）。该校 2016 年发布的《行政工作目标管理任务分解实施细则》（2016—2020 年）继承了学校目标管理主要关注重大目标任务和关键性目标任务的这一成功做法。

四 由强制性目标管理向诱导性目标管理转变

浙江工业大学成功实施目标责任制的经验证明，学校一些重大、重要发展目标任务的落实必须以相应的资源配置作为支撑，资源配置既包括任务分解伊始的人、财、物等资源适度向承担重大、重要目标任务的单位和个人的适度倾斜和集中，也包括对完成任务后的奖励。即目标与资源配置挂钩，吸引相关单位积极认领目标，实现由强制性目标管理向诱导性目标管理转变。

例如，《浙江工业大学目标责任制考评实施办法》中明确规定："岗位资源与目标任务、绩效相挂钩。学校根据重要目标任务设置高级岗位，将学科和平台类岗位设置中的 6、7 级岗的 50% 岗位用于目标责任类高级岗位的设置，通过统筹分配、直接核拨、自主申领等形式，将岗位资源配置到相应的二级目标责任单位。""岗位资源奖罚。学校根据目标任务直接下达的高级岗位津贴，在任期结束时没有完成相应任务的二级责任单位，学校作为培育性投入，不扣减相关二级责任单位的经费，但考评分按规定扣减；对于自主申领的目标任务，在任期结束时没有完成相应任务的二级责任单位，学校将从该单位的学院理财经费中扣取投入该单位相应目标责任类高级岗位三年津贴总额的50%，同时按规定扣减目标任务考评分。""人才引进、用房、平台建设经费等资源进行倾斜配置。相关资源向学校目标责任单位和目标任务优先倾斜。建立与目标任务相关的高端人才引进绿色通道和快速反应机制。用房资源和平台建设经费，突出重点，优先保障目标任务的需要。"

华中科技大学在2011年颁发的《华中科技大学院（系）发展目标制定的指导意见》（校发〔2011〕57号）中提出，"院（系）制定发展目标要不断强化战略思维，增强发展目标的前瞻性和挑战性；必须坚持世界一流与中国特色、学校目标与院（系）定位相结合，始终确保人才培养的中心地位，实施一票否决，体现理想、体现责任、体现科学发展；必须有利于学校总体目标的实现和本单位优势与特色的充分发挥"。同时为引导、激励院（系）科学制定发展目标，学校在配套制定的《华中科技大学院（系）资源配置的指导意见》（校发〔2011〕60号）中提出："学校按照院（系）在学校发展目标中的定位，确定院（系）发展目标，学校对院（系）实行相应的资源进行配置。"院（系）发展目标过低，直接影响学校对其资源配置。这样就把学院（系）在学校发展目标中的定位、院（系）发展目标与学校对院（系）的资源配置关联起来了，有利于引导院（系）科学制定发展目标。

五 由以院系目标管理为主向职能部门与院系目标任务捆绑的目标管理转变

大学是学科与事业单位组成的矩阵[①]。高等学校的种种活动都是学者围绕学科、大学和学院等学术组织来进行的。学院是高校的基本构成单元，也是学科的具体组织表现形式。学院相对于高校中其他部门而言，具有较强的自主性和独立性。当今高校之间的竞争，从表面上看是高校综合实力的较量，但其核心是高校间若干学科建设水平之间的较量，亦

---

① ［美］伯顿·克拉克：《高等教育系统》，王承绪译，浙江教育出版社1994年版，第13—15页。

即学院之间的较量。因此,许多地方高校目标管理的对象主要是院系,对机关职能部门不实行目标管理。这样做的弊端在于,如果机关职能部门不作为或者乱作为,则会影响到学院的发展。

浙江工业大学在 2012 年实施的新一轮的目标管理中,把学校重大突破性目标设置了一级和二级责任单位。一级责任单位是学校相关业务职能部门(如教务处、研究生院、科研院、社科院),二级责任单位是承担该项任务的学院;学院任务能否完成与业务职能部门能否完成任务直接挂钩,相应目标任务完成后学校给予的奖励业务部门和学院都有份。这样就把职能部门与学院目标任务捆绑起来,使他们结成目标任务共同体、利益共同体,从而最大限度地调动了这两者的积极性、主动性和创造性,有利于学校发展重大目标的实现①。

河南科技大学在《河南科技大学行政工作目标管理实施办法》(2014—2016 年)中也采取类似措施,取得了很好的效果。

六 由目标管理考核为主向目标考核与绩效考核并重转变

在当今高等教育质量提升和资源约束双重压力并存的大背景下,不但要树立实现大目标要有大投入、大激励的观念,还要树立有投入要讲绩效,大投入更要讲绩效的观念。长江大学的目标管理非常注重绩效评估。在该校《2011 年院(系)目标管理实施方案》中,其年度考核指标体系不但包括关键指标体系和常规指标体系,还包括了绩效指标体系。年终,依据关键指标和常规指标考核结果,评选出"目标管理工作年度先进单位"并给予奖励;依据绩效评估结果评选出"绩效贡献奖",并与院(系)绩效挂钩。该校发布的《2016 年学院核心竞争力评估方案》规定,年初给各学院下达年度目标任务考核清单,年底学校根据各学院达标比例划拨相应的工作经费;同时学校年底围绕各学院人力资源、人才培养、学科建设、科学研究 4 项一级指标及 20 项二级指标,进行核心竞争力评估,并依据评估结果,划拨一定额度的奖励性绩效工资用于核心

---

① 田虎伟、严全治:《地方高校目标管理的新趋势》,《中国高等教育学会 2014 年高等教育国际论坛论文集》,2014 年,第 113—116 页。

竞争力评估奖励，给总分前三名和人均得分前三名的学院授予"2017年核心竞争力突出贡献奖"。这样就把目标管理与绩效管理各自的作用充分发挥了出来，目标管理侧重各院系对学校发展的贡献度，重在产出指标；绩效管理同时考虑了这些院系年度产出和学校所投入的资源情况，不但有利于学校节约资源，也有利于不同学科性质、大小不同院系之间的公平竞争。

第九章

新时代高校目标管理机制的构建

如前所述,高校章程实现程度与目标管理工作制度建设状况、目标管理工作成效之间均存在显著线性正相关关系。高校章程实现程度对目标管理工作制度建设状况、目标管理工作成效的影响均较大,目标管理工作制度建设状况对目标管理工作成效的影响很大。因此,高校目标管理作为高校内部的一种重要管理方式、管理工具,当且仅当在遵循高校章程确立的内部治理体系大前提下,不断完善目标管理工作制度,优化目标管理机制,才可能取得应有的成效。

高校目标管理机制由高校中参与目标管理的主体要素发起,为实现目标要素,统筹推进主体之间,主体与客体、目标、条件、制度之间相互作用的过程、方式和功能,包括主体、客体、目标、条件和制度五个基本要素。人是管理的主体和对象,目标是工作的对象,高效地实现工作目标既需要一定的工作条件和制度环境,更需要调动人的主动性和创造性。因此,构建系统完备、科学规范、民主高效的高校目标管理机制,还需要正确认识高校目标管理活动的效益、效率和效能三者关系,高度重视并加强领导效能中介条件建设,必须坚持问题导向,注重顶层设计,强化统筹协同推进,以加强高校中层管理人员的思想政治素质、管理能力、工作作风等建设为基础,以健全完善运行顺畅的目标管理流程体系为重点,加强高校目标管理组织体系、职责体系、制度体系建设,充分发挥各个职能部门的整体功能,才可能达到预期效果。本章拟从新时代高校目标管理机制构建的指导思想与基本原则、路径与策略角度,探讨新时代高校目标管理机制的构建。

第一节 新时代高校目标管理机制构建的指导思想与基本原则

高校目标管理机制构建是一个较为复杂的系统工程，必须注重顶层设计，在正确的目标管理指导思想指引下，以解决实际问题为导向，坚持系统性、整体性、科学化、民主化、法治化等基本原则，强化统筹协同推进，才能构建协调、高效的目标管理机制。

一 新时代高校目标管理机制构建的指导思想

以习近平新时代中国特色社会主义思想为指导，以高校章程为根本遵循，充分发挥"党委领导、校长负责、教授治学、民主管理"治理体系功能；以全面深化高校目标管理体制机制改革作为根本路径，强化注重顶层设计；以建立系统完备、科学规范、运行协调高效的目标管理机制为目标，坚持问题导向，以思想体系、组织体系、职责体系、制度体系、流程体系、作风体系这六大体系建设为抓手，强化统筹协同推进，重点提高运行机制的科学性、民主性和法治化水平，全面提升高校依法依规从事目标管理的能力，加快推进高校治理体系和治理能力现代化。

二 新时代高校目标管理机制构建的基本原则

基本原则是目标管理机制建构过程中必须遵循的基本要求。

（一）系统性

一是要立足于目标管理机制的主体、客体、目标、条件和制度五个要素，全面考虑各要素内部及要素之间的相互作用、相互影响的方式和功能，不能缺失任何一个要素及其相关子要素。二是把影响目标管理五要素的思想体系、组织体系、职责体系、制度体系、流程体系、作风体系这六大体系作为机制建构的一个整体系统，区分层次和重点，系统协同推进，即以思想体系建设为前提，以组织体系、职责体系为依托，以制度建设为核心，以流程体系优化为重点，以作风建设为保障。三是目标管理运行机制的系统性。高校目标管理运行机制是"一个中心""五个阶段""十六个环节"完整而连续的循环系统，任何一个阶段、一个环节出了问题，都会影响机制整体的协调性和效率。

（二）整体性

一是目标管理对象的整体性。党政机关、教学科研机构、直属附属机构等高校二级单位分别有各自的职能，只有充分发挥各自的职能，才能保障学校的运转正常，从而实现学校的总体目标。因此只有把高校全部二级单位作为目标管理的对象，才能全面确保学校总体目标的实现。二是目标的整体性。虽然在一定时期内，高校总体目标只有一个，但是总体目标的实现要依托学科建设、人才培养、科学研究、社会服务等分目标的支撑和实现，即相关分目标都必须围绕学校总体目标来设计和实施。

（三）科学化

一是学校目标管理牵头机构应具有专业咨询机构和行政机构双重职能，人员配置特别是其领导班子成员应具有教学科研经历和行政管理经验。二是学校总体目标及其分领域目标的设定应充分考虑学校的历史、现实基础和可能性，并要有数据支撑，同时要具有一定的前瞻性和适度的增长率。三是学校分解给各二级单位的指标，要充分考虑其学科特点、平台、师资队伍、资源、增长潜力等因素，即要有一定的标准和科学依据。四是目标管理任务书周期与考核周期应符合高水平教学科研成果产出周期。五是考核指标体系设计应做到定性与定量相结合。

（四）民主化

管理科学中的人际关系学说和行为管理理论等均认为，人不仅是理性经济人，也是有情感的社会人，因而管理过程中要注重发挥人的积极性和能动性。大学治理和目标管理均强调多元主体参与。因此，目标管理应在"一个中心""五个阶段""十六个环节"中尽可能给利益相关者提供参与协商和对话的机会，特别在目标制定阶段要广泛发动相关二级单位负责人和教职工参与；在目标分解阶段要尽可能给二级单位领导班子和负责人提供参与协商和对话的机会；在目标实施阶段要广泛宣传，调动广大教职工完成目标的积极性；在目标考核阶段要做到过程考核与结果考核相结合，根据二级单位工作性质选择相应的评估主体和考核时机；在目标考核结果应用阶段，应尽可能及时全面公示考核结果，在问题改进环节应尽可能为问题较多的二级单位提供对话的机会，查找问题原因，帮助其提高改进。

（五）法治化

目标管理方案中的目标制定、任务分解、目标考核等重要事项，应符合"党委领导、校长负责、教授治学、民主管理"的治理体系要求，符合高校相应组织机构的议事规则和制度要求。

（六）高效性

效率是科学管理理论的终极追求。只有以目标实现为导向，不断加强六大体系建设，强化统筹协调，确保管理流程运行顺畅，才可能实现目标管理高效运行。

第二节　新时代高校目标管理机制构建的路径与策略（上）
——思想体系、组织管理体系、职责体系建设

遵循新时代高校目标管理机制构建的指导思想与基本原则，以全面深化高校目标管理体制机制改革作为根本路径，以不断加强高校目标管理的思想体系、组织管理体系、职责体系、制度体系、流程体系、作风体系建设为抓手，努力建构系统完备、科学规范、民主高效的目标管理运行机制、保障机制、动力机制、评价机制。

一　思想体系建设

（一）高校各级管理者应加强以高校章程为核心的现代大学制度学习，形成法治思维习惯，夯实现代大学治理的法治思想根基

如前所述，"章程是高等学校依法自主办学、实施管理和履行公共职能的基本准则"。章程是建设中国特色现代大学制度的基础和关键，"党委领导、校长负责、教授治学、民主管理"是现代大学制度中对内部治理体系的一个基本要求。高校要以实施章程为核心，并通过章程实施，

健全高等学校规则和制度体系，营造一流的大学文化，实现一流的管理和服务，从而提高高校治理体系和治理能力的现代化水平。

大学治理体系现代化是指大学治理组织系统结构的现代化，核心是大学决策权的配置；大学治理能力现代化是大学治理者把治理体系的体制和机制转化为一种能力，发挥治理体系功能，提高大学治理能力，核心是实现大学治理者素质和方法方式的现代化。"治理体系现代化和治理能力现代化的关系是结构与功能的关系，硬件与软件的关系"；只有实现了治理体系的现代化，才能培养治理能力的现代化；同时，治理能力又对治理结构产生积极或消极的影响，善于治理、敢于变革，可以有效地推动治理体系现代化。

高校内部治理主要由高校党委、校长、学术委员会和工会四大组织主体组成。每一个主体都由相应的组织体系、职责体系、制度体系和议事规则等组成。因此，高校各级管理者只有在认真学习、领会党和国家关于这四大主体的组织原则、职责、制度及规则等法律法规的前提下，才能真正理解、领会"党委领导、校长负责、教授治学、民主管理"之间的关系，才有可能在目标管理实践中正确处理好四者之间的关系。

关于"党委领导"和"校长负责"的主要方式、内容以及基本要求的法规主要由《中华人民共和国高等教育法》《中国共产党普通高等学校基层组织工作条例》（以下简称《工作条例》）、《关于坚持和完善普通高等学校党委领导下的校长负责制的实施意见》（以下简称《实施意见》）[①]等组成，体现党和国家关于普通高等学校领导体制及其运行机制的基本规范要求，是高校党委、校长行使各自权力的基本依据。《工作条例》提出："高等学校实行党委领导下的校长负责制。高等学校党的委员会统一领导学校工作，支持校长按照《中华人民共和国高等教育法》的规定积极主动、独立负责地开展工作，保证教学、科研、行政管理等各项任务的完成。高等学校党的委员会实行民主集中制，健全集体领导和个人分

---

① 中共中央办公厅：《关于坚持和完善普通高等学校党委领导下的校长负责制的实施意见》，2014年10月15日，http://www.moe.gov.cn。

工负责相结合的制度"。①

《实施意见》进一步从三个方面对党委发挥领导核心作用作出规定："一是在《普通高等学校基层组织工作条例》规定的党委职责基础上，从管方向、管全局、管干部、管人才以及党要管党等方面，赋予了党委10项工作任务，对党委领导的内容和途径作了规定。二是强调高校党委实行集体领导与个人分工负责相结合，坚持民主集中制原则，同时明确党委书记的主要职责。三是对党委议事决策制度进行规范。"校长是学校的法定代表人，校长主持学校行政工作，"从两方面提出保证校长依法行使职权的具体措施：一是明确校长负责的主要内容和形式。在高等教育法规定的校长职权的基础上，结合高校改革发展形势，从10个方面对校长负责的内容进行归纳和界定。二是对高校行政议事决策机构的设置和会议制度等做出规定。明确校长办公会议（校务会议）为学校行政议事决策机构，校长通过校长办公会议（校务会议）研究提出拟由党委讨论决定的重要事项的方案，具体部署落实党委决议的有关措施，研究处理教学、科研、行政管理工作。同时，对其议事范围、议事规则、参会人员等提出要求"②。

坚持和完善党委领导下的校长负责制的基本要求："首先必须明确，党委在学校处于领导核心地位，统一领导学校的工作；校长和其他行政领导班子成员自觉接受党委的集体领导，认真贯彻执行党委决定。其次，要正确处理党委领导和校长负责的关系。党委总揽学校改革发展稳定的全局，把好方向，抓好大事，管好干部，加强党的建设和思想政治工作，尊重和支持校长独立负责地开展工作，力戒包揽行政事务。校长在党委集体领导下依法行使职权，积极主动地做好教学、科研和行政管理工作。最后，要认真贯彻执行民主集中制。党委领导下的校长负责制是高校贯彻执行民主集中制的具体体现。要按照'集体领导、民主集中、个别酝酿、会议决定'的原则研究决定重大事项。坚持集体领导和个人分工负

---

① 中共中央：《中国共产党普通高等学校基层组织工作条例》，2010年8月13日，http://www.kfu.edu.cn。
② 中组部、教育部负责人解读《关于坚持和完善普通高等学校党委领导下的校长负责制的实施意见》，2014年10月17日，http://dangjian.people.com.cn。

责相结合，集体决定了的事情，领导成员按照分工分头去办，勇于负责，防止推诿和扯皮。各地各高校通过建立健全具体的工作制度和机制，保证党委领导下的校长负责制的贯彻执行"①。

关于"教授治学"的规章主要体现在教育部印发的《高等学校学术委员会规程》以及各高校颁布的学术委员会章程中。其中包括了本科高校学术委员会性质定位（是学校最高学术机构）和职责定位（具有统筹行使教学、科研等学术事务的决策、审议、评定和咨询等职权），委员的构成、产生程序、增补办法、会议制度和议事规则等。

关于"民主管理"的主要法规，主要依据是《中华人民共和国工会法》《中国教育工会章程》等，高校工会是职工自愿结合的工人阶级的群众组织，代表职工的利益，依法维护职工的合法权益。工会通过职工代表大会或者其他形式，组织职工参与本单位的民主决策、民主管理和民主监督。此外，民主管理在《工作条例》和《实施意见》中也有所涉及。

关于"党委领导、校长负责"与"教授治学、民主管理"之间的关系及其实现途径，中组部、教育部负责人在解读《关于坚持和完善普通高等学校党委领导下的校长负责制的实施意见》中这样说道："加强学术组织建设，充分发挥其在学科建设、学术评价、学术发展和学风建设等方面的重要作用，积极探索教授治学的有效途径。对专业性、技术性较强的重大决策，应经过专家评估及技术、政策、法律咨询。进一步健全师生员工参与民主管理和监督的工作机制，实行党务公开和校务公开，发挥教职工代表大会和群众组织的作用。事关师生员工切身利益重要事项的决策，应通过教职工代表大会或其他方式，广泛听取师生员工的意见建议②。"

教育部印发的《高等学校章程制定暂行办法》是高等学校制定各自学校章程的基本依据。各高校按照法定程序颁布的学校章程，在高校中

---

① 中组部、教育部负责人解读《关于坚持和完善普通高等学校党委领导下的校长负责制的实施意见》，2014年10月17日，http://dangjian.people.com.cn。

② 中组部、教育部负责人解读《关于坚持和完善普通高等学校党委领导下的校长负责制的实施意见》，2014年10月17日，http://dangjian.people.com.cn。

具有"基本法"地位；高校章程是高等学校实现治理体系现代化，建设具有中国特色现代大学制度体系的基石。

高校各级管理者只有在全面系统学习上述法规文本，深入领会其指导思想、制度规范、机制要求的前提下，才可能结合各自在高校管理中角色定位，充分履行其岗位职责。高校才有可能在目标管理实践中，既充分发扬民主，汇聚教学科研一线人员的共识，又充分发挥校长负责制和党委统一领导的集体决策优势，才可能形成党委统一领导、党政分工合作、校长依法依规负责、教授依法依规治学、教职工依法依规参与民主管理的工作局面，从而为形成协调高效的目标管理工作机制打下坚实的思想根基。

（二）高校各级管理者应加强目标管理理论学习和宣传工作，形成有利于实施目标管理的良好氛围，夯实目标管理的目标与心理共识根基

目标管理理论相比于中国传统教育的经验管理而言，是一种新的管理理念、管理理论和管理方法。管理学大师德鲁克于1954年提出目标管理思想，其基本依据是组织中先有目标，然后才有每个人的工作。目标管理（MBO）是以目标为导向，以人为中心，以成果为标准，使得个人和组织取得最佳业绩的一种现代管理方法，也是一种把复杂事情简单化的思想方法和工作方法。高校管理者应该学会这一方法。目标管理通过把组织总目标分解为子目标，子目标通过组织层级，层层分解至个人，使得每个部门和个人都有目标任务，千斤重担众人挑，人人头上有指标，其核心是一种分解的思想。目标管理的优势在于：有目标就有考核，有考核大家工作中就有方向感，易于激励，容易进行有效管理，目标任务明确切实，易于管理控制。目标管理的实施程序：首先对目标进行设定，其次对目标进行分解，再次在过程中辅以绩效管理进行监控，最后考核目标的实现情况；在原有目标实现之后，再按照PDCA（Plan/Do/Check/Action）的思路制定新目标，这样持续循环，实现管理的持续提升。

然而，在我国一些高校的目标管理活动中，一方面一些高校管理者习惯于经验管理，对于新的管理理论与方法学习不多、了解不多，在对目标管理思想的实质、工作流程、重点难点等认识不充分的情况下匆匆

决策实施目标管理，因而导致目标管理实施方案总体设计不周密，责权利不配套，对重点阶段、重点环节重视不够，协商、沟通、宣传等工作不到位，目标分解阻力重重等；另一方面，一些高校的部门和单位的负责人习惯安于现状，不愿意承担更多任务，对目标管理内心有排斥情绪，在推行目标管理工作中对任务再次分解办法不多，措施不力，赏罚不明等，导致学校整体目标在层层分解中受阻，落实不力，最终难以落实到每个人。

因此，高校各级管理者应加强目标管理理论的学习，领会目标管理的本质，把握目标管理各阶段和各环节之间的关系，在重点难点阶段和环节加大时间、精力、财力等投入，深入开展自上而下与自下而上的目标制定活动，通过协商、沟通，让大多数教职工参与学校总体发展目标和各领域子目标的制定过程，同时教学目标、科研与学科建设目标要经过校学术委员会的审议，然后提交校长办公会议讨论，最终经过校党委统筹研判内外形势，集体讨论，汇聚共识，做出决定。

学校总体目标及主要子目标一旦确定之后，做好目标的宣传工作既是目标制定阶段的重要组成部分，也是做好目标分解工作的前提。学校要通过各种渠道、各种形式的宣传教育活动，解决来自各二级单位负责人和教职工态度和思想方面的阻力，增强全体管理人员和师生员工对学校发展目标的认同感，为目标分解工作营造上下同欲的心理氛围。学校目标教育宣传有两个层次：（1）要做好各二级单位负责人的宣传教育工作。其中，一是要重点宣传学校所面临的外部环境压力，树立危机意识，只有各方共同努力，才能"转危为机"，只有勇于竞争，才能争创"一流和卓越"；二是要宣传全校共识，要求各部门、各单位要从学校整体利益出发，坚持部门、单位目标自觉服从上级目标，服从整个学校目标，倡导利用目标管理中的突出管理成果，去赢得学校、区域、国内甚至国际上的地位和尊重；三是要求管理者把这种思想和压力传导给本单位每一个教职工生。（2）要充分利用平面媒体、网络媒体、会议传达等方式，面向全校教职工生做目标宣传教育，做到学校目标人人知晓，实现目标人人有责①。中国古代著名军事家孙膑说过："间于天地之间，莫贵于人"，以人为本，教职工生有共同愿景，有共同追求，目标的实现就会指日可待，即"上下同欲者胜"。

二 组织管理体系建设

高校新的管理模式、新的战略定位必然要求相应的组织管理体系变革。高校组织管理体系必须围绕高校新的战略、新的管理模式、核心业务等进行相应变革。组织管理体系包含各种子体系，有组织构架、组织变革、流程再造与组织再造等，是一个较为复杂的有机系统。组织管理体系变革首先表现为组织架构和岗位设置的变革。

《关于坚持和完善普通高等学校党委领导下的校长负责制的实施意见》（以下简称"实施意见"）规定，校长主持学校行政工作，拥有"组织拟订和实施学校发展规划、基本管理制度、重要行政规章制度、重大教学科研改革措施、重要办学资源配置方案……组织拟订和实施学校内部组织机构的设置方案。按照国家法律和干部选拔任用工作有关规定，推荐副校长人选，任免内部组织机构的负责人"等职权。但是学校党委拥有"讨论决定事关学校改革发展稳定及教学、科研、行政管理中的重大事项和基本管理制度……讨论决定学校内部组织机构的设置及其负责人的人选，依照有关程序推荐校级领导干部和后备干部人选"等主要职责②③。

高校实施目标管理制度应该属于学校的基本管理制度。要建立与目标管理相适应的组织管理体系，势必涉及学校内部组织机构的调整和重大教学科研改革措施、重要办学资源配置方案等。按照《实施意见》中的规定，组织拟订和实施学校发展规划、基本管理制度以及学校内部组

---

① 陈岳堂、胡勤高：《地方高校实行目标管理的现状与对策》，《高等农业教育》2012年第11期，第7—11页。
② 教育部：《高等学校学术委员会规程》，2020年3月9日，2014年1月29日，http://old.moe.gov.cn。
③ 中共中央办公厅：《关于坚持和完善普通高等学校党委领导下的校长负责制的实施意见》，2014年10月15日，http://www.moe.gov.cn。

织机构设置方案的工作属于校长主持的行政工作，但学校学术委员会对教学科研改革和重要办学资源配置有咨询职权，对事关师生员工切身利益的重要事项，应通过教职工代表大会广泛听取师生员工的意见建议，党委拥有上述事项的讨论决定权。因此，本书认为，高校目标管理组织体系的变革，必须在坚持高校党委领导下的校长负责制的前提下，按照组织管理体系顶层化、组织领导双重化、机构设置专业化的原则来进行。变革后高校目标管理组织体系框架图见图9—1所示。

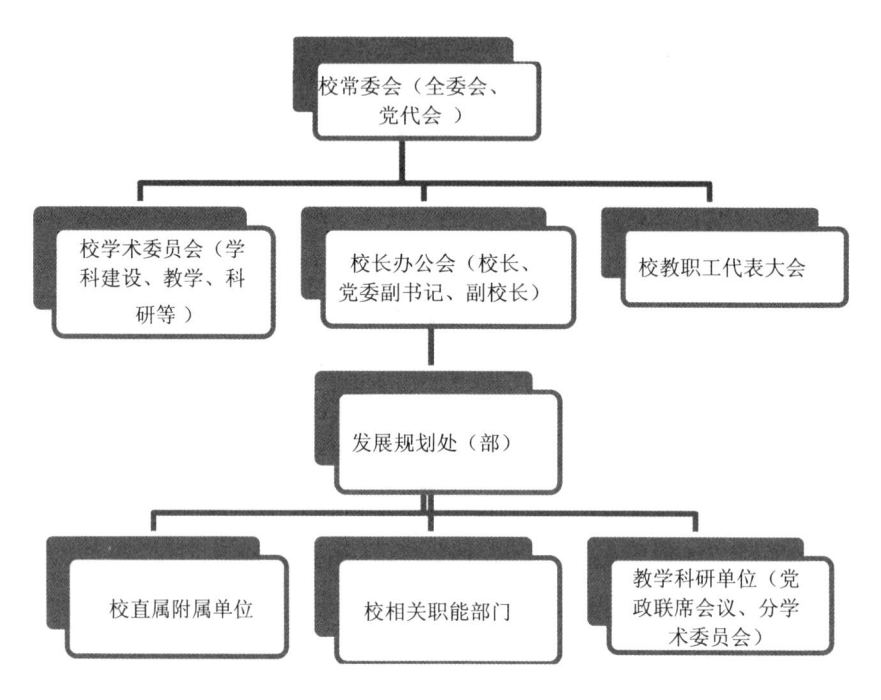

图9—1　高校目标管理组织体系框架

（一）组织管理体系顶层化

按照《中华人民共和国高等教育法》《中国共产党普通高等学校基层组织工作条例》《关于坚持和完善普通高等学校党委领导下的校长负责制的实施意见》等，贯彻落实高校章程中的"党委领导、校长负责、教授治学、民主管理"治理体系要求，构建其目标管理组织体系。

（二）组织领导双重化

鉴于学校党委和校长在发展规划、基本制度、重要行政规章制度、重大教学科研改革措施、重要办学资源配置方案、内部组织机构设置方案及负责人的任免等方面职能有交叉，但所起作用又有"组织拟订和实施"和"讨论决定"之差别，因此，为减少中间环节，提高组织效率，从事学校目标管理方案论证、组织、领导和控制的职能部门，应由校党委和校长双重领导为宜。

（三）机构设置专业化

根据本书对95所实施目标管理高校的调查可知，目前高校目标管理的牵头部门有发展规划处、人事处、校长办公室、党政办公室、直属学校校长或书记领导的目标管理办公室等，依次占到总数的32.63%、21.05%、15.79%、14.74%、7.37%，其中发展规划处占比最高。另据实地调研得知，近些年来，浙江工业大学、南京信息工程大学、河南科技大学、河南理工大学等均对目标管理组织管理体系进行了组织变革或组织再造，由原来的人事处、校长办公室/体制改革办公室等部门主管目标管理工作，变更为由发展规划处既负责学校中长期发展规划编制，也负责校二级单位目标管理工作，这样就基本把编制发展规划的专业化骨干力量保留下来从事目标管理工作，保障了学校目标管理工作不偏离发展规划的既定方向，实现了学校发展规划的落实与二级单位目标管理工作相结合。

还有个别高校设置了目标管理的职能型机构——目标管理办公室。笔者认为，这样的机构设置有一定的科学性，显示出学校对目标管理工作的重视。但是专职的目标管理办公室，一方面职能过于单一，工作的季节性强，人员配置数量少，研究力量势必薄弱；另一方面，目标管理职能如果不能与发展规划、高教研究等职能结合，势必降低其科学性、全局性、系统性，也不利于提高组织效率。

因此，高校应设置相对专业和独立的目标管理组织实施机构——发展规划部和发展规划处，两个机构合署办公，受校党委和校长双重领导，统一负责学校中长期事业发展规划、目标管理、政策研究，特别是高等教育管理研究等工作。

三 职责体系建设

（一）职责体系明晰化

下面按照自下而上的顺序探讨高校目标管理的职责体系。

1. 教学科研单位

（1）应邀积极参加学校中长期发展规划、任期/年度目标管理制定座谈会、研讨会等，有理有据地提出建设性意见和建议。也可通过正当方式向学校目标管理相关部门反映情况、建议和意见。

（2）制定本单位中长期发展规划、任期/年度目标管理任务书。①制定发展目标的基本要求：制定发展目标要不断强化战略思维，增强发展目标的前瞻性和挑战性；必须坚持学校目标与本单位定位相结合，始终确保人才培养的中心地位和科技创新能力的持续提升，体现理想、体现责任、体现科学发展；必须有利于学校总体目标的实现和本单位优势与特色的充分发挥。②制定程序：第一，教学科研单位要根据学校提出的发展目标指标体系，结合本单位实际和发展可能，充分发扬民主参与，主动听取有关方面的意见和建议，提高本单位教职员工的参与度，将发展目标制定过程作为解放思想、达成共识、凝聚人心的过程，制定本单位的中长期发展规划、任期/年度目标管理；第二，教学科研单位与学校沟通，教学科研单位应把拟定的发展目标与校领导及各职能部门负责人进行讨论，说明制定指标的依据及可行性，学校考察其合理性，逐步达成共识。提交各自单位内部的学术委员会和教职工代表大会讨论、审议；第三，教学科研单位上报审议，教学科研单位将制定的发展目标上报学校目标管理主管部门初审，无异议后提交学校校长办公会、党委常委会审议通过后进入实施阶段。

（3）应建立健全目标落实的责任体制。

（4）在学校财经制度允许的框架下，对为本单位目标管理做出突出贡献的个人、团队和基层单位进行奖励。

2. 直属附属单位

根据本单位在学校职能体系中的定位，按照学校的统一部署，制定本单位中长期发展规划、任期/年度目标管理任务书，上报学校审议通过后组织实施，建立健全目标落实的责任体制。

3. 目标管理间接相关职能部门

目标管理间接相关职能部门是指不直接协助学校目标管理职能部门分解学校目标任务的职能部门。应结合本部门工作职责，制定本部门的任期/年度目标管理任务书，上报学校审议通过后组织实施，建立健全目标落实的责任体制。

4. 目标管理直接相关职能部门

目标管理直接相关职能部门是指直接协助学校目标管理职能部门制定、分解、组织实施学校中长期发展规划、目标管理工作的职能部门。其工作职责包括：

（1）协助学校制定中长期发展规划。（2）负责本部门的业务中长期发展专项规划制定，并提交学术委员会审议。制定业务发展目标必须坚持与学校发展目标定位相匹配；业务发展目标要有前瞻性和挑战性，体现理想、责任和科学发展。例如，学科建设中长期发展规划、专业设置中长期发展规划、师资队伍中长期发展规划、科学研究中长期发展规划、对外学术交流合作等。（3）负责任地协助目标管理职能部门制定学校目标任期目标/年度目标制定工作，科学、公平、公正地做好与本部门相关的学校目标任务分解、组织领导、过程监控和考核工作。（4）结合本部门工作职责，制定本部门的任期/年度目标管理任务书。上报学校审议通过后组织实施。（5）建立健全目标落实的责任体制。组织协调制定科室岗位工作，把目标任务分解到每个科室、每个岗位，实时监控工作进度，做好组织协调和保障工作。

5. 发展规划部/发展规划处

（1）牵头制定学校中长期发展规划，组织协调中长期发展规划目标任务分解、过程监控和总结评估。（2）指导目标管理直接相关职能部门、教学科研单位、直属附属单位制定各自的中长期发展专项规划和单位中长期发展规划。（3）制定学校目标管理实施方案（办法）、辅助文件及相关配套文件。（4）组织实施学校目标管理工作。根据学校中层干部任期，组织协调学校职能部门和二级单位任期/年度目标管理责任书的制定、初审工作，经过学校党委讨论决定后，负责组织实施、过程监控、年度与任期考核等工作。（5）开展国际国内和省域高等教育发展研究，跟踪国内外高等教育一流大学的发展趋势和动态，为学校的办学理念、发展定位及重大决策提供战略性和前瞻性的政策建议或决策依据。（6）根据教育发展规律和地方区域经济发展需要，负责学校发展战略、体制改革、重大决策的调查研究、方案论证等工作。（7）负责学校的教育事业综合统计工作，统一审核学校对外有关数据。（8）负责做好上级有关部门和学校领导交办的其他工作。

6. 校学术委员会

《关于坚持和完善普通高等学校党委领导下的校长负责制的实施意见》提出，"加强学术组织建设，健全以学术委员会为核心的学术管理体系与组织架构，合理确定学术组织人员构成，制定学术组织章程，保障学术组织依照章程行使职权，充分发挥其在学科建设、学术评价、学术发展和学风建设等方面的重要作用，积极探索教授治学的有效途径[1]"。国家教育部2014年颁布的《高等学校学术委员会规程》（以下简称"规程"）提出："高等学校应当依法设立学术委员会，健全以学术委员会为核心的学术管理体系与组织架构；并以学术委员会作为校内最高学术机构，统筹行使学术事务的决策、审议、评定和咨询等职权。"同时，对学术委员会对学术事务的决策、审议、评定和咨询等职责权限分别作出了相应规定。

（1）决策、审议职责权限的范围、条件与效力。"规程"第十五条规定了"（一）学科、专业及教师队伍建设规划，以及科学研究、对外学术交流合作等重大学术规划；（二）自主设置或者申请设置学科专业；（三）学术机构设置方案，交叉学科、跨学科协同创新机制的建设方案、学科资源的配置方案；（四）教学科研成果、人才培养质量的评价标准及考核办法；（五）学位授予标准及细则，学历教育的培养标准、教学计划方案、招生的标准与办法；（六）学校教师职务聘任的学术标准与办法"[2]

---

[1] 中共中央办公厅：《关于坚持和完善普通高等学校党委领导下的校长负责制的实施意见》，2014年10月15日，http://www.moe.gov.cn。

[2] 教育部：《高等学校学术委员会规程》，2020年3月9日，2014年1月29日，http://old.moe.gov.cn。

等 6 项学校事务决策前，应当提交学术委员会审议，或者交由学术委员会审议并直接做出决定。

毫无疑问，上述 6 项学术事务是学校学术委员会法定的审议职权。但是，审议职权不等于决策职权，审议职权要转化为决策职权需要一个前提条件，即学校（校长或校党委）事前授权"交由学术委员会审议并直接做出决定"。如果没有在事前决策中获得学校决策授权的话，那么学术委员会审议职权行使后，其职责就履行完毕，其最终决策权就由学校校长和党委决定。

（2）评定职责权限的范围、条件与效力。"规程"第十六条规定了学校实施"（一）学校教学、科学研究成果和奖励，对外推荐教学、科学研究成果奖；（二）高层次人才引进岗位人选、名誉（客座）教授聘任人选，推荐国内外重要学术组织的任职人选、人才选拔培养计划人选；（三）自主设立各类学术、科研基金、科研项目以及教学、科研奖项等"[①] 等事项时，涉及对学术水平做出评价的，应当由学术委员会或者其授权的学术组织进行评定。

毫无疑问，学校实施涉及上述 3 方面事项的学术水平评价，是学术委员会法定的评定职权。但是当这些学术事项不涉及学术水平评价时，学术委员会则无此评定权，例如，学校是否决定实施这些事项、何时实施，以及实施这些事项的规模、数量等。

（3）咨询职责权限的范围、条件与效力。"规程"第十七条"学校做出下列决策前，应当通报学术委员会，由学术委员会提出咨询意见：①制订与学术事务相关的全局性、重大发展规划和发展战略；②学校预算决算中教学、科研经费的安排和分配及使用；③教学、科研重大项目的申报及资金的分配使用；④开展中外合作办学、赴境外办学，对外开展重大项目合作；⑤学校认为需要听取学术委员会意见的其他事项。学术委员会对上述事项提出明确不同意见的，学校应当做出说明、重新协

[①] 教育部：《高等学校学术委员会规程》，2020 年 3 月 9 日，2014 年 1 月 29 日，http：//old. moe. gov. cn。

商研究或者暂缓执行"①。

毫无疑问，学校在对上述5方面学术事项做出决策前，应当通报学术委员会提出咨询意见。这是法定的咨询职权，学校应当在决策前无条件通报学术委员会。这5方面学术事项虽然是学术委员会的咨询权，但是如果出现学术委员会对上述事项提出明确不同意见的情况，学校应当采取三种措施之一：一是做出说明；二是重新协商研究；三是暂缓执行。

在本书对95所实施目标管理高校的调查中，有78.95%的被调查者认为"教授治学"是高校章程所规定的治理体系中的薄弱环节；在本书对129所高校"十三五"规划审议发布程序的调查中，经校学术委员会审议的比例只有17.83%。其主要根源在于学校对学术委员会法定的审议权、咨询权等没有给予足够的重视，因而在一些省属与市属高校组建学校和学院学术委员会时，搞变相变通，统一把学院副院长作为无行政职务的专任教授对待，导致学术委员会委员构成比例"注水"，但是实际上没有行政职务的专任教授比例严重偏低，而具有行政职务的上述成员大都参与了规划编制工作或征求意见座谈会活动，因而被一些高校领导班子成员认为"十三五"规划已经征求过大多数学术委员会委员意见，不需要重复再过一次程序审议等现象成为常态。再例如，一些高校在向上级主管部门推荐一流学科、重点学科时，以学科领导小组审议代替学术委员会审议等。其实质都是忽视了学术委员会对目标管理中相关学术事项的咨询权、审议权。

综上所述，学校学术委员会在学校实施目标管理过程中，承担以下职责：

第一，审议和委托决策职责。审议与学校目标管理相关的学科、专业、教师队伍建设规划、科学研究等重大学术规划，或者受学校委托审议并直接做出决定。第二，咨询职责。为学校制定与学术事务相关的全局性、重大发展规划和发展战略提出咨询意见，对学校实施目标管理所进行的涉及教学、科研经费的安排和分配及使用，教学、科研重大项目

---

① 教育部：《高等学校学术委员会规程》，2020年3月9日，2014年1月29日，http://old.moe.gov.cn。

的申报及资金的分配使用，开展中外合作办学、赴境外办学及对外开展重大项目合作等提出咨询意见。

7. 教职工代表大会

（1）民主管理的职责。高校工会组织教职工参加教职工代表大会并提交相关提案，听取学校有关师生员工切身利益重要事项的报告。（2）民主监督职责。要求学校及时实行党务公开和校务公开，向师生员工、群众团体、民主党派、离退休老同志等通报学校重大决策及实施情况。对学校作出相关决议，如果认为侵犯了教职工的合法权益，及时提出变更、调整要求。

8. 校长及校长办公会、校党委

关于校长及校长办公会、校党委的工作职责按照中共中央办公厅颁布的《关于坚持和完善普通高等学校党委领导下的校长负责制的实施意见》和各高校制定的实施细则执行。

第三节 新时代高校目标管理机制构建的路径与策略（下）
——制度体系、流程体系、作风体系建设

一 制度体系建设

（一）制度体系建设的认识论和方法论问题

1. 要不要制定目标管理制度？

健全高校目标管理制度体系是提高学校自主管理能力的需要。2019年中共中央、国务院印发的《中国教育现代化2035》提出，要提高学校自主管理能力，"完善学校治理结构。继续加强高等学校章程建设，创新章程实施保障机制，切实发挥章程在学校治理中的关键作用。完善现代职业学校制度，建立学校、行业、企业等共同参与的学校理事会或董事会。坚持和完善公办普通高等学校党委领导下的校长负责制。完善高等学校法律顾问、理事会、教职工代表大会、学生代表大会、学术委员会等制度，扩大院系自主权，推动行政职员化、后勤社会化发展"①。高校目标管理是落实学校全局性、重大发展规划和发展战略的一项重要举措，必须有健全的制度和机制，否则就难以有序开展自我管理。

健全高校目标管理制度体系是有效实施目标管理的需要。目标管理是依据确定的目标进行管理。学校给二级单位确定目标，一定要有依据、有标准，而且目标体系一旦确定，就要按照既定目标指标执行和考核，不可随意增减指标数量，这就必须靠制度。同时，目标管理，是人本管理，在制度完备的前提下，要大胆放权，充分发挥二级单位的主动性和创造性，尽可能减少过程干预，这同样要有制度保障。

2. 谁来制定？

根据中共中央办公厅发布的《关于坚持和完善普通高等学校党委领导下的校长负责制的实施意见》，高校党委是高校制定目标管理制度的讨论决定者，校长是目标管理制度的组织拟定者和实施者，校学术委员会是目标管理制度的咨询者、审议者，教职工代表是目标管理制度的参与者、监督者、执行者。当然，目标管理制度的具体拟定由学校职能部门——发展规划部/发展规划处牵头进行。

3. 目标管理的对象是谁？

应把学校所有二级机构都列为目标管理的对象。高等教育系统是由生产知识的群体构成的学术组织，高等教育系统内围绕学科组织起来的有两种工作结构，即学科和高校，学科和事业单位在高校的基层单位汇合成为教学科研单位——学院或者学系，每个学科单位在第一线任务方面都具有不证自明的重要性，因此高校属于重在基层的组织。学院是高校的基本构成单元，也是学科的具体组织表现形式。学院相对于高校中其他部门而言，具有较强的自主性和独立性。当今高校之间的竞争，表面上是高校综合实力的较量，但其核心是高校间若干学科建设水平之间的较量，亦即学院之间的较量。因此，许多地方高校目标管理的对象主要是院系，对机关职能部门不实行目标管理。这样做的弊端在于，如果机关职能部门不作为或者乱作为，则会影响到学院的发展。

---

① 《中国教育现代化2035》，2019年2月23日，http://www.gov.cn。

这是因为，虽然人才培养、科学研究是学校的主要业务，这些任务主要由教学科研单位来承担，但是要高质量完成这些业务，需要一流的师资、一流的设施设备、一流后勤、一流管理等。就拿一流师资来说，有了一流师资，如果没有一流设施设备，一流师资也是"巧妇难为无米之炊"；即使有了一流设施设备，但是后勤服务、管理部门障碍重重，一流师资也难以安心从教从研，难以产出高质量的教学科研成果。即使有了高质量的成果，也需要加强组织间沟通、协调、宣传和传播。因此，学校机关和直属附属单位不能做目标管理的旁观者。

4. 怎么制定？

（1）目标管理制度的制定模式。一般来说，制定目标管理制度有"自上而下""自下而上""自上而下与自下而上相结合"三种模式。其中更为科学、更为民主的方式当属"自上而下与自下而上相结合"模式。

（2）目标管理制度的主要制定方法。一是标杆法，即寻找一个学习榜样，按照榜样的办法来制定目标、分解目标、评估目的的达成度。标杆法的优势在于能够快速确定一个发展参照系，确定一个发展方向，但是在执行考核过程中存在着标杆高校及其二级单位近况指标无法获取、无法比较而可能使目标考核陷入窘境。二是SWOT分析方法，是对发展的环境扫描和态势进行分析，该方法很有必要但是结论过于宏观。三是混合分析法。结合制定者掌握的已有校内外情况，在SWOT分析的基础上，寻找学习标杆、分析扬弃，然后结合目标分析法（在学校各种目标及目标之间寻找构建合理关系的过程）、综合分析法（包括综合指标法、时间数列分析法、统计指数法、因素分析法、相关分析）和质性访谈法等。

混合分析法需要制定者有驾驭各种研究方法的能力和相关管理经验。这就对牵头制定目标管理制度的发展规划部/发展规划处负责人及其主要参与者提出了很高的要求，例如，负责人要对高等教育发展有前瞻性、预见性的研究，要有从事教学科研工作经历，有一定的管理理论与经验，要有超强的文字表达能力等规划设计能力，团队要有一定规模，成员要有高等教育学、管理学以及数学等多学科背景。

5. 制定什么？

高校目标管理的内容当然是要围绕高校人才培养、科学研究、社会服务、文化传承创新、国际交流与合作等主要职能开展。同时，目标管理中的目标，既要有学校总体的发展愿景、标志性阶段目标与发展水平等定性指标，更要有人才培养、科学研究、社会服务等领域发展的若干重大和关键性量化指标，即发展目标要坚持定性目标与定量指标相结合。那么，在当前深入贯彻落实习近平总书记在全国教育大会和2018年两院院士大会上破除"五唯"（唯分数、唯升学、唯文凭、唯论文、唯帽子）重要讲话精神背景下，仍然强调目标管理要有定量指标，是否与上述精神相违背呢？

笔者认为，只要认真研究一下2020年2月教育部、国家知识产权局、科技部《关于提升高等学校专利质量 促进转化运用的若干意见》和教育部、科技部印发的《关于规范高等学校SCI论文相关指标使用树立正确评价导向的若干意见》等国家行政主管部门最新贯彻落实破除"五唯"的文件，不难发现，高质量的、适当的量化指标不仅必要，而且是贯彻落实习近平总书记系列讲话精神的具体行动。其中，教育部、国家知识产权局、科技部《关于提升高等学校专利质量 促进转化运用的若干意见》提出，与国外高水平大学相比，我国高校专利还存在"重数量轻质量""重申请轻实施"等问题，为落实全国教育大会部署，坚持新发展理念，全面提升高校专利创造质量、运用效益、管理水平和服务能力，今后国家专利管理工作要坚持质量优先、突出转化导向、强化政策引导基本原则，高校要树立专利等科技成果只有转化才能实现创新价值、不转化是最大损失的理念，突出转化应用导向，停止对专利申请的资助奖励，大幅减少并逐步取消对专利授权的奖励；在组织实施方面，"国家将加强政策引导。将专利转化等科技成果转移转化绩效作为一流大学和一流学科建设动态监测和成效评价以及学科评估的重要指标，不单纯考核专利数量，更加突出转化应用……教育部、国家知识产权局根据备案情况，每年公布高校专利转化实施情况，对专利交易情况进行监测[①]"。由此可见，国家不要单纯的专利数量，需要的是专利转化、科技成果转移转化的绩效指标。

在教育部、科技部印发的《关于规范高等学校SCI论文相关指标使用 树立正确评价导向的若干意见》中提出，为扭转当前在职称评定、绩效考核、人才评价、学科评估、资源配置、学校排名等学术评价中"过度追求SCI论文相关指标，甚至以发表SCI论文数量、高影响因子论文、高被引论文为根本目标的异化现象"，"规范各类评价工作中SCI论文相关指标的使用，鼓励定性与定量相结合的综合评价方式，探索建立科学的评价体系，引导评价工作突出科学精神、创新质量、服务贡献，推动高等学校回归学术初心，净化学术风气，优化学术生态"，为此，要"建立健全分类评价体系。对不同类型的科研工作应分别建立各有侧重的评价路径。对于基础研究，论文是成果产出的主要表达形式，坚决摒弃'以刊评文'，评价重点是论文的创新水平和科学价值，不把SCI论文相关指标作为直接判断依据；对于应用研究和技术创新，评价重点是对解决生产实践中关键技术问题的实际贡献，以及带来的新技术、新产品、新工艺实现产业化应用的实际效果，不以论文作为单一评价依据。对于服务国防的科研工作和科技成果转化工作，一般不把论文作为评价指标[②]"。由此可见，对基础研究而言，论文仍然是成果产出的主要表达形式，不过要摒弃"以刊评文"；对于应用研究而言，"不以论文作为单一评价依据"。

同时，该文件还提出要完善学术同行评价，规范各类评价活动，改进学科和学校评估，优化职称（职务）评聘办法，扭转考核奖励功利化倾向，树立正确政策导向等方面提出了相关要求。但是，笔者对其中的"扭转考核奖励功利化倾向。学校在绩效和聘期考核中，不宜对院系和个人下达SCI论文相关指标的数量要求，在资源配置时不得与SCI相关指标直接挂钩。要取消直接依据SCI论文相关指标对个人和院系的奖励，避免

---

① 教育部、国家知识产权局、科技部：《关于提升高等学校专利质量促进转化运用的若干意见》，2020年2月21日，http://www.moe.gov.cn。

② 教育部、科技部：《关于规范高等学校SCI论文相关指标使用 树立正确评价导向的若干意见》，2020年2月23日，http://www.moe.gov.cn。

功利导向"[1] 等，持不同意见，一方面这些规定过于细致，涉嫌干涉高校办学自主权；另一方面，文件前后逻辑上不自洽，既然认可论文是基础研究成果产出的主要表达形式，那么就不宜对学校特别是以理科为主的高校在绩效考核和聘期考核中限制其"不宜对院系和个人下达 SCI 论文相关指标的数量要求，在资源配置时不得与 SCI 相关指标直接挂钩"等，同时我们可以假设一下，如果这些规定得到严格执行的话，高校从事基础研究人员还能够干什么？毫无疑问，"SCI 论文至上"倾向应该得到纠正，但是不能取而代之以另外一种极端倾向。中国古语曰："过犹不及。"

（二）建立健全目标管理制度体系

1. 主体制度：《关于实施目标管理责任制的若干意见》

应在高校党委领导下研制发布学校《关于实施目标责任制的若干意见》，其中主要内容应包括：实施目标责任制的基本原则（重大突破性目标与关键性目标相结合；定量与定性目标相结合；年度考核与任期考核相结合；资源配置与目标责任制相关联；职能部门目标责任与直属单位目标责任制相关联）、组织领导（成立委员会或者领导小组，办公室设在学校发展规划部/学校发展规划处）、战略目标（重大目标、关键性目标 20—40 项为宜）、目标责任的设置（重大突破性和关键性目标分别确定学校相应职能部门和学院作为一级、二级责任单位）、考核评价（包括考评对象、考评内容类别、考评方式、考评原则与等级设定等）、保障与奖惩等。同时，要有学校重大和关键性目标及责任单位分解表清单。

2. 辅助制度：《目标管理责任制考评实施办法》

以《关于实施目标管理责任制的若干意见》为基本依据，进一步研制学校《目标管理责任制考评实施办法》或《目标管理责任制实施细则》。主要内容包括：基本原则（强化目标考评与优化综合考评相结合、分类考评与等效评价相协调，量化体系与目标导向相契合、协同参与和目标责任相关联、年度考评与任期考评相衔接、资源配置与目标责任相挂钩等），考评对象与考评组织、考评方式、考评量化体系、考评程序等

---

[1] 教育部、科技部：《关于规范高等学校 SCI 论文相关指标使用 树立正确评价导向的若干意见》，2020 年 2 月 23 日，http：//www.moe.gov.cn。

详细规定。

3. 配套制度

如果学校认为《关于实施目标管理责任制的若干意见》《目标管理责任制考评实施办法》或《目标管理责任制实施细则》暂时不宜或者还未能把目标管理与资源配置、绩效工资挂钩、干部选拔任用等相关规定说明清楚的话，那么可针对这些内容做进一步专项规定。

二　流程体系建设

在思想体系、组织体系、职责体系、制度体系建构的基础上，还需要构建与其相配套、相适应的流程体系，这就需要对原有的目标管理流程体系进行优化，甚至再造。

（一）目标管理流程优化的基本思路

20世纪90年代以来，流程再造成为管理界的热门话题，被誉为继全面质量管理（TQM）理论之后的又一次企业管理革命。流程再造的思想是针对竞争环境和顾客需求的变化，对企业的业务流程进行根本的重新思考和彻底的重新设计，再造新的业务流程[1]。从广义的角度来理解，流程再造是一种组织变革模式，包括流程重新设计及其引发的一系列变革。以流程再造为中心的组织变革是以现代信息技术为平台，从流程再造入手，以提高企业组织整体绩效为目的的变革活动。流程再造是一次系统性的变革，其主要内容包括组织结构变革、运行机制优化、信息化建设和企业文化重塑等[2]。

高校目标管理流程体系优化不仅要考虑"效率导向"，还要考虑改革本身所具有的复杂政治性，要从管理与政治两个维度入手，才能兼顾改革的系统性和可持续性[3]。由于目标管理属于基本管理制度，地位重要、影响因素多、涉及面广、内容专业复杂、程序要求科学规范民主等，为

---

[1] 温晋:《流程再造与组织变革的协同》，硕士学位论文，首都经济贸易大学，2008年，第1—2页。

[2] 桑强:《以流程再造为中心的组织变革模式》，《管理科学》2004年第2期，第7—11页。

[3] 何哲:《行政体制改革中的管理问题与政治问题——基于组织变革和流程再造视角的分析》，《中国行政管理》2013年第9期，第20—24页。

此就必须建立促进信息交流与反馈、信息整理与利用等的快速、方便、经济、真实、有效的平台和机制。这就需要充分利用现代信息技术、通信技术和计算技术等,以建设目标管理专题网站为载体,搭建信息交流、监管、反馈的网络平台,通过视频会议、网络调查等方式民主征集意见和建议,构建线上线下相结合的混合式目标管理信息沟通机制,以期方便、快捷地进行工作交流,不但可节约时间、精力和物力等成本,及时保存数据信息、监控工作内容变动情况,更重要的是拓展了"教授治学、民主管理"的渠道,增加了师生员工参与决策的几率,实现了目标管理的公平、公正、公开,有利于营造上下同欲的目标管理文化[①]。

为此,当前高校目标管理流程体系优化的基本思路是:以习近平新时代中国特色社会主义思想为指导,全面贯彻党的十九大精神及习近平总书记在2018年全国教育大会讲话精神,立足高校实际情况,坚持问题导向,以体制机制改革为动力,以持续完善"党委领导、校长负责、教授治学、民主管理"治理体系和制度体系为核心,以运行机制优化等为关键,以一体化智能化教学、管理与服务平台建设为依托,充分利用现代信息通信技术和计算技术,提升教授治学、民主管理的参与度,助推目标管理民主化、精准化和决策科学化,提高管理运行效率和效用,加快形成系统完备、科学规范、民主高效的目标管理流程体系,提升学校一流人才培养能力、创新能力和核心竞争力。

就运行机制而言,如前所述,本书认为高校目标管理运行机制的操作程序包括"一个中心""五个阶段""十六个环节",简称"1516"运行机制。"一个中心"即高校目标管理所有工作都要以实现学校总体目标为中心;五个阶段指目标的制定、分解、实施、考核、结果应用;"十六个环节"即学校总体阶段性目标的论证决策、学校年度目标论证决策,分解依据、协商分解和定责授权,咨询指导、监控督察和调整纠偏,考核周期、遴选考核主体、制定考核标准、选择考核方式、得出考核结果、结果公示、问题改进和奖惩范围。"1516"运行机制既相对独立,又环环

---

① 陈岳堂、胡勤高:《地方高校实行目标管理的现状与对策》,《高等农业教育》2012年第11期,第7—11页。

相扣，构成一个相互作用、相互制约的有机整体，任何一个阶段和环节的失误均能对目标管理效果产生负面影响，当然这些环节的划分也不是绝对的，可以合并或交叉进行。以下主要根据本书前几章的调查结论，提出运行机制相应的优化建议。

(二) 目标管理流程优化的对策建议

1. 目标制定应与五年发展规划任务紧密衔接

在前述95所实施目标管理的高校中，77.89%的高校目标管理中的"目标"来源于学校"十三五"事业发展规划；在对129所高校"十三五"事业发展规划落实情况调查中，发现68.22%的高校把"十三五"规划主要指标纳入目标管理任务书。这既在一定程度上保证了目标管理中"目标"的科学性，也把学校"十三五"事业发展规划落到了实处。

2. 推广"有标准地协商"分解目标任务方式

习近平总书记在党的十九大报告中倡导要推动协商民主广泛、多层、制度化发展，保证人民在日常政治生活中有广泛持续深入参与的权利[①]。"有标准地协商"分解目标任务方式体现了一种有原则的协商式民主，是一种值得推广的目标任务分解方式。因此，高校决策者不但应在目标制定阶段充分发扬民主，科学制定学校发展目标，而且应把民主协商精神与教授治学、民主管理内部治理要求渗透到目标管理的任务分解环节，通过宣传动员会、征求意见会、问题协调会、任务分解会等形式开展广泛的沟通协商活动，营造上下同欲的组织氛围，激发教学科研单位和责任教授参与协商和认领目标任务的积极性。

3. 完善责、权、利相匹配的目标管理动力机制

高校在单位目标实施过程中，不但应明确各职能部门和教学科研单位的职责和任务，授予相应的权利，还要给予相应的利益，实现责、权、利相统一，以保证部门职责的履行和对各教学科研单位实施合理引导、协调和监督。各教学科研单位围绕确立的目标、赋予的责任、授予的权

---

① 习近平：《决胜全面建成小康社会 夺取新时代中国特色社会主义伟大胜利》，人民出版社2017年版，第45—46页。

利充分调动各方面的积极性，为目标的实现寻找最有效的途径①。例如，浙江工业大学在推行单位目标管理过程中，实施重大目标资源配置政策和相应的经济政策，取得了很好的效果。其具体做法包括：一是岗位资源与目标任务、绩效相挂钩。学校根据重要目标任务设置高级岗位，将学科和平台类岗位设置中的 6 级和 7 级岗的 50% 岗位用于目标责任类高级岗位的设置，通过统筹分配、直接核拨、自主申领等形式，将岗位资源配置到相应的二级目标责任单位。二是优化学院理财等相关经济政策。优化学院理财经费配置机制，调整学院拨款的标准和结构，完善教学绩效评价及奖励办法，实施科研绩效评价拨款，由学院（部）统筹使用。三是人才引进、用房、平台建设经费等资源向承担学校重大、关键目标的责任单位和团队优先倾斜。四是建立学校重大专项经费投入机制。学校每年设立重大建设与发展专项经费，由考评委统筹配置，分项投入完成重大目标任务的条件建设。

4. 科学设定目标管理周期

由于一些高水平的重大教学与科研成果产出周期较长，因此建议高校目标管理应与内部二级单位领导班子任期相结合，实施 3—4 年的单位目标管理周期较为适宜；同时在考核时实施"年度考核与任期考核相结合，以任期目标任务完成情况为主"的目标管理考核周期较为适宜。

5. 对于没有明确重点目标任务的行政部门和直属附属单位等改进考核方式，加大过程性考核力度

没有明确重点目标任务的行政部门和直属附属单位的主要职能是提供高质量的过程性服务，应注重过程管理，加大过程性考核权重的同时，把年底的一次性多维度民主测评变更为过程性服务对象测评，重点考察平时服务的行为性指标。

6. 建立考核结果信息公开化制度

目标管理考核结果是被考核对象高度关注的重要信息，应在保护评

---

① 董泽芳、张继平：《高校目标管理的主要特征及实施策略》，《高等教育研究》2008 年第 11 期，第 38—44 页。

议人和评议单位正当评议权力不受威胁或潜在威胁的前提下公示考核结果的主要信息。这既是高校目标管理激励先进、鞭策后进的需要，也是满足被考核对象知情权的需要，是高校目标管理运行机制法治化的必然要求。

7. 重视对考核结果的总结与问题改进

高校应重视对单位目标管理中涌现的优秀单位和个人的经验总结推广，也应重视对后进单位和个人的指导与帮扶工作，这既是整个管理工作链条中必不可少的环节，也是充分发挥高校目标管理作用的需要。

8. 采用多种激励方式，拓展考核结果的应用范围

高校目标管理考核结果在应用到与二级单位和个人奖金及绩效工资挂钩的同时，还应拓展到干部选拔晋升、荣誉称号等更深层次的个人职业发展和精神层面范围，从而增加激励方式的多样性和层次性，以满足和调动教职工多样化的需求。

9. 持续提高各流程规范化水平，提高目标管理工作成效

本书前述相关性研究表明，高校章程实现程度与目标管理工作制度建设状况、目标管理工作成效之间，两两都存在显著线性正相关性关系。因此，无论哪种类型的院校，要想提高目标管理工作成效，就必须在目标管理总体制度框架内不断总结实施过程中各流程操作环节的利弊得失，并及时纳入各流程操作指南或实施细则，提高各流程的科学化、民主化、规范化水平。

三 作风体系建设

（一）习近平总书记关于坚持不懈抓好作风建设重要论述

1. 党的作风就是党的形象

党的作风就是党的形象，关系人心向背，关系党的生死存亡。执政党如果不注重作风建设，听任不正之风侵蚀党的肌体，就有失去民心、丧失政权的危险。我们党作为一个在中国长期执政的马克思主义政党，对作风问题任何时候都不能掉以轻心。——《在十八届中央政治局第十六次集体学习时的讲话》（2014 年 6 月 30 日）

作风问题本质上是党性问题。对我们共产党人来讲，能不能解决好

作风问题，是衡量对马克思主义信仰、对社会主义和共产主义信念、对党和人民忠诚的一把十分重要的尺子。——《在第十八届中央纪律检查委员会第六次全体会议上的讲话》（2016年1月12日）

2. 怎样抓作风建设

（1）通过党的群众路线教育实践活动，聚焦"四风"问题抓作风建设

2013年中央反复研究，决定把开展群众路线主题教育实践活动的主要任务聚焦到作风建设上，集中解决形式主义、官僚主义、享乐主义和奢靡之风这"四风"问题。对"四风"问题，必须下大气力惩治。——2013年7月11日、12日，习近平在河北调研指导党的群众路线教育实践活动时的讲话

要从解决"四风"问题延伸开去，努力改进思想作风、工作作风、领导作风、干部生活作风，努力改进学风、文风、会风，加强治本工作，使党员、干部不仅不敢沾染歪风邪气，而且不能、不想沾染歪风邪气，使党的作风全面纯洁起来。——《在党的群众路线教育实践活动总结大会上的讲话》（2014年10月8日）

作风建设永远在路上，永远没有休止符，不可蜻蜓点水，不可虎头蛇尾，不可只是一阵风，否则不仅不可能从根本上解决问题，而且会导致作风问题不断反弹、愈演愈烈，最后失信于民。这方面过去有不少教训，要好好汲取。——《在听取兰考县和河南省党的群众路线教育实践活动情况汇报时的讲话》（2014年8月27日）[①]

（2）开展"三严三实"专题教育

我们抓作风建设，归根到底，就是希望各级干部都能树立和发扬好的作风，既严以修身、严以用权、严以律己，又谋事要实、创业要实、做人要实……这"三严三实"，是改进作风对各级干部的必然要求，要体现在抓作风建设各项工作之中，体现在各级干部首先是各级领导干部实

[①] 《习近平总书记关于坚持不懈抓好作风建设重要论述摘录》，2017年8月3日，http://cpc.people.com.cn。

际行动之中。——《深入推进作风建设》（2014 年 3 月 9 日）①

（3）坚持抓惩治和抓责任相统一

要本着于法周延、于事简便的原则，体现改革精神和法治思维，把中央要求、群众期盼、实际需要、新鲜经验结合起来，努力形成系统完备的制度体系，以刚性的制度规定和严格的制度执行，确保改进作风规范化、常态化、长效化，切实防止"四风"问题反弹。——《在十八届中央政治局第十六次集体学习时的讲话》（2014 年 6 月 30 日）

坚持抓惩治和抓责任相统一，对"四风"问题露头就打、执纪必严，同时要落实主体责任和监督责任，督促党的各级组织和领导干部强化责任担当。——摘自习近平总书记在十八届中央纪委七次全会上发表重要讲话新闻稿（2017 年 1 月 6 日）②

（二）高校目标管理存在的作风问题及其改进建议

1. 高校目标管理中存在的作风问题

一些高校领导和二级单位负责人形式主义、官僚主义、享乐主义倾向严重，在制定发展目标时，政绩观错位、责任心缺失，不是从学校长期事业发展所需要解决的关键问题入手，而是拈轻怕重，挑肥拣瘦，什么容易做什么，用轰轰烈烈的形式代替扎扎实实的工作落实，掩盖制约学校发展的主要矛盾和问题；在目标分解、过程监控、考核目标时，不愿做深入的调查研究，不愿意广泛征求教授和基层教职工意见，对学术指标随简化论证工作流程，凭想当然拍脑袋拔高要求，高高在上，脱离群众、脱离实际，拈轻怕重，推诿扯皮，不愿担当责任，贪图安逸，不给权力、不分利益不干活，成功时要分一杯羹，失误时把自己撇得一干二净等等。

2. 改进建议

首先从源头上抓起，严格按照新时代党的干部选拔任用标准，选拔配备忠诚、干净、担当的高校二级单位领导班子成员，坚决把那些对党

---

① 《习近平谈作风建设》，2019 年 7 月 30 日，http：//www.qstheory.cn。
② 《习近平总书记关于坚持不懈抓好作风建设重要论述摘录》，2017 年 8 月 3 日，http：//cpc.people.com.cn。

不忠诚、私心重、不愿干事、不会干事、不担当、不作为、乱作为的人从学校领导和中层干部队伍中剔除；其次，要按照思想体系、组织体系、职责体系、制度体系、流程体系、作风体系等建设的要求培养培训干部、使用干部、严格要求干部，提高干部队伍的治理水平和能力；最后，持续不断加强作风建设和党风廉政建设，打造一支敢于干事创业、能够干事创业的中层干部队伍。

从发展趋势上看，伴随着我国依法治国进程的推进，特别是我党对高校巡视工作的常态化、制度化，形成了推动高校治理体系和治理能力现代化加速推进的外部动力，对高校章程落实和目标管理制度运行机制的科学化、民主化、制度化提出了更高要求，目标管理运行机制中思想政治体系、组织体系、职责体系、制度体系、流程体系、作风体系等建设内容大多被纳入了巡视整改范畴，需要建立问题台账，只有认真整改，才能最终销号。我们有理由相信，只要认识到位，设计周密，组织得力，内外协同，上下同心，形成系统完备、科学规范、民主高效的高校目标管理运行机制前景光明，为期不远！

附录一

浙江工业大学关于实施目标责任制的若干意见

为贯彻落实学校第六次党代会精神，深入实施《浙江工业大学中长期发展规划（2011—2020年）》，加强学校战略管理，强化目标责任意识，建立目标责任机制，增强全校教职员工在实现学校战略目标过程中的积极性与凝聚力，加快推进"区域特色鲜明的综合性研究型大学"建设步伐，对实施新一轮目标责任制提出如下意见。

一 目的与意义

实施目标责任制是落实学校中长期发展规划的战略举措。以学校中长期规划为依据，以学校战略目标为导向，通过目标责任制，明确各单位、各部门的目标和责任，提高学校工作的战略集中度，实现学校战略目标的突破；发挥目标责任制的激励与约束作用，完善目标绩效与资源配置相挂钩的机制，强化职能部门统筹谋划、政策引导、开拓服务的责任和要求，激活学院、学科等基层学术组织的动力和活力，全速推进学校向研究型大学转型。

二 基本原则

1. 以重大突破性目标为主，与基础性目标相结合的原则。
2. 以定量目标为主，与定性目标相结合的原则。
3. 年度考核与任期考核相结合的原则。

4. 资源配置与目标责任相关联的原则。

5. 职能部门目标责任与直属单位目标责任相关联的原则。

三 组织机构

学校成立目标责任制管理与考核工作委员会（以下简称工作委员会）负责学校目标责任制实施细则的制定，学校目标责任的分解与审核，各单位、各部门目标责任的下达和目标责任的考核，学校重大战略目标资源配置等工作。

工作委员会办公室设在学校发展规划处。

四 战略目标与目标责任的设置

根据学校中长期发展规划纲要确立的总体发展目标和主要发展指标，学校将阶段发展目标（2012年6月—2015年6月）分解成重大突破性目标和基础性目标，并结合职能部门目标责任与直属单位目标责任相关联的原则，设置一级责任单位和二级责任单位，突出重点，整体推进，实现战略目标的分解与责任落实。

（一）学校重大突破性和重要基础性目标

详见学校重大突破性目标和重要基础性目标及责任单位分解表（另附表）。

（二）目标责任的设置

为提高学校的整体效率和协同效能，加快实现学校战略目标，学校对机关部门、学部、学院（部）和校级研究院实施目标责任制。工作委员会对学校发展目标进行分解和细化，各部门、单位在学校目标分解框架下，结合各自的工作特点和要求，初步拟定本部门、单位的三年任期目标任务书和年度工作计划，工作委员会在与各部门、单位充分沟通的基础上，指导、修正、审核各部门、单位的《任期目标任务书》和《年度工作计划》。《年度工作计划》可以根据实际情况进行滚动调整。

五 考核评价

依据《任期目标任务书》和《年度工作计划》，对机关部门、学院（部）和校级研究院实行任期考核和年度考核，对学部和建设期的校级研究院实行任期评价。

坚持核心目标考核与全面评价相结合。对有明确数量要求的目标指标实行完成任务考核；对没有明确数量要求的指标实行工作状态评价。考核评价结果分优秀、达标、基本达标、不达标四个等级。优秀：出色完成任期目标任务，并取得具有突破性意义的成绩，为提升学校的办学实力和社会声誉做出了较大贡献，领导班子战斗力和凝聚力强，群众满意度高；达标：全面完成任期工作目标任务；基本达标：完成任期目标任务70%以上；不达标：完成任期目标任务70%以下，或出现严重违纪现象。

学校可设置单项奖，奖励在人才培养、学科建设、科学研究等某方面对学校有重大贡献或实现自我突破和快速提升的单位和部门。

积极创新考核评价的方式、方法，充分发挥考核评价的导向、激励和监督作用。通过部门单位自评、相关群体民主测评、职能部门审核、专题会议评选、学校审定和结果反馈等程序，客观公正、科学合理地开展考核评价。

六 保障与奖惩

1. 学校实施重大目标资源配置政策和相应的经济政策。

2. 按照优秀、达标、不达标等考核结果，对相关部门、单位及其领导班子实行一定金额的奖惩（具体方案另行制定）。

3. 对学校具有重大突破性意义的战略目标实现，学校设置单项奖，奖励相关的部门、单位、团队和个人（具体方案另行制定）。

4. 单位、部门考核结果与干部聘任、任用相结合。连续两年年度考核成绩靠后且班子成员状态不佳或任期考核不达标的部门或单位，其领导班子重新聘任。

附件1：学校重大突破性和重要基础性目标及责任单位分解表（2012年6月—2015年6月）

附件2：浙江工业大学目标责任制考评实施办法

中共浙江工业大学委员会
2012年5月20日

附件1　　学校重大突破性和重要基础性目标及责任单位分解表（2012年6月—2015年6月）

		学校事业发展目标	2012年	2015年	增量	一级责任单位	二级责任单位
重大突破性目标	1	国家重点学科（个）	0	2	2	研究生院（学科建设处）	化材、生环、药学、机械、信息和计算机学院
	2	国家重点实验室、国家工程研究中心、国家工程实验室或国家工程技术研究中心（个）	0	1	1	科研院	工学一部、工学二部、化材、生环、药学和机械学院
	3	……					
重要基础性目标	1	研本比	1∶2.9	1∶2.5	／	研究生院 教务处	各学院（部）
	2	生师比	17∶1	15∶1	／	教务处 研究生院 人事处	各学院（部）
	3	国家级教育教学成果奖（项）	3	5	2	教务处	化材、机械、生环、信息、计算机、经贸、人文和理学院
	4	……					

注：其他基础性目标另行研究下达。

附件2　浙江工业大学目标责任制考评实施办法

为全面落实《浙江工业大学中长期发展规划纲要（2011—2020年）》，进一步加强学校战略管理，健全目标责任运行机制，根据《浙江工业大学关于实施目标责任制的若干意见》（以下简称"实施意见"）的精神，特制定本实施办法。

一 基本原则

1. 强化目标考评与优化综合考评相结合的原则。目标任务考评突出个体重要目标任务的完成情况，体现个性评价；综合工作考评突出整体工作的分项考评作用，体现共性评价。

2. 分类考评与等效评价相协调的原则。在体现共性评价基础上，根据不同类型学院（部）、学部和研究院等的特点，针对性地进行分类考评、等效评价；根据机关部门、直属单位不同工作特点，针对性地进行基于目标任务相关度的分类考评、重大专项激励、主管部门测评等。

3. 量化体系与目标导向相契合的原则。以定量方式建构量化体系，以倾斜权重系数和追加分值方式，充分体现学校战略目标导向，注重发展指标的进展状态与战略目标的完成情况。

4. 协同参与和目标责任相关联的原则。在体现绩效的考评中，鼓励协同，体现单一目标任务中协同单位的参与作用；同时职能部门目标责任与院部单位目标责任建立紧密的有机联系。

5. 年度考评与任期考评相衔接的原则。注重年度考评和任期考评指标、方法的延续性与一致性，年度考评侧重分项评优，注重目标责任年度进展的监控，任期考评侧重整体考评，注重任期目标任务的全面评价。

6. 资源配置与目标责任相挂钩的原则。强化目标任务、绩效与资源配置相挂钩，强化目标任务责任单位责、权、利的统一，强化一级责任单位的统筹能力。

二 考评对象与考评组织

目标责任制考评工作，在学校目标责任制管理与考核工作委员会（以下简称考评委）统一领导下，由目标责任制管理与考核委员会办公室（以下简称考评办）具体组织、协调实施。

（一）考评对象

1. 院部。院部分为学院（部）、研究院、学部。

（1）学院（部）考评对象分为：综合职能学院（包括化材学院、机械学院、信息学院、经贸学院、生环学院、建工学院、教科学院、计算机学院、人文学院、艺术学院、理学院、外国语学院、法学院、政管学院、药学院、之江学院等）和部分职能学院（部）（包括思政部、体军部、国际学院、成教学院、健行学院等）。

（2）研究院考评对象包括：军工研究院、海洋研究院、中国中小企业研究院、全球浙商信息中心、越南研究中心等。

（3）学部考评对象包括：工学一部、工学二部等。

2. 机关党政群部门。机关党政群部门分为目标任务直接相关部门［包括教务处、科研院、社科院、研究生院（研工部）、人事处、国际处、学工部（处）等］和目标任务间接相关部门（除直接相关部门和发规处外的部门）进行考评。

3. 直属单位。考评对象包括：图书馆、信息化办公室、档案馆、教师教学发展中心（现代教育技术中心）、分析测试中心、采购中心、政策研究室（高教研究所）、学术期刊社等。

（二）考评组织

考评分为目标任务考评和综合工作分项考评。根据不同对象，由不同部门负责组织开展相关考评工作。

1. 院部。院部目标任务考评，由考评办具体组织实施；综合工作分项考评，由考评办负责协调与统筹，相关部门具体组织实施。

2. 机关党政群部门。机关部门目标任务考评，由考评办具体组织实施；综合工作分项考评，由机关党委具体组织实施，考评办协调；重大专项工作，由考评委研究认定，考评办具体组织实施。发规处和机关党委由考评委直接进行考评。

3. 直属单位。直属单位由人事处组织具体考评，主管部门测评，考评办协调。

三 考评方式与考评程序

（一）考评方式

1. 即时单项考评。任一单项的重大突破性目标或重要基础性目标，一旦完成，即时认定，即时奖励。

2. 年度分项考评。学院（部）实行综合工作分项评优；机关全体部门实行综合工作分项评优，其中机关目标任务直接相关部门增设年度进展指标评优；直属单位实行综合工作评优。研究院、学部在本轮任期内暂不进行年度考评。

年度考评按照自然年度进行考评。

3. 任期综合考评。任期结束时，实行目标任务、年度评优和综合工作等相结合的整体考评。

（二）考评量化体系

1. 年度考评量化体系

（1）学院（部）实行分项评优。其中，教学工作产生优秀1名、优良2名、鼓励2名；科研工作，理工科类学院和人文社科类学院（部）分别产生优秀1名、优良1名、鼓励1名；队伍建设产生优秀1名、优良2名、鼓励2名；学生工作、精神文明建设分别产生优秀1名、优良1名、鼓励3名；战略管理与学科建设、专项与特色工作（部分职能学院、部）分别产生优秀1名、优良1名、鼓励1—3名。

另设年度重大突破奖，奖励完成重大突破性目标任务的院部，名额不限。

（2）机关目标任务直接相关部门根据年度内目标任务得分评优，原则上产生优秀1名、优良1名、鼓励1名。

（3）机关全体部门参加服务质量、管理效能、精神文明建设等三项评优，各项分别产生优秀1名、优良1名、鼓励1名。

（4）直属单位实施综合工作考评，产生优秀1名、优良1名、鼓励1名。

2. 任期考评量化体系

（1）学院（部）考评分＝目标任务得分＋年度分项评优加分＋基础分（70分）；

（2）研究院、学部考评分＝目标任务得分＋任期分项评优加分＋重大突破奖加分＋基础分（70分）；

（3）机关目标任务直接相关部门考评分＝目标任务得分＋年度分项评优加分＋重大专项得分＋基础分（70分）；

（4）机关目标任务间接相关部门考评分＝部门目标完成率得分＋年度分项评优加分＋重大专项得分＋基础分（65分）；

（5）直属单位考评分＝单位目标完成率得分＋年度评优加分＋主管

单位评分+基础分（65分）。

（三）考评程序

1. 任期考评程序。学院（部）任期考评程序、研究院和学部任期考评程序、机关党政群部门任期考评程序、直属单位任期考评程序此处省略。

2. 年度考评程序。学院（部）年度分项考评，相关牵头部门负责将评优结果报至考评办；机关全体部门综合工作分项考评，机关党委将评优结果报至考评办；直属单位综合考评，人事处将评优结果报至考评办。年度评优结果报经学校党委会批准后统一公布。

3. 考评审核程序。考评办汇总各年度分项评优结果、目标任务得分或目标完成率得分等，形成任期考评综合分，通过公示后，由考评委认定任期考评结果，报经学校党委批准后，实施相应的任期考评奖惩。

四 目标任务考评事项

1. 目标分类。根据《实施意见》，目标任务分10项"重大突破性目标"和20项"重要基础性目标"，以及由考评委认定、学校党委会批准的其他重要目标组成。

2. 激励形式。对完成"重大突破性目标"或"重要基础性目标"的责任单位，即时实行重要贡献单项定额奖励（见表一）；年度与任期考评中根据目标任务具体指标完成情况实行量化加分、减分，见表一。

附表1　　　　　　　　　　　目标任务对应得分

	年度考评（仅适用于一级责任单位）		任期考评（适用一级和二级责任单位）	
	完成加分值（加分累计，不设上限）	未完成减分值（减分累计，限减9分）	完成加分值（加分累计，不设上限）	未完成减分值（减分累计，限减25分）
重大突破性目标	加35分/项（特殊情况见备注6、7、9）	减0分/项	加35分/项（特殊情况见备注4、6、7、9）	减10分（特殊情况见备注4、5、7、8、10）

续表

	年度考评（仅适用于一级责任单位）		任期考评（适用一级和二级责任单位）	
	完成加分值（加分累计，不设上限）	未完成减分值（减分累计，限减9分）	完成加分值（加分累计，不设上限）	未完成减分值（减分累计，限减25分）
重要基础性目标	加10分/项（特殊情况见备注2、3、6、7、9）	①：（特殊情况见备注2、3） 带"△"的年度指标增量50%以下：减3分/项 带"△"的年度指标增量50%（含）以上：减0分 其余不带"△"的年度指标：减3分/项 ②其余：减0分/项	加10分/项（特殊情况见备注4、6、7、9）	减5分/项（特殊情况见备注4、5、7、10）

注：1. 年度考评"重要基础性目标"中的"①"特指全部年度指标。

2. 表一中，序列号前带"△"的年度进展指标，当一级责任单位完成任务时，一级责任单位获得相应加分；当一级责任单位完成年度指标增量50%（含）以上时，不予以相应项目减分；当一级责任单位所完成某个年度指标未达到增量的50%时，如果该单位当年完成的增量与之前年度的增量累加值达到当年和之前年度指标增量累加值时，不予减分，反之则予以减分。

3. 当表一中出现某个年度的某个指标达到任期目标要求的情况时，该目标任务在任期内后续年度的进展指标不再进行年度考评（即不再对后续年度的考评加减分），同时当年的该项年度进展指标按照完成情况予以加分。

4. 表一中，序列号前标注"☆"和"□"的目标任务，当增量总额分别达到50%（含）以上和90%以上时，不予以减一级责任单位该项目标任务分。当一级责任单位完成任务时，一级责任单位获得相应加分，承担该目标任务的二级责任单位，完成者予以加分，未完成者不予加减分；当一级责任单位未完成任务时，承担该目标任务的二级责任单位，完成者予以加分，未完成增量90%以上者予以减分。

5. 表一中，序列号前标注"※"的目标任务，属于培育项目，若任期内未完成，不予减分。

6. 同一项目，获得不同级别认定时，取最高得分值，不予重复加分。

7. 当单一目标任务为协同单位完成的情况时，见目标任务考评办法第4点"倡导协同"。

8. 在任期考评时，对于牵头承担2项（含）以上"重大突破性目标"任务的责任单位，见目标任务考评办法第3点"鼓励突破"。

9. 以上得分，只适用于学校事先确立的目标责任单位；当非目标任务单位实现某个目标任务突破时，可获得相应项目加分值的50%。

10. 当二级责任单位相关目标任务出现受学校推荐名额所限而无法完成的情况时，不予以减该二级责任单位该项目标任务分。

3. 鼓励突破。在任期考评时，对于牵头承担 2 项（含）以上"重大突破性目标"任务的一级或二级责任单位，若完成 1 项"重大突破性目标"任务，该单位其余牵头未完成的各项"重大突破性目标"任务只减相应全额分值的 50%，其作为参与单位未完成的各项"重大突破性目标"任务只减相应全额分值的 30%。

4. 倡导协同。当单一目标任务为协同单位完成的情况时，同级责任单位中的牵头单位获全额加分，同级责任单位中的参与单位获得 30%—60% 相应加分；当协同单位共同承担的单一目标任务未完成时，同级责任单位中的牵头单位全额扣分，同级责任单位中的参与单位按全额减分值的 30% 扣分；对于同级责任单位无法区分牵头单位的，经认定后，全部实际参与的同级责任单位均视同牵头单位。

5. 年度推进。机关目标任务直接相关部门年度考评，设立部分"重要基础性目标"年度进展指标，完成与否在年度考评中予以加减分体现，其余未设立年度进展指标的"重要基础性目标"，如完成，予以在当年考评中相应加分，如未完成，不予减分；"重大突破性目标"如完成，予以在当年考评中相应加分，如未完成，不予减分。

6. 减分限定。在年度考评时，一个单位因未完成以上两类目标任务而减分，累计减分超过 9 分时按 9 分计；在任期考评时，一个单位因没完成以上两类目标任务而减分，累计减分超过 25 分时按 25 分计。

7. 特殊评价。研究院、学部暂不进行年度考评，期间有突出贡献时，由考评委认定，予以设立相应奖项，给予一定奖励；发展规划处由考评委根据目标任务整体完成率、目标责任制建设、执行与成效等工作任务进行任期考评，并给予奖惩；校机关党委由考评委根据其工作性质与任务进行任期考评，并给予奖惩。健行学院单独增列"在精英人才培养模式改革上取得突破"，作为重要基础性目标；之江学院单独增列"通过教育部独立学院规范设置验收"，作为重要基础性目标。

8. 突破优先。在机关目标任务直接相关部门的年度目标任务奖评选中，遵循"重大突破性目标"完成部门优先获奖原则。当完成重大突破性目标任务的机关牵头部门超过 3 家（含）时，优秀、优良奖可适当增加名额。

9. 分值计算。目标任务得分 = 完成目标任务加分（正值）+ 未完成目标任务减分（负值）；目标任务分值具体得分办法省略。

五　综合工作分项考评概要

1. 优化分类考评，促进等效评价。考评分院部、机关党政群部门以及直属单位三大类进行。部分学院（部）由于承担职能及办学任务等要求的不同，适度进行分小类考评，在共性评价中体现差异化和等效评价；根据机关党政群部门与目标任务关联程度，进行分小类考评。

2. 实施分项考评，设定合理权重。对学院（部）进行年度考评时，分设教学工作、科研工作、队伍建设、学生工作、精神文明建设、战略管理与学科建设、专项与特色工作（部分职能学院、部）七项，并体现了不同的权重；对研究院进行任期考评时，分设科研工作、队伍与学科建设、战略管理与其他管理等三项，并体现了不同的权重；对学部进行任期考评时，分设跨学科协同与学术评价、战略管理与其他管理等两项，并体现了不同的权重；对机关年度考评时，分设服务质量、管理效能、精神文明建设等三项，并体现一定权重；对直属单位考评中，增设主管部门测评，并体现一定权重。

3. 实行分层考评，体现权责统一。考评委侧重考评目标任务，而院部的分项工作评优则由相关职能部门组织开展，其中，参与考评的机关部门以承担目标任务中的一级责任单位为主，强化一级责任单位的统筹权力，保证一级责任单位权责利的统一。

4. 强化重大突破，鼓励加快进度。为鼓励提前完成任期重大突破性目标任务的学院（部），年度分项考评中教学工作、科研工作、队伍建设、战略管理与学科建设等单独设立年度重大突破奖，授予牵头单位，经费不另行奖励，牵头学院（部）和协同参与学院（部）将获得任期考评时的相应分值，其换算方法此处省略。

5. 注重工作实绩，保证评优质量。综合工作分项考评中，将视实际情况，优秀奖可空缺评选。

六　资源配置

1. 岗位资源与目标任务、绩效相挂钩。学校根据重要目标任务设置高级岗位,将学科和平台类岗位设置中的 6 级和 7 级岗的 50% 岗位用于目标责任类高级岗位的设置,通过统筹分配、直接核拨、自主申领等形式,将岗位资源配置到相应的二级目标责任单位。

2. 优化学院理财等相关经济政策。优化学院理财经费配置机制,调整学院拨款的标准和结构,完善教学绩效评价及奖励办法,实施科研绩效评价拨款,由学院(部)统筹使用。

3. 人才引进、用房、平台建设经费等资源进行倾斜配置。相关资源向学校目标责任单位和目标任务优先倾斜。建立与目标任务相关的高端人才引进绿色通道和快速反应机制。用房资源和平台建设经费,突出重点,优先保障目标任务的需要。

4. 建立学校重大专项经费投入机制。学校每年设立重大建设与发展专项经费,由考评委统筹配置,分项投入完成重大目标任务的条件建设。

七 考评奖惩

1. 考评等级设定。目标责任制任期考评实行全面量化考评,考评最终综合分值结果对应考评等级如表二所示。

附表 2　　　　　　　　任期考评结果对应等级

考评综合分值	考评等级
	任期
90 分(含)以上(学院、机关原则上各限 6 名以内,其他类单位各限 1 名)	优秀
80 分(含)以上	达标
70 分(含)以上	基本达标
70 分以下	不达标

注:1. 当学院(部)达 90 分(含)以上超过 6 个单位时,按得分高低取前 6 名为"优秀"等级,之后单位划入"达标"等级;

2. 当机关目标任务直接相关部门或目标任务间接相关部门达 90 分(含)以上者分别超过 3 个时,按得分高低分别取前 3 名为"优秀"等级,之后单位划入该类的"达标"等级;

3. 当直属单位、学部、研究院考评达到 90 分(含)以上分别有 2 个(含)以上单位时,分别取第 1 名为"优秀"等级,之后的单位划入该类单位的"达标"等级。

2. 考评奖惩金额。根据年度和任期考评结果,对相关部门、单位及其领导班子实行一次性货币奖惩(见附表3和附表4)。奖励给部门、单位的奖励金由该部门或单位实施再分配。

附表3　　　　　　　　年度考评结果对应一次性奖励

单位	考评分项	优秀	优良	鼓励
学院（部）	教学工作（A1）	5万元/单位	3万元/单位	2万元/单位
	科研与学科建设（A2）	5万元/单位	3万元/单位	2万元/单位
	队伍建设（A3）	5万元/单位	3万元/单位	2万元/单位
	学生工作（A4）	5万元/单位	3万元/单位	2万元/单位
	精神文明建设（A5）	5万元/单位	3万元/单位	2万元/单位
	战略管理与学科建设（A6）	5万元/单位	3万元/单位	2万元/单位
	专项与特色工作（部分职能学院、部）（A7）	5万元/单位	3万元/单位	2万元/单位
机关部门	目标任务、服务质量、管理效能、精神文明建设	按每个编制定额的标准核拨奖金总量。原则上优秀奖励3万元以内/单位,优良奖励2万元/单位,鼓励奖励1万元/单位。		
直属单位	/			

注:研究院和学部不参加年度考评。其任期综合工作分项考评,只给予奖励分值。

附表4　　　　　　　　任期考评结果对应奖惩

单位	考评等级	一次性奖惩金额
学院（部）	优秀（限6名内）	①单位：+20万元/单位；②单位领导班子：+0.6万元/人
	达标、基本达标	0
	不达标	①单位：-10万元/单位；②单位领导班子：-0.3万元/人
研究院	优秀（限1名）	①单位：+5万元/单位；②单位领导班子：+0.5万元/人
	达标、基本达标	0
	不达标	①单位：-2.5万元/单位；②单位领导班子：-0.3万元/人

续表

单位	考评等级	一次性奖惩金额
学部、直属单位	优秀（各限1名）	①单位：+2万元/单位；②单位领导班子：+0.5万元/人
	达标、基本达标	0
	不达标	单位领导班子：-0.3万元/人
机关部门	优秀（限6名内）	①单位：+4万元/单位；②单位领导班子：+0.5万元/人
	达标、基本达标	0
	不达标	单位领导班子：-0.3万元/人

3. 实行即时奖励。对完成目标任务的责任单位，即时进行单项奖励。奖励经费由一级责任单位负责分配（同级责任单位中牵头单位和参与单位在奖额分配上应体现差别），获奖单位统筹使用。其中，当一级责任单位完成目标任务，一级责任单位享有不高于总额6%的奖励金；其余奖励金应分配给完成该目标任务的二级责任单位；但附表1中部分单列注明一级责任单位奖励额度的目标任务，当该目标完成时，一级责任单位获得单列的统筹奖励额度。当二级责任单位完成某个目标任务，而一级责任单位没有完成该目标任务时，一级责任单位不享有该项奖励金，应将全额奖励金分配给完成该目标任务的二级责任单位。当目标任务出现超额完成的情况时，由考评委根据实际情况酌情予以奖励。

4. 岗位资源奖罚。学校根据目标任务直接下达的高级岗位津贴，在任期结束时没有完成相应任务的二级责任单位，学校作为培育性投入，不扣减相关二级责任单位的经费，但考评分按规定扣减；对于自主申领的目标任务，在任期结束时没有完成相应任务的二级责任单位，学校将从该单位的学院理财经费中扣取投入该单位相应目标责任类高级岗位三年津贴总额的50%，同时按规定扣减目标任务考评分。

5. 考评结果与中层干部任用相结合。任期考评优秀的部门、单位领导成员，在干部任用上优先选拔；任期考核不达标的部门或单位，其领导班子重新聘任，或调整负责人。

6. 考评结果与先进评比等相联系。年度或任期考评获得优秀的部门、单位，学校在优秀中层干部、优秀教师（或先进工作者）、先进集体、职称评审等方面给予一定名额倾斜；任期考评不达标的部门、单位，取消其干部和教师在当年度内评选优秀中层干部、优秀教师（或先进工作者）和各类先进集体的资格。

7. 重要目标开放设置。任期内，由于国家、区域（浙江省）重大政策调整，出现校内单位、部门很好解决经济社会发展重大问题的情况，或者完成高等教育发展新要求的目标，贡献突出，经考评委认定、校党委会批准后，将增设该重要目标，并将其纳入本考评办法进行激励。

8. 特殊情况酌情免责与特殊贡献的奖励。由于客观因素造成目标任务无法在任期内完成的情况，考评委将视具体情况另行酌情评价，特殊情况可予免责，同时，学校投入的相关资源，特殊情况下将予以及时终止；任期内为学校发展做出特殊贡献的单位或部门，经考评委认定、学校党委会批准后，可评定特殊贡献奖，经费奖励等可酌情参照相应考评奖励办法。

9. 重大事故一票否决。年度考评和任期考评中，若单位、部门出现党政规定的一票否决项目，以及出现重大安全事故、严重影响学校声誉的事件等情形时，将取消该单位评选优秀等级的资格。

10. 适时举行表彰。对于获得年度或任期优秀的单位和部门、实现自我突破和进步显著的单位和部门，学校适时召开表彰大会，对于先进集体和个人进行表彰。

八　其他

1. 学校×集团、资产经营有限公司实施任期目标责任制，具体考评与奖惩办法另行制定。

2. 本办法由目标责任制管理与考核工作委员会负责解释，自学校党委会通过之日起实施。

附录二

新时代中国高校目标管理机制研究调查问卷

亲爱的老师、尊敬的领导：

您好！我们是教育部人文社会科学研究规划基金——《宪章时代中国高校目标管理机制研究》课题组的研究人员，也是河南科技大学发展规划处的工作人员。为了更好地做好高校目标管理工作，我们希望获得贵校章程、目标管理和"十三五"规划实施相关信息及您的意见。您所填信息和资料采用匿名方式作答，仅供学术研究使用（如果您对本调查结果感兴趣，待调查报告完成后，可以发给您分享，我们的邮箱是 huweit@126.com），非常感谢您从百忙中回答我们的问题，谢谢您的支持。

该问卷绝大多数为单项选择题（少数在题项后特别注明"多选题"除外）。请您根据贵校实际情况在相应选择项序号上打"√"；谢谢您的支持。

一 院校性质

1. 您所在院校的隶属关系：

① 教育部或国家其他部委所属院校；② 省属211工程大学；③ 省属普通本科院校；④ 市属普通本科院校；⑤ 其他。

2. 您所在院校的学科性质是：

① 综合性大学；② 文科院校；③ 师范类院校；④ 以理工科为主的院校；⑤ 以医科为主的院校；⑥ 以农科为主的院校；⑦ 艺术院校；⑧ 体育院

校；⑨其他。

3. 您所在部门是：

①发展规划处；②校长办公室；③人事处；④校党委办公室；⑤学校党政办公室；⑥直属学校校长或书记领导的目标管理办公室；⑦高等教育研究所；⑧院校发展研究中心；⑨学院教师；⑩其他。

二 章程篇

4. 贵校现行的《×××学院（大学）章程》发布时间是：

①2012 年或以前；② 2013 年；③ 2014 年；④ 2015 年；⑤ 2016 年。

5. 您对贵校章程中提出的构建"党委领导、校长负责、教授治学、民主管理"内部治理结构的实现程度的看法是：

①完全得到实施；②实施得比较好；③一般化；④实施得不太好；⑤完全没有得到实施。

6. 您认为贵校章程中提出的高校"党委领导、校长负责、教授治学、民主管理"内部治理结构实施过程中的薄弱环节是（多选题）：

①党委领导；②校长负责；③教授治学；④民主管理；⑤没有薄弱环节；⑥其他

三 目标管理篇

7. 贵校是否对校内二级单位实施了目标管理（以校长或校党委书记是否定期与学校下属二级管理单位或部门签订为期 1 年及以上的目标任务书为标准）：

①是；②否。

8. 贵校目标管理中"目标"的范围包括（多选题）：

①学校重点工作；②学校常规性工作；③学校重点工作＋学校常规性工作；④其他。

9. 贵校对学院目标管理中"目标"的范围包括（多选题）：

①教学指标；②学科建设指标；③科研指标；④师资队伍建设指标；⑤学生工作指标；⑥党建工作指标；⑥其他。

10. 贵校实施目标管理牵头部门是：

①人事处；② 校长办公室；③发展规划处；④校党委办公室；⑤学校党政办公室；⑥直属学校校长或书记领导的目标管理办公室；⑦其他。

11. 贵校实施目标管理的对象是：

①学校所有党政部门、直属附属单位、教学科研单位（含学院、研究机构）；②教学科研单位（含学院、研究机构）、行政部门和直属附属单位；③教学科研单位（含学院、研究机构）；④学院（不含研究单位）；⑤学校党委职能部门、二级党组织、群团组织；⑥其他。

12. 贵校目标管理任务书签订的周期是：

①1 年；② 2 年；③3 年；④4 年；⑤5 年。

13. 贵校下发的目标管理文件有（多选题）：

①《×××校党委关于实施目标管理（责任制）的若干意见》；

②《×××校（或行政工作或院系）目标管理（责任制）实施办法（试行）》；

③《×××校（或行政工作或院系）目标管理任务分解实施细则》；

④《×××校（或行政工作或院系）目标管理考核实施细则》；

⑤学校发布其他文件中也包含有关目标管理的相关规定；

⑥根本没有目标管理专门文件；

14. 贵校目标管理中"目标"的制定方式是：

①校领导班子研究制定；

②校领导、学校主要职能部门反复研究后确定；

③学校安排部署二级单位制定各自目标任务，上报汇总后，由校领导班子研究后下达执行；

④校领导、学校主要业务职能部门和学院负责人及教师代表反复沟通协商后确定学校目标任务；

⑤其他。

15. 贵校对学院目标管理中"目标"的分解方式是：

①由学校目标管理牵头部门按照一定的标准直接下达学院；

②由学校教务、科研等主要职能部门按照一定的标准（师资队伍、教学、科研成果 等存量）直接下达学院；

③由学校教务、科研等主要职能部门与学院负责人代表反复沟通协商后，按照一定的标准（师资队伍、教学、科研成果等存量）下达学院；

④由学院自主申报或认领，职能部门汇总，由校领导班子研究确定后下达学院；

⑤其他。

16. 贵校对目标管理实施督察督办的牵头单位是（多选题）：

①人事处；②校长办公室；③发展规划处；④校党委办公室；⑤学校党政办公室；⑥直属学校校长或书记领导的目标管理办公室；⑦其他。

17. 贵校对目标管理实施过程监控的周期是：

①每月上报进展1次；②每两个月上报进展1次；③每三个月上报进展1次；④每六个月上报进展1次；⑤每年度上报进展1次；⑥每两年上报进展1次；⑦每三年上报进展情况1次。

18. 贵校目标管理的考核类型有：

①只进行单项考核；②只进行综合考评；③在单项考核基础上，进行加权平均的综合考评，分出单项排名和综合考评排名；④其他。

19. 贵校目标管理的考核周期有：

①年度考核；②任期考核；③年度考核+任期考核相结合；④其他。

20. 贵校目标管理的考核组织形式主要有（多选题）：

①考核组实地考察；②考核组看材料；③考核组听汇报；④考核组根据数据统计排名；⑤其他。

21. 贵校参与目标管理考核评议打分的群体有（多选题）：

①校领导；②职能部门负责人；③学院负责人；④教职工代表；⑤学生代表；⑥校外专家；⑦其他。

22. 贵校目标管理对学院的考核形式有：

①按照目标任务书中的任务进行年度定量考核；②学院年度述职后，综合进行民主测评（含学院教职工、学校领导班子成员等）；③既对学院按照目标任务的年度定量考核，又对其领导班子建设、工作作风等多维度的民主测评打分；④其他。

23. 贵校目标管理对行政机关的年度考核形式有：

①对教务、科技、人事等有明确数量指标的行政部门按照目标任务

书中进行年度定量考核；对保卫、老干部等大多数没有明确数量指标的行政部门按照领导班子建设、工作实绩、工作作风等进行多维度的民主测评；

②对教务、科技、人事等有明确数量指标的行政部门按照目标任务书进行年度定量考核后折算一定的比例，再对其进行民主测评；对保卫、老干部等大多数没有明确数量指标的行政部门按照领导班子建设、工作实绩、工作作风等进行多维度的民主测评；

③所有行政单位按照目标任务书内容进行年度述职后，统一进行民主测评；

④其他。

24. 贵校对学院目标管理的考核程序是（多选题）：

①学院自评；②相关职能部门分项审核；③学院负责人述职汇报；④学校组织民主测评；⑤学校考核组实地考察；⑥目标管理牵头部门汇总结果公示；⑦学校考核领导小组审定；⑧学校考核结果公示；⑨其他。

25. 贵校目标管理考核结果在校内公示情况是（多选题）：

①只公示考核结果排序（不含原始数据）；②只公示考核优秀单位和部门名单；③只公示考核不合格或不达标单位和部门名单；④公示考核结果原始数据及排序；⑤不公示任何考核结果；⑥其他。

26. 贵校目标管理考核结果应用范围（多选题）：

①与校内二级单位绩效工资分配挂钩；②用于发放目标管理奖金；③作为调整校内二级单位主要负责人和班子成员选拔晋升的主要依据或加分项；④作为校内二级单位主要负责人和班子成员留用和淘汰的主要依据或扣分项；⑤其他。

27. 您对贵校目标管理工作从目标制定、任务分解、过程监控、目标考核、结果应用的制度建设情况的看法是：

①非常健全；②比较健全；③一般；④比较不健全；⑤非常不健全。

28. 您对贵校实施目标管理工作成效的看法是：

①非常有成效；②比较有成效；③一般；④成效不明显；⑤成效非常不明显。

四 "十三五"事业发展规划（总体）篇

29. 贵校目前是否已经或考虑把"十三五"事业发展规划（总体）主要指标纳入目标管理任务书范畴：

①是；② 否；③有此安排，但还没有进行；④从无此安排；⑤其他。

30. 贵校"十三五"事业发展规划（总体）是否已经制定完毕？
①是；② 否。

如果已经制定完成，那么发布的时间是：

①2015 年；②2016 年；③2017 年；④2018 年。

31. 贵校负责组织"十三五"事业发展规划（总体）制定与管理的部门？

①党委办公室；②校长办公室；③党委办公室和校长办公室协同；④发展规划处；⑤高等教育研究所；⑥目标管理办公室；⑦其他部门。

32. 贵校"十三五"事业发展规划（总体）研究编制起始阶段情况是：

①校长或书记提要求、定调（确定总目标），牵头职能部门按照领导要求组织论证、编制总体规划，教务、人事、基建、学科与科研等职能部门各自负责编制分规划；

②校长或书记不定调，学校成立规划编制工作机构，由规划牵头部门负责人、相关业务职能部门负责人、从事高教研究（院校研究）与写作人员组成规划编制写作组，调研论证、分工写作，定期向学校规划领导机构、校领导班子或校主要负责人汇报，听取指示，修改、完善；

③校长或书记不定调，总体规划与分规划双轨并行：由牵头部门抽调相关人员组成写作班子调研论证、编制总体规划；由教务、人事、基建、学科与科研等职能部门各自负责调研、编制各自分规划，定期向学校规划领导机构、校领导班子或主要负责人汇报，听取指示，修改、完善；

④学校成立规划编制工作机构，由教务、人事、基建、学科、科研等职能部门编写各自专项规划，各学院编制学院发展规划，然后由学校规划牵头部门统一汇总，形成总体规划。

⑤其他。

33. 贵校"十三五"事业发展规划（总体）目标任务的主要来源有（多选题）：

① 教育部第四轮学科评估；② 主流大学排行榜指标；③ 国家文件要求指标，例如建立现代大学制度；④ "一流"建设指标；⑤ 学校原有中长期规划中的指标；⑥ 制约学校长期发展必须突破的一些核心指标；⑦ 其他。

34. 贵校在确定"十三五"规划制定过程中组织召开的专题座谈会有（多选题）：

① 职能部门负责人座谈会；② 学院院长座谈会；③ 学院书记座谈会；④ 学院教师代表座谈会；⑤ 民主党派和无党派人士代表座谈会；⑥ 青年教师代表座谈会；⑦ 科研机构负责人代表座谈会；⑧ 离退休教职工代表座谈会；⑨ 高层次人才或教授代表座谈会；⑩ 学生代表座谈会等。

35. 您对贵校"十三五"事业发展规划（总体）中总体目标与主要指标制定的科学化程度看法是：

① 非常科学；② 比较科学；③ 一般；④ 比较不科学；⑤ 非常不科学。

36. 您对贵校"十三五"事业发展规划（总体）中制定的民主化化程度看法是：

① 非常民主；② 比较民主；③ 一般；④ 比较不民主；⑤ 非常不民主。

37. 贵校是否对"十三五"事业发展规划（总体）中的目标任务进行了分解？

① 是；② 否；③ 有此安排，但还没有进行；④ 从无此安排；⑤ 其他。

38. 如果"十三五"事业发展规划（总体）中的目标任务已经分解，那么分解的程序是：

① 发展规划处→教务处、科技处、人事处等职能部门负责相应分项指标分解→教学科研单位（含学院、学系、研究机构）；

② 发展规划处→教学科研单位（含学院、学系、研究机构）；

③ 党委办公室和校长办公室→教务处、科技处、人事处等职能部门负责相应分项指标分解→教学科研单位（含学院、学系、研究机构）；

④ 校长办公室→教务处、科技处、人事处等职能部门负责相应分项

指标分解→教学科研单位（含学院、学系、研究机构）；

⑤其他。

39. 如果"十三五"事业发展规划（总体）中的目标任务已经分解，那么其教学科研目标任务分解的主要依据是（多选题）：

①各教学科研单位的科研基地、重点实验室等的层次与数量；②各教学科研单位的学位点层次和数量；③各教学科研单位师资队伍的层次和数量；④各教学科研单位相关指标的历史积淀情况；⑤综合各种因素，形成目标任务分解公式，依据计算公式进行分解；⑥各教学科研单位自主申报任务情况；⑦其他。

40. 贵校通过哪些措施来保证"十三五"规划目标的实施（制度、机制）（多选题）：

①把规划目标分解为二级单位领导班子任期目标；

②把规划目标分解为学校年度目标，并确定责任单位；

③把规划目标分解为二级单位年度目标；

④由学校办公室（党委办或校长办公室）定期督察督办；

⑤由学校目标管理牵头单位定期督察督办；

⑥建立了目标管理中疑难或重大问题的协调机制；

⑦明确了二级单位职责、任务、权力、利益与报酬，实现责权利相统一；

⑧其他措施。

41. 贵校"十三五"事业发展规划（总体）从审定发布实施主要经过的组织程序：

①校长办公会→校党委常委会→校教职工代表大会→校党委常委会；

②校长办公会→校党委常委会→校教职工代表大会→校党委常委会→校党委全委会；

③校长办公会→校党委常委会→校教职工代表大会→校党委全委会→校党委常委会；

④校学术委员会→校长办公会→校党委常委会→校教职工代表大会→校党委常委会；

⑤校学术委员会→校长办公会→校党委常委会→校教职工代表大

会→校党委常委会→校党委全委会；

⑥其他。

42. 您对贵校"十三五"事业发展规划（总体）中从制订、发布、任务分解与实施全过程的程序合规性（或法制化程度）看法是：

①非常注重程序；②比较讲程序；③一般；④比较不讲程序；⑤非常不讲程序。

43. 贵校"十三五"事业发展规划（总体）中关于学校"内部治理体系建设或现代大学制度建设"的文字表述情况是：

①有专题（专章、专节或专项工程）论述；②有一个整段落的论述；③有个别文字涉及；④根本没有涉及；⑤不太清楚。

参考文献

一 中文文献

毕永竹、陶静茹：《高校实行任期目标责任制的反思》，《职业时空》2012年第6期。

别敦荣、韦莉娜、唐汉琦：《高等教育治理体系和治理能力现代化的基本原则》，《复旦教育论坛》2015年第3期。

别荣海、任义：《高校目标管理的路径与方法》，《河南师范大学学报》（哲学社会科学版）2011年第2期。

蔡建国、方放、周冰、蔡建波、周郁：《高校院（系）目标管理要素与路径探讨》，《大学教育科学》2006年第4期。

《长江大学科研发展纪实》，2017年12月29日，http：//news.yangtzeu.edu.cn。

陈立鹏、杨阳：《大学章程法律地位的厘清与实施机制探讨——基于软法的视角》，《中国高教研究》2015年第2期。

陈廷柱、齐明明：《高校发展战略规划效能研究——基于实证研究的视角》，《高校教育管理》2016年第3期。

陈廷柱：《我国高校推进战略规划的历程回顾》，《高等教育研究》2007年第1期。

陈橄、陆俊杰：《大学章程实施的三个维度》，《现代教育管理》2013年第9期。

陈岳堂、胡勤高：《地方高校实行目标管理的现状与对策》，《高等农业教育》2012年第11期。

董泽芳、何青、熊德明:《关于75所高校目标管理实施现状的调查》,《高教发展与评估》2009年第2期。

董泽芳、何样林著:《高校目标管理的理论与实践》,中国社会科学出版社2013年版。

董泽芳、张继平:《高校目标管理的刚柔相济》,《高校教育管理》2013年第5期。

董泽芳、张继平:《高校目标管理的主要特征及实施策略》,《高等教育研究》2008年第11期。

董泽芳、张继平:《论高校目标管理中的十大关系》,《国家教育行政学院学报》2010年第7期。

高靓:《稳步推进现代大学制度建设》,《中国教育报》2013年7月30日第1版。

高小平:《国家治理体系与治理能力现代化的实现路径》,《中国行政管理》2014年第1期。

高小平:《治理体系和治理能力如何实现现代化》,《光明日报》2013年12月4日第13版。

顾纪忠:《心理契约视阈下的高校目标管理责任制》,《江苏高教》2009年第6期。

郭必裕:《对高校目标管理中目标的本质探讨》,《煤炭高等教育》2004年第5期。

郭锦鹏:《大学治理现代化建设路径与评价体系》,《人民论坛》2014年第23期。

郭雨辰:《学校与院系首签目标任务责任书》,2019年5月31日,http://news.hust.edu.cn。

国家中长期教育改革和发展规划纲要工作小组办公室:《国家中长期教育改革和发展规划纲要(2010—2020年)》,2010年7月29日,http://old.moe.gov.cn。

韩延明、王志华主编:《高校目标管理导论》,山东大学出版社1996年版。

何哲:《行政体制改革中的管理问题与政治问题——基于组织变革和流程

再造视角的分析》，《中国行政管理》2013 年第 9 期。

洪港、吴立保：《行业特色型高校实行目标管理的思考——以南京信息工程大学为例》，《黑龙江高教研究》2011 年第 1 期。

胡燕玲：《高校目标管理考核存在的问题及其改进建议》，《高等函授学报》（哲学社会科学版）2009 年第 4 期。

华中科技大学：《学校简介》，2019 年 10 月 4 日，http://www.hust.edu.cn/xxgk/xxjj.htm。

教育部：《高等学校学术委员会规程》，2020 年 3 月 9 日，2014 年 1 月 29 日，http://old.moe.gov.cn。

教育部：《关于深化高等学校科技评价改革的意见》，2014 年 8 月 2 日，http://www.moe.edu.cn。

教育部、国家知识产权局、科技部：《关于提升高等学校专利质量 促进转化运用的若干意见》，2020 年 2 月 21 日，http://www.moe.gov.cn。

教育部、科技部：《关于规范高等学校 SCI 论文相关指标使用 树立正确评价导向的若干意见》，2020 年 2 月 23 日，http://www.moe.gov.cn。

瞿振元：《实现高等教育现代化需要理论先行》，《中国高教研究》2013 年第 12 期。

李立国：《大学治理的转型与现代化》，《大学教育科学》2016 年第 1 期。

李明：《以"六治"完善高校内部治理结构》，《北京教育：高教版》2014 年第 9 期。

李晓晓、徐远火：《论大学治理现代化及其实现途径》，《太原师范学院学报》（社会科学版）2015 年第 2 期。

刘树明、李少华编著：《高等学校目标管理》，北京师范大学出版社 1988 年版。

刘野：《浅析高校实施目标管理责任制的有效途径》，《牡丹江师范学院学报》（哲学社会科学版）2013 年第 5 期。

陆为群：《论科学发展观指导下的高校目标管理优化》，《教育与职业》2007 年第 29 期。

罗明誉：《高职院校产教融合实现机制研究》，硕士学位论文，浙江工业大学，2017 年。

［美］彼德·德鲁克：《管理的实践》，机械工业出版社2006年版。

［美］伯顿·克拉克：《高等教育系统》，浙江教育出版社1994年版。

［美］菲利普·科特勒、凯伦 F. A. 福克斯：《教育机构的战略营销（第2版）》，庞隽、陈强译，企业管理出版社2005年版。

［美］泰罗：《科学管理原理》，中国社科会科学出版社1984年版。

闵维方主编：《高等教育运行机制研究》，人民教育出版社2002年版。

庞守兴：《写在"大学章程"颁布之后》，《教育发展研究》2015年第11期。

齐明明、陈廷柱：《我国高校发展规划执行阻滞探源及其破解之道——基于合法性理论视角的分析》，《高等工程教育研究》2016年第4期。

桑强：《以流程再造为中心的组织变革模式》，《管理科学》2004年第2期。

申爱华：《动机的目标理论对高校目标管理的启示》，《纺织教育》2006年第2期。

孙霄兵：《推进大学章程实施 提高高校治理水平》，《中国高等教育》2016年第19期。

孙霄兵：《推进高校章程建设 完善中国特色现代大学制度》，《中国高等教育》2012年第5期。

孙霄兵：《章程是建设中国特色现代大学制度的基础和关键》，《中国高等教育》2014年第Z1期。

田虎伟、马涛：《宪章时代中国高校目标管理机制研究现状及可能路径》，《郑州师范教育》2017年第1期。

田虎伟、王雪燕：《章程实施与高校单位目标管理运行机制研究——基于全国95所院校的调查分析》，《扬州大学学报》（高教研究版）2020年第1期。

田虎伟、严全治：《地方高校目标管理的新趋势》，《中国高等教育学会2014年高等教育国际论坛论文集》，2014年。

王秉琦：《教育理念现代化是高校治理现代化的前提》，《教育与职业》2015年第4期。

王聪：《知识生产模式转型与美国公立大学内部治理结构变革——伯克利

加州大学的案例研究》,《高教探索》2017 年第 9 期。

王炎廷、曾德贤:《场景与效应:目标管理在企业与高校中的对比分析》,《长江大学学报》(社会科学版) 2008 年第 3 期。

温晋:《流程再造与组织变革的协同》,硕士学位论文,首都经济贸易大学,2008 年。

吴淑娟、白宗新:《院系目标管理的实践探索》,《研究与评价》2009 年第 4 期。

《武汉理工大学欢迎您》,2019 年 4 月 19 日,http://www.whut.edu.cn/xxgk/。

《武汉理工大学目标责任制考核管理实现"全覆盖"》,2015 年 6 月 2 日,http://www.gx211.com/news/201562/n9925267336.html。

习近平:《决胜全面建成小康社会夺取新时代中国特色社会主义伟大胜利》,人民出版社 2017 年版。

夏征农、陈至立主编:《辞海(缩印本)》,上海辞书出版社 2010 年版。

肖斌衡、黄兆龙:《效益・效率・效能的内涵及其关系辨析——对高教自考教材〈教育管理原理〉的质疑》,《武汉教育学院学报》2001 年第 1 期。

肖昊、周丹:《高等学校运行机制》,武汉大学出版社 2010 年版。

熊德明、董泽芳:《论高校目标管理中的机构设置》,《黑龙江高教研究》2008 年第 7 期。

熊德明、董泽芳:《论高校目标管理中的适应与超越》,《广西教育学院学报》2012 年第 1 期。

熊德明、董泽芳:《论高校目标管理中公平与效率的关系》,《现代教育管理》2009 年第 4 期。

徐少君、眭依凡、俞婷婕、朱剑:《加州大学共同治理:权力结构、运行机制、问题与挑战——访加州大学学术评议会前主席 James A. Chalfant 教授》,《复旦教育论坛》2019 年第 1 期

许慧清:《大学章程实施的推进策略探究》,《教育发展研究》2013 年第 5 期。

许耀桐:《应提"国家治理现代化"》,《北京日报》2014 年 7 月 3 日。

《学校简介——长江大学》,2018年6月30日,http://www.yangtzeu.edu.cn。

《学校召开2019年科研工作暨表彰大会》,2019年6月3日,http://news.yangtzeu.edu.cn。

雪原:《学校与二级单位签订新一轮目标责任书》,2017年5月28日,http://news.whut.edu.cn。

燕继荣:《民主化的含义及拓展空间》,《国际政治研究》2016年第2期。

杨春梅:《学术组织视野中的高等教育系统——伯顿·R.克拉克的高等教育系统观及其启示》,《高等教育研究》2002年第4期。

殷忠勇:《精神生产理论下高校目标管理的困境及思考》,《扬州大学学报》(高教研究版)2012年第4期。

俞文钊编著:《管理心理学》,甘肃人民出版社1985年版。

袁贵仁:《深化教育领域综合改革 加快推进教育治理体系和治理能力现代化》,《中国高等教育》2014年第5期。

张志远:《地方高校推行目标管理的理论与实践研究》,《西华师范大学学报》(哲学社会科学版)2008年第3期。

章兢:《大学治理体系与治理能力现代化建设的内涵与切入点》,《中国高等教育》2014年第20期。

赵婀娜:《"211"高校章程全部发布 高校正式迈入"宪章时代"》,《人民日报》2015年07月02日。

《浙江工业大学概况》,2019年3月31日,http://www.zjut.edu.cn。

中共中央办公厅:《关于坚持和完善普通高等学校党委领导下的校长负责制的实施意见》,2014年10月15日,http://www.moe.gov.cn。

《中国共产党普通高等学校基层组织工作条例》,2010年8月13日,http://www.kfu.edu.cn。

《中国教育现代化2035》,2019年2月23日,http://www.gov.cn。

中国社会科学院语言研究所词典编辑室编:《现代汉语词典》,商务印书馆1988年版,第523页。

中华人民共和国教育部:《高等学校章程制定暂行办法》,2011年12月28日,http://www.moe.gov.cn。

周光礼：《中国高等教育治理现代化：现状、问题与对策》，《中国高教研究》2014年第9期。

周晓菲：《治理体系和治理能力如何实现现代化》，2020年2月6日，http://cpc.people.com.cn/n/2013/1204/c368480－23738377－2.html。

朱琳、李化树：《论大学治理现代化》，《成都中医药大学学报》（教育科学版）2015年第2期。

邹积英、高丽华、刘大力、邓楠：《"目标管理责任状＋360度绩效评估"模式在高校中层干部绩效考核中的应用》，《现代教育管理》2011年第5期。

二 外文文献

Baruch Y. & Gebbie D., Culture of success: Characteristics of the U.K.'s leading MBO, *Journal Of Business Venturing*, 13 (5), 1998, p.423.

Eisenhardt K. M., Building Theories from Case Study Research, *The Academy of Management Review*, Vol.14, No.4, 1989, pp.532－550.

Ford C. H., MBO: An Idea Whose Time Has Gone? *Business Horizons*, 22 (6), 48, 1979.

Luthans F., How to Apply MBO. Public Personnel Management, 5 (2), 83, 1976.

McCaffery J., MBO and the Federal Budgetary Process, *Public Administration Review*, 36 (1), 33, 1976.

Murray S. & Kuffel T., MBO and Performance Linked Compensation in the Public Sector, *Public Personnel Management*, 7 (3), 171, 1977.

Odiorne G. S., MBO in State Government, *Public Administration Review*, 36 (1), 28, 1976.

Odiorne G. S., MBO in the 1980s: Will it survive? *Management Review*, 66 (7), 39, 1977.

R. D. Howard, *Institutional Research: Decision Support in Higher Education*, Tallahassee, FL: The Association for Institutional Research. 2001.

Schwartz Chwartz. M. P., A National Survey of Presidential Prerformance Assessment and Practices: AGB Occasional Paper, No. 34 Washiongton, D. C.: AGB, 1998.

Sherwood, Frank P. Page Jr., William J., MBO and Public Management, *Public Administration Review*. Vol. 36 Issue 1.

Thompson K. R., Luthans F. & Terpening W. D., The Effects of MBO on Performance and Satisfaction in a Public Sector Organization, *Journal of Management*, 7 (1), 1981, pp. 53–68.

后　　记

　　本书的写作过程使我再次体验到研究中收集新资料、新证据，孕育新视角、新观点、新思想，是一个艰辛与喜悦相伴相生的过程，犹如孕育一个新生命的过程。

　　自党的十八大以来，中国高校陆续颁布了大学章程，确立了"党委领导、校长负责、教授治学、民主管理"在内部治理中的主导地位，中国高校管理正在走向治理新时代。目标管理是把复杂问题简单化、具体化和可操作化的一种重要管理工具，也是一种以人为本的管理方法，与现代大学治理强调的多元利益主体共同参与、互动、协调、共治在精神气质上高度契合，也是许多当代大学管理的成功之道。然而，从当代目标管理的实践角度看，许多高校在组织实施目标管理的过程中，由于目标制定和分解程序不规范、考核过程不民主、结果运用不公平等，影响了目标管理效用的发挥，导致部分人对高校目标管理有用性与功能有限性的质疑；从理论研究角度看，当今对高校目标管理的研究还仅限于极个别理论工作者和少数高校目标管理实际工作者的参与，其研究成果要么形而上味道很浓，要么形而下局限性明显，缺乏系统的应用性研究成果。著作者在高校从事发展规划与目标管理工作，对此有深切感悟，决心产出一部中国高校目标管理的应用性中介研究成果，以总结目标管理的"中国经验"，探索"中国模式"。

　　有梦想才有希望。从 2013 年开始，著作者怀揣着这一梦想走向了一条充满荆棘坎坷与梦想希望相伴的研究之旅。确定一组来自实践的真问题是应用性研究的起点，于是著作者利用所在高校目标管理实施方案需做重大调整之契机，深入研判学校目标管理制度和管理文化等方面存在的问题，及时开展了对国内6所高校目标管理的实地调研，获得国内同行的经验与教训，初步确定了以目标管理机制为中心的问题域，并在编制本校新一轮目标管理实施方案中有针对性地加以预防、解决。新方案诞生历时近一年，数十次的方案论证座谈会和三次校长办公会与常委会的讨论决定过程，实质上成为了一次新旧目标管理理念、管理文化、权责利激烈碰撞和博弈的过程，成为一次管理决策中有理有据斗争与妥协让步相互交织的过程，数易其稿，终于得到一个相对均衡的方案，经过两年的实践，新方案成效逐渐得以显现。

以此成功实践为基础，2016年初，著作者着手申报课题，希望以行动研究持续推动高校目标管理机制改进，并总结中国经验。如何选择一个理论界认可的研究视角成为摆在面前的又一道门槛："宪章时代""后章程时代""新时代""治理理论""大学治理现代化理论"等，都曾是困扰著作者选题论证数月的关键词。在品尝侥幸获批教育部人文社科研究规划立项的喜悦后，为获得更有力的证据，在教学和管理工作的间隙，编制有信有效的调查问卷，开展了对百余所高校相关人员的问卷调查，又耗费了近1年的岁月。游走在管理工作、教学工作、家庭生活和研究工作的罅隙间，聆听管理工作中领导的指示和群众的期盼，寻思着课堂上来自学生的表现，心不在焉地忍受着来自家庭的唠叨，忙中偷闲地撰写着调研论文，回味着编辑部反馈的来自学术专家善意的建议和无学理性的指责，时断时续地修正主题、充实材料、调整结构、润色文字……这样的岁月一晃又是2年。直到2020年1月突发的新型冠状病毒性肺炎疫情期间，才有了整段时间完成了本书的扫尾工作。幸亏有读博经历的学术修炼，幸亏有梦想和定力相伴，否则就被放弃的幽灵俘获。

在即将成书之余，回首研究往事，首先要感谢河南科技大学原党委书记严全治、孙金锋，校长孔留安等领导对目标管理工作给予的高度重视。其次要感谢在2013年的实地调研阶段，得到了华中科技大学副校长许晓东教授、发展规划处副处长陈金江，武汉理工大学组织部副部长王丽蓉、体制改革办公室主任兼人事处副处长王志方，长江大学大学发展研究院常务副院长黄义武教授，浙江工业大学发展规划处处长郦解放，南京信息工程大学发展规划处处长马林、高等教育研究所王冀副教授等国内发展规划界同仁的经验介绍和不吝赐教。在2017年的问卷发放阶段，郑州大学任义、中国地质大学侯志军、武汉理工大学李志峰、合肥工业大学王成山、中国计量大学李战国、江苏科技大学姚双良、华北水利水电大学宋孝忠、河南理工大学范如永、河南科技大学谢金法、原洛阳师范学院现郑州大学教育学院杨光钦等高校发展规划部门领导百忙中填写了问卷；在成书过程中，河南科技大学发展规划处王雪燕、张园、鲍秋旭同志校对了本书部分章节的文字和表格，课题组成员管理学院尤莉博士提出了宝贵建议。在此对他（她）们一并表示衷心感谢！

感谢本书标注及由于疏忽而未能标注的参考文献的作者，他（她）们的研究成果为本书提供了研究基础，丰富了研究视角和素材！

感谢中国社会科学出版社卢小生编审对本著作者的厚爱和推荐，感谢张林编审对本书编校付出的辛勤劳动！

田虎伟
2020年4月于洛阳　河南科技大学